朱培庚著

且讓癡人話短長

朱培庚自署

文史哲出版社印行

且讓痴人話短長　目錄

一　論述

二　序跋

三　詩詞

四　聯銘

一 論述

一 論述

一　論　述

一〇一　且讓痴人話短長

且讓痴人話短長，蕪詞也可湊排場；
愚蒙有賴勤勞補，醜媳終將見壻娘。

行文首先要破題。

甚麼叫痴？《說文》：「痴者、不慧也」。《廣韻》：「痴者、不達之貌」。《佛經俱舍論．四》：「痴者、即是無明」。這是說：痴就是欠缺聰明。引申之：脫離現實的空想叫痴想，不切實際的願望叫痴望。

甚麼叫痴人？就是不慧、不達、不聰悟的笨人。因此稱那些固守偏念不想改變又不放棄的男人叫痴漢，愚昧者胡說一些荒誕的妄言就叫痴人說夢。

又甚麼叫短長？就是議短評長。蘇軾《滿庭芳．警悟》詞：「思量、又何須、說短論長」。《元明雜劇．千里獨行》：「他那裡說短道長，數黑論黃」。短長都是說閒話。

筆者椎魯無文，資質僅符中下，閒暇時兀自喜與文字親近，偶然也胡謅出一些俚俗蕪詞，自知文疏質劣，難登大雅。恐怕是老天福佑吧？有時竟僥倖能讓某些報紙接受去補白，某些雜誌降格來刊登，某些出版社也錯愛勉允出版，可謂叨天之賜。至於歷年所積零剩稿件，加上還沒有面世的存貨，也有若干分量了。旁人視爲廢料一堆，當事人卻敝帚自珍；食之雖無味，棄之頗可惜。有意整理出來，權供狎玩。

因此，且讓痴人話短長。

有位朋友補充說：心有所專叫痴：愛梅成癖叫梅痴，嗜書忘倦叫書痴。從這個角度來看，稱作痴人，似非貶語。有時還覺得蠻可愛的，比那戇佬笨伯雅致多了。不過、痴人爲甚麼要說短道長（何事嘮叨）？這些短長內容似都有待商榷吧（是非難辨）？在寫作自由的大帽子下既無懼於信口開河（言者無罪），那就姑且由你述短評長好了（饒舌不究）。有道是：「爲甚痴人訴短長？痴人長短待商量？短長哪怕痴人說，且讓痴人話短長！」

蕪詞也可湊排場

另有若干位好友直言勸我：你留存的這些剩菜殘羹，我看都已餿腐了，哪可端上枱面供人品嚐？我知道你是欽佩鄭板橋的，他有一首《偶然》詩句說：

小儒之文何所長？抄經摘史餖飣強；
玩其詞華頗赫爍，尋其義味無毫芒……

請多體會板橋先生詩中的含意吧，何妨愼予三思？

我敬答道：你的諍言，確然有理。本該照你的指教，把這些雜碎燒掉就算了。不過，我也偶聞另外一說。有人反駁道：倘若我們每人都要文如班（固）馬（司馬遷）、詩似李（白）杜（甫），才可執筆的話，那末從古到今，文壇上就只會容許那頂尖的幾位聖哲作爲稀疏點綴，而圖書館裡也只當留藏那絕佳的幾本經史以供展覽陳列而已，這豈不是太寂寥荒旱了嗎？

請看一看：那《四庫全書》，怎麼可能收集到七萬九千三百三十九卷，計共三千五百零三種不同書名書目的册籍呢？其中是否雜有不少濫竽充數的次等貨色呢？舉個例：「子」部裡的《混沌子》《草木子》《含元子》，究竟是好書還是劣書呢？又如「集」部裡的《尊前集》《增注唐策》《搜玉小集》，在「四庫總目」中明白注說不知何代何人所編？這些是正書或是僞書呢？難道說以上這些書籍都是「究天地之際，通古今之變」和「藏之名山，傳之其人」（都是太史公的話）的不朽名作嗎？

再說，在「火燒赤壁」大戲裡，如果沒有那自以爲精明的丑角蔣幹，哪能襯托出兵馬大都督周瑜的妙計？在「打漁殺家」裡，如果缺少那草包型的丁府教師爺，哪能凸顯出落難老英雄蕭恩的豪邁？

《宋史．禮志》說：有大型國宴時，要設儀仗和樂隊。用鋪張陪襯來誇顯大場面，這叫「排場」。譬如一齣京戲，主帥亮相之前，兵卒先行，這叫「龍套」。龍套雖卑，沒有他們便不足以壯大聲勢，可見排場還眞是不可缺少的呢？

依此看來，這社會上雖多高賢，卻也須有凡夫來烘雲托月。沒有卑微的麻雀，怎顯鳳凰的風儀？牡丹雖好，還須綠葉扶持。如此才足以形成這個萬花筒的繽紛世界。

人稱鄭板橋詩書畫三絕。他在《全集》的「自序」中曾說：若論我的詩格，算是低卑的了。尤以七言律詩，每有宋代陸游《劍南詩稿》的不羈習氣。兩三好友屢屢說我毛病很深，但另一些多嘴的朋友又慫恿我出版。我自思今後未必還會進步，就姑且順從捧我者的話而不理會直爽者的話吧！爲此慚愧而不禁涔涔汗下，我還有何話可說呢？鄭板橋親筆云云。那原文是：

「余詩格卑卑，七律尤多放翁習氣。二三知己屢詬病之。好事者又促余付梓。自度後來亦未必能進，姑從諛而背直，慚愧汗下，如何可言？板橋自題。」

鄭板橋還有一段話更顯坦朗，說：從前的人寫文章，其目的是爲治國經邦平天下用的。而我們這般人寫文章，不過是爲了吟風詠月，歌花頌酒而已，哪裡會有助於國計民生？我所存的文稿，多次都想燒掉，卻又狠不下心。如今暫且修改訂正刊印出來，從今以後，不再提筆爲文了。原文如下：

「古人以文章經世。吾輩所爲，僅風月花酒而已，何與於社稷生民之計？存稿屢欲燒去，又不忍棄之。姑且修訂刊行，此後不更作矣。」

鄭板橋是「揚州八怪」之一，行事疏宕，不合時宜。以上兩段，卻是他的眞心實話，毫不掩飾。這乃是我們想學而未能的。

書籍有雅俗，文章有工拙。若令俗書拙文，有幸充當文化圈中的小卒，扮演印刷品中的龍套，增添出版界的排場，從而襯托出那些偉著宏篇的高雅，不也欣然小有裨助嗎？

愚蒙有賴勤醫拙

有道是：「文江學海」，茫無際涯。如何能夠寫出清順的好文章？這個題目太大，還輪不到筆者來饒舌，不過，愚者或也能獻一得，大概不外兩個基本條件：第一是天賦敏慧，第二是用功苦修。第一個條件是先天的，那是命，無法強求；第二個條件是後天的，那要努力，應可強致。

《新唐書．白居易傳》說他生僅七月，奶媽分指「之、無」二字教他，就能辨認，雖試百數回都不差，後來成爲大詩人。例如他寫《長恨歌》有一百二十句、八百四十字；《琵琶行》有八十八句、六百一十六字。（都未算標點，因爲唐代沒有）。詩集流傳至今，誦贊不衰，這是先天敏慧的範例。

《清史．儒林傳》說：學者王闓運先生，小時候天資魯鈍，每天誦書，讀不完一百個字（如此拙劣，只合改去放牛吧）。但他痛下決心，定出課表：早上溫習的書，如果背不出來，便不准吃飯；晚上複習的課，如果不懂文意，就不肯去睡。十年苦修，辛勤磨礪，終乃成爲晚清一代大儒。《湘軍志》《王湘綺文集》都是宏文巨著。他曾慨然自歎道：「我不是個才思敏捷的文士，只算個困知勉行的學人罷了。」這是後天發憤的實例。

身為中國人，若不能適當的運用中文來表達己意，豈不愧為炎黃子孫？有人自我找理由說：我少壯未努力，如今年華老大，來不及了。這種說詞，恐是逃避。君不見：南北朝顏之推《顏氏家訓．勉學篇》說：「夫學者、所以求益也。吾人失學於盛年，猶當晚而力學。孔子五十猶想學易，魏武老而彌篤，荀卿五十始來游學，公孫弘四十才讀春秋，朱雲亦四十始學易，此皆早迷而晚寤者也。光陰空過，大大可惜，譬諸逝水，吾豈有閒暇哉？」此外，依據法蘭西史書記載，拿破崙（Napoleon Bonaparte, 1769-1821）每晚只睡四小時，使法國稱雄歐陸，並撰成《拿破崙法典》（Code of Napoleon），至今我國都奉為圭臬。我們有句俗話說：「活到老，學到老」。這話挺有道理呀！

醜媳總得見公婆

筆者天分欠高，每每後知後覺；記憶力欠好，事事過目輒忘；因此前述第一條件「天賦」太貧乏了。加上起步緩慢，領悟力遲鈍，以故第二條件的「努力」功夫也不夠。幸而名利看得淡，物欲不煩心，故頗能定靜安慮，樂與歷史諸賢相親近。雖不敢仿效《孟子．萬章》說的尚「友」古人，也勉力想尊先哲為師，以前賢為範，自勉且與人共勉。心安而理得，怡然而無怨。

筆者有幾位友朋，除了正業之外，還要尋一些業餘嗜好以資寄托。黃先生酷愛書法，李先生專喜雕刻，文先生醉心盆景，胡大姊埋頭畫蘭；寄趣之所在，樂之而不疲，不但不能賺錢，反要賠些老本，這就不是一般俗人所能了解的了。

筆者則四體不勤，五穀不分（《論語・微子》丈人之語）；一技無長，寸德未進（我的自警之銘），只是喜歡翻翻書本而已；閱讀滋潤了我的生命，讓我獲益，且能享受那一卷在手，寵辱皆忘之樂，不亦可乎？人生總要有「夢」，如果「痴」夢得償，樂何如也？遺憾的是，我雖希望身與書合，吸取它的精髓，卻因根柢不深，領悟欠透，總像是隔了一層霧障，難見廬山眞面。每思撥雲見日，卻常力不從心。從知自己智淺才低，徒興無可奈何之歎。偶然心海裡湧起了一陣漣漪，就寫點蕪文，也都卑之毋甚高論，別人沒有排斥，算是我八字命好之故吧。如今我年屆八十，靈思已鈍，禿筆無花，因檢取以往零散文稿，收爲一集，雖然都是一些陳穀子、爛芝麻，即令費心孕育出來，也只是像個癩痢頭的兒子，別人不愛，但自己仍想珍它護它。

拙集暫分四部分：

第一、論述：包含雜論、述記等散文及淺顯譯文。

第二、序跋：含替友朋作序及自序與跋尾，以及簡介、行狀等。

第三、詩詞：五言七言之絕律及若干長短句。

第四、聯銘：嵌名聯、賀聯、輓聯，及誄、銘、箴等。

以上四類之中，論述部分，是想對不同文體內容作習練之嘗試，恐多扣槃捫燭之語，及蕪俚鄙陋之見。序跋部分，可能因泛涉而文意褊淺，毛病是疏漏。詩詞部分，筆者僅是望門初學，止算湊成框架而已。聯銘部分，關鍵處推敲不恰當，筆耕都欠深厚，難臻精到。總之，前二部分，或尚勉可通融；後兩部分，仍待加油研習。

差可告慰的是：本書各篇，應都算是健康的，不會有不良的負面影響。且由於題材頗爲寬廣，閱者自會各取所需；酸辣鹹甜，任隨客意。又因爲篇篇獨立，大可挑選跳讀，料也不會耽誤時間吧？

書既輯了，就須面對讀者。一本書的有無價值？不是由筆者主觀可以認定，而是須由讀者客觀予以評鑑。媳婦雖然貌醜，總得覲見公婆。此時想起唐人王建《新嫁娘》詩中的「未諳姑食性，先遣小姑嘗」，以及朱慶餘《閨意》中的「妝罷低聲問夫壻，畫眉深淺入時無」等寄意之句，不禁興起赧慄的感受。

這是本書首篇，權以代序。自知迂疏淺短，亟盼高明教正！

本書惠承多位友好賜助，附此一併誌謝。

——民國九十一（西元二〇〇二）年夏月記於台北

一〇二 時哉！時哉

我們存活在時間之中。如果浪費時間，就是浪費生命。

你我都無法影響時間。倘若因循猶豫，豈不愧對天地？

㈠ 時間重於一切

論語《鄉黨第十》說：「時哉時哉！」時間究竟意義為何？似乎值得探求一下。

西洋人有句格言，說「時間就是金錢」（Time is money）、「時者金也」（Time is gold）。這是西方重商主義和拜金主義者的說法。其實時間哪是金錢所能買到？應該是時間「重於」金錢才對。我國有句古語：「寸金難買寸光陰」，這句話合理得多。因為時間的價值，比金錢超過遠甚。

世間一切成就，都是在時間演進的過程之中獲得的。小自餬口技藝的研習有得，大至人造衛星的發射升空，莫不皆然。誰能善用時間，誰就是成功者。何況現在是知識爆發的時代，對時間的利用，尤為重要。但是大多數人們，卻常不善於安排自己的時間，更未能尊重時間。日月蹉跎，光陰虛度，「記得少年騎竹馬，看看又是白頭翁」（這兩個看字，要讀平聲，音刊，苦寒切，詩韻中屬寒韻，吟來才合乎平仄），今天我們再也不能不提高對時間的警覺了。

(二)　我們活在時間之中

時間是抽象的，它看不見、摸不著，但卻亙古長存，連綿不斷。當我們尚未出生之前，時間已經存續了億萬年，不停不絕的到了今天。乃至你我死亡之後，時間仍會綿延下去億萬年，到那永久永久的無窮無盡。

我們生存在時間的洪流裡，時間包容著我，前不見其始端，後不見其終尾。一眨眼，生命就要終結了。無怪乎蘇東坡遊赤壁作賦，興起「寄蜉蝣於天地，渺滄海之一粟，哀吾生之須臾，羨長江之無窮」的嘆息。

(三)　你我無法影響時間

說一個不很妥切的比喻：如果把時間比作大海，你我就像那大海裡的幾條小魚。魚生活在海水中，你我就生活在時間裡。小魚天天呑吐海水，能說它浪費了海水嗎？沒有呀！有一天小魚死了，海水仍舊是海水。你我生活在時間裡，那亙古永存的時間，並不會由於你我的浪費而有絲毫的損失。有一天你我死了，時間仍舊是時間，也不曾因爲你我的不存在而有絲毫的少減。人類的法力究竟有限，無論如何，翻跟斗的孫悟空，終究是翻不出如來佛的掌心之外去的。

因此，站在時間的立場來說，我們既不能使它拉長一刻，也不會使它減短一分。我們沒有本領去拴住它，沒有本領去儲存它，也沒有本領去浪費它。猶如對水裡呼吸的魚兒說「你不要浪費了水」一樣的不合邏輯。

㈣ 浪費時間，乃是浪費生命

所謂浪費時間，正經的說，實在是浪費生命。生命是甚麼呢？不就是時間的累積嗎？你我還沒有偌大的能耐，可以把天地間的大時間去掉一分一秒。所能浪費的，祇是自己的生命而已，對大時間何嘗有毫釐的損傷？但可悲者：如僅從字面上去看，「時間」與我自身的「生命」，多少隔了一層，關連並不密切，因而雖聽到了不要浪費「時間」的說法，常會淡然置之，覺得並不緊要。如果換過來說：不要浪費「生命」，可能就要多發生一些警惕作用了。

蓋世梟雄曹孟德橫槊賦詩（樂府．短歌行）曰：「對酒當歌，人生幾何？譬如朝露，去日苦多！」可見人的一生，原是短暫的。若不刻意珍惜，轉眼就到了老態龍鍾的晚年，祇等著進入墳墓了。

請想一想：我自己不振作，有書不好好讀，有工作不好好做，泄泄沓沓，一事無成，姑且不提那些對不起父母國家的大道理來說，就連對自己的生命也繳了白卷，空來世界上一趟，這是甚麼人生？如果執意要這樣大浪費，則大可不必說浪費時間，應該說「我在浪費我自己」！

這樣的頹唐怠惰，不僅糟蹋了自己的生命，而且還貽害於別人。爲甚麼？因爲即使你本本分分的過了一生，即使你對社會毫無禍害，也已經白白的消耗了世界上幾十年的糧食。甚焉者，如果在社會上作惡爲非，害得別人受苦受難，那更是百身莫贖了。

(五) 萬事需要時間來完成

時間眞是個大怪物，無論甚麼事，都不能撇開它。一切事業的成功，都靠時間的累積：懷胎要十個月。紹興酒要窖存三年。臺灣鐵路電氣化，要施工四年。擴建台南市安平港，要分三期共九年才能實現。（註：此文是廿八年前，即民六十三年西元一九七四年一月在台南市寫的）。吃飯要時間，不吃嗎？身體就要垮。睡覺也要七八小時，不睡吧！又沒精神做事。而人生苦短，我們又沒有取之不盡用之不竭的時間，「光陰一去不復返」，然則我們該怎麼辦呢？

從前我國是農業社會，種田要配合天時節候。春耕夏耘，秋收冬藏，時序不能搶先。以往農村過年要過到二月，實在也是因爲大地冰封雪凍，農事不能進行，故爾如此。現在進入了工業社會，工業就是生產，產品是由人來製造的。機器能日夜不停，工人可三班輪值。誰的生產快、產量大、品質好、銷售多，誰就賺了錢。說穿了，乃是與時間競賽，就發生怎樣利用時間的問題了。

一般人提到生產的要素，大多分爲土地、資本、勞力諸項。此其中，土地可以租購，資本可以借貸，勞力也可以僱用，這些都不是不可克服的問題。唯獨忽略了時間因素，沒有列入。時間之爲物，卻是不能購買、借貸、僱用，或以任何方式，能夠獲得更多一點。這個爲大家所疏忽的「時間」問題，終將變成最最重要的問題。

㈥ 時間餘存多少，不能預知

人生就是時間的累積，我們每個人的時間，猶之如在銀行裡的存款。當你我一生下來，在有一家名叫時間銀行之中，就自動爲你我開立了一個戶頭，有了一筆時間的存款，你我每一天都可支取廿四小時，或者說：一千四百四十分鐘（渴望的是：誰能將時分秒改爲十進位，則方便計算，造福全球了）。但可惜這一筆存款，有三個嚴格的限制，也是三個無可修改的大缺點：其一是只能支取，不能存入。想把昨天的時間轉存今天，是不可能的。其二是你一次不能多支，也不可少支。一天欲支用四十八小時固然不行，只想取用廿二小時也辦不到。其三是你不知道總的存款數字究竟有多少？可能有七十一年（吳鳳殉身於此年），也可能祇有卅九年（鄭成功僅享年此歲），事前沒法查問餘額還有多少？到了支用完罄之日，就是你我的大限之期。當時間支耗完盡的日子到來，即使你願意獻出全世界的財產，也交換不到多活一分一秒，一點也融通不得。

由此看來，既然時間的「長度」無法增加，那就增加它的「深度」罷！

㈦ 夏令時間的困惑

報載今（民國六十三）年又要實施夏令時間，須將時鐘撥早一小時。但是如何撥法，沒有清楚交代。想必是在子夜鐘敲十二響時，將它從十二點撥到一點。也就是說：正常時間，此刻本是十二點，改爲夏令時間，此刻就是一點，提早了一個鐘頭。不過如此一撥，就把那從十二點零分到一點零分之間的六十分鐘，撥得不見了。

時間本是連綿不斷的，人們爲了記錄的便利，才硬把它分成小時分秒。科學進步後，一秒還嫌太長，再要細分，才可觀察精微，記錄詳細。在從前農業社會裡，如實施夏令時間，了不起睡眠少一個鐘頭，並無不礙。實則農村生活，習慣於早睡早起，並無此項要提早一小時的必要。但在工業社會中，有許多工作，具有連貫性，由於此一變動，有整個一小時忽然不見了，眞不知該怎麼辦才好。

例如在這段時間中，飛機正在空中夜航，船艦正在海上警戒，火車正在陸上疾駛，嬰兒正在找吉時剖腹出生，天文台正在觀測記錄星象軌道的運行，垂危的病人，正在計算著時間斷氣，實驗室裡正在進行精密的時效實驗，鈾棒正在核子爐中反應，通訊衛星，正在傳送訊波，戰場上正在海空聯合進擊。還有許多要廿四小時不休不停進行的工作，都可能要記錄、校正、及引用正確的時間數據。譬如在該日子夜十二點卅分發生的變故，由於夏令時間把自十二點到一點之間的這一小時消滅了，便不知該如何去記載和引述了。

還有某種連續性的工作，平時一班接一班，如今突然不見了一小時，可能使步驟大亂。茲舉最淺顯的火車班次爲例：在前半夜開行的火車，過了後半夜，便都誤點了一小時。而後半夜開行的班次，則必按新時間起程，等於提早了一小時。新舊班次攪錯在一起，南北互駛，想必把調度人員忙暈急慘了。

前面說到有一小時不見了，那裡去了呢？怎樣補回呢？這要一直等到夏令時間結束之夜，把時鐘重行撥慢一小時之際才會出現，才會償還。即是在那一晚鐘敲十二下時，將它再撥回到十一點。也就是說：原來有一段夏令時間，從十一點到十二點：現在又新出現一段恢復正常後的時間，也是從十一點到十二點。換句話說：自十一點零分到十二點零分，這晚上竟然有兩次重複相同的時刻。時間並非孿生子，想不到也鬧出了雙胞案了。

這時那位火車調度人員，如果眞想做到火車準點的話，應該在原屬夏令時間的夜半十二點起，命令所有的火車就地停駛，靜待時鐘走到正常時間的十二點零一秒時，然後再開，也就是各在原地等候一個鐘頭，這樣才是確實的準點不誤，也才不會在新舊同時夾雜的行車班次中發生車禍。但事實上那一個傻子能這樣做呢？

爲何要實施夏令時間？說是爲了讓人早起，節約晚上的電燈，因而節省發電的燃料。（不知究竟節省了多少？）使人滋惑的是：決策者不從提早人們的作息時間來著眼，卻把時鐘撥快撥慢來迎合。利於一事而不利於百事，是不是捨本逐末呢？是不是爲小失大呢？

大概人是囿於習慣的惰性動物，不思把自己去配合時間，卻硬要把時間來迫就自己。將簡單的變爲複雜的，將有規律的變爲混亂的。倘若時間有知，豈不興嘆？（補註：美國至今仍於五月到十月實施夏令時制，將時鐘撥早一小時。中國大陸則不撥快時鐘，而以調整作息時間來適應。至於台灣，以往也曾實行過撥早時鐘，後因擾民不便，不實行了。）

(八)　時間的特性

《周易上經．豫卦、隨卦》都說：「時之義大矣哉！」註解說：極言之而贊其大也。《下經．睽卦》又說：「時用大矣哉！」註解說：極言其理而贊之。可見對時間作一番探討該是值得。我們初步分析時間的特性，可以簡述如下：

(1)時間是不滅的——從無盡的遠古，到無窮的未來，時間連成一氣，始終不曾停頓。即使太陽有一天不存在了，時間也不會消滅。

(2)時間是至大的——至大是無所不包，無所不容，無在其外。沒有一樣事物、一個人，逃得開時間的掌握。四因次空間（Four dimensional spaces），特須加入「時間」坐標，才能研究宇宙間的一切事象。

(3)時間是至公的——對大家一律平等，它不賣豪富的情面，也不對窮人苛待。俗話說：「公道世間唯白髮，貴人頭上不曾饒。」人老了，管你是達官顯貴，照樣白髮皤皤。它又是鐵面無私，你活一年過了三百六十五天，我活一年也不會多出半日。有人嘆息說：「好快呀！又是一年春草綠！」其實嘆息者在他整個一年裡，並沒有少掉一天，只是他不曾善過日子而已。

⑷時間是無可替代的——石油缺乏，核能可以代替。稻米缺產，菽麥雜糧可以補充。患了不治的肺病，可以裝個鐵肺。唯獨時間完全找不到代替品。在高喊日趨嚴重的資源危機中，這才是一項最缺乏的資源，祇是大家沒有抓著痛處罷了。

⑸時間是沒有彈性的——遇到需要延長工作之際，時間不會因你的殷盼而跟著增加。遇到亟欲早一天揭曉之前，它也不會爲你減短。時間的供給，完全呆呆板板的，沒有一絲兒伸縮的餘地。西諺也說：「昨日無法回頭再來，而明日也無法提早先到。」

⑹天底下一切事情，都需要時間去完成——吾生也有涯，因此時間永遠不夠。可是，一般人都把這個對人生最重要、最特別、無可替代、而又不可缺少的時間，看得毫不在意，眞是太粗心了。

㈨不當耗時的舉例

第一種是應酬太多。酒會、請宴、結婚、做壽、開幕、剪彩、頒獎、授旗、慶功、接風、破土、迎神，都必須去參加。受人情的圈鎖，和習俗的困擾，以爲不去就得罪了朋友，以爲缺到就少掉了主席。報紙上送舊迎新的照片，電視上酒宴舉杯的鏡頭，每天都有。不但浪費了媒體寶貴的篇幅，更耽誤了各人正當的時間。深究起來，毫無意義。

第二種是會見拜訪的來客，耗用了許多時間。不論在辦公室或家裡，民意代表、朋友、親戚、鄰居、同事，業務性的和非業務性的，預約的和不速之客都有。請托、說情、敘舊、干謁、過訪、聊天，地位愈高，客人愈衆。自己的時間，被寸寸腰斬。倘若是正當事務，當然應該見面親談，對方不虞打擾。唯有那種無事窮聊的訪客，想拉關係，想問消息，他本身的時間不值錢，卻不該侵佔別人的時間，偷竊別人的時間，豈不是罪過？

第三種是接聽電話費時。相識愈廣，電話愈多。公務的、私誼的。毛病是不知誰個打來？不知是大事還是小事？通常電話比一切都優先，當你正在思考緊要問題，或正處理重大事件之際，電話響了，不得不停下工作去接，把思緒都攪斷了，也讓同座的人乾等。遇到要事，談半小時不算多，遇到閒事，談兩分鐘都不值。最可憎的是對方絮絮叨叨，纏個沒完，他想用電話來打發時間，磨掉時間。可是你卻被時間綳得很緊，半天中接到三四個電話，就不用想做正規事情了。

第四種是大人物管的事情太多，權力集於自己一身。由於不信任下屬的才能，大小事都攬著由他來決定。部屬在恭候決定之間，諸事衹好停擺。結果每件事都在他的匆忙之下作成判斷。時間短，事情多，不容許他做週詳的考慮。在滿頭大汗之餘，還大歎只有他一人來獨撐全局。長年如此，連吃飯睡覺都急急忙忙，除了他自己必將罹患胃潰瘍之外，你說這是處理時間的善者嗎？

第五種是小人物管的事情太少，三下兩下便可把事情做完了。但做完不就顯得太清閒了嗎？上司看到了，會說這個人無所事事，危及飯碗，豈不嚴重？於是在辦事的時候，就慢慢的拖，本來一小時的工作，拖到一天完成。尤其是涉及人民權益的事件，無心者延宕，有心者藉拖延想收紅包，把自己和別人的時間都糟蹋了，這又是爲了甚麼？

第六種是會議太多，時間被整批的白費。本來設官分職，原是要各人按照職掌負起全責。除了本身職務就是應當參加會議的顧問、資政以外，集合大家開會協商，衹是一種例外，如今卻演變成爲常規。有的會前準備不充足，有的各持己見，有的互相推諉，有的根本沒有主見，都得不到結果，會是白開了。即或有了結論，會後仍舊要經過簽呈批准和分頭會辦的步驟才成。開會的好處，就是大家都可不負責任。一開會就是半天一天。有時更把會議記錄呈報到上級去核定。萬一出了錯漏，下屬說是上級批准的，上級說是下屬會議通過的，誰也怪不上，誰也沒有責任，樂得大家輕鬆。只是那些等候決定的人，雖心急如火，也沒有辦法。時間如此被折磨，眞是天知道。

第七種是法規制度的繁複，這是時間浪費得最多的一種。我國立法者，首先就認定別人都不可靠，都是小偷。在法規擬定之前，就多方設防，樹立層層關卡，訂出許多阻礙的步驟。規定要蓋上多少顆印章，要經過多少機關會辦，要通過多少階層的審查。所謂公文旅行、公文牛步，就是此類劣法所造成的惡果。難怪有專門辦理土地登記的代書館，有專辦進出口的報關行，有專跑出入境的旅行社。如果你自己去試試，準會到處碰壁，走也走不通，問也沒人講。因爲確實太複雜了，沒有幾個人從頭到尾懂得。否則這行人就沒有飯吃了。由於法令太繁，原可由一人負責，單人作業的，就須通過許多人。原可一天辦畢的，就須延長到一個月。因爲這是規定的程序和手續，誰也沒錯，誰也沒法。社會進步被阻撓了，經濟繁榮被遲滯了，全民的大好時間，都如此毫不值得的白費了。

第八種是嗜好和壞習慣的太多太重，迷失了人生的目的，在歪路上消磨了做正事的時間。例如逃課去一連趕三場電影，天天要上美容院做頭髮，立志去收集所有搖滾樂的唱片，跳舞入了迷，打高爾夫球不肯歇手，兼職做咖啡館的長期客人，電視節目從六點看到清晨三點，連廣告都不放過，南北追蹤去討歌星明星的玉照，出入百貨公司一月破六十二次紀錄，夜夜麻將打得神魂顚倒。把副業當成職業，把消遣視爲正事，把不良嗜好變成正常生活，迷途不返，久假不歸，說輕一點是曠時廢事，說重一點乃是慢性自殺。正合於某人的一句笑話說：「我忙死了，除了玩的時間之外，簡直抽不出一丁點兒時間！」

㈩　眞正屬於自己的時間

一些不思進取，終日無所事事，感覺日子太長，不知如何打發，因而每天遊手好閒去殺時間（Kill time, Time Killer, Time waster）的人，他們的生命太不值錢，不在本文論述之列。

一些年輕朋友，對時間的感受不深，碰到的壓力也不大，處世態度是輕鬆的，總以爲手上有大把歲月可供揮霍，過了今日，還有明日，生活不免流於懶散。這一類人，深願他們能及時醒悟，察覺明日之我，應非今日之我，少壯不努力，老大徒傷悲，早一天起步，便能早一天步上成功之路。

唯有那些感到時間迫促的人，才是有深刻體驗的人。愈是年齡增長，愈是求知若渴的人，愈會覺得時間不足，對時間安排的技術，也愈願講求。

一個人每天的時間，大別爲睡眠、工作、與運動（包含娛樂休閒）諸項目。我們應該建立積極的觀念：認爲睡眠的目的，是使明晨精神飽滿，好繼續第二天的奮鬥。運動的目的，是使身體保持健康，好向環境挑戰。甚至娛樂與休閒的目的，也衹是讓緊張的精神得到調劑和鬆弛，以便重新奮發。總之，睡眠運動娛樂休閒，乃是爲配合工作之需，不是人生的主要標的，不必過度。其餘的時間，就全都要用到工作上去！

這樣一來，工作時間不就很多了嗎？不然。在工作時間中，還要分爲兩種：一種是與別人共同耗去的，另一種才是可由自己支配使用的。我們姑且叫前者爲共耗時間，叫後者爲自控時間。這樣才能解說清楚。

共耗時間，包括跟老闆老師討論工作或學業，陪顧客談生意，部屬向你請示，參加集會，接電話，往別的機關去接洽事務，替社會服務，與同事協調進度，上下班搭車等等。這些時間，自己不能專用，都被他事耗去了。

自控時間，就是工作時間裡，除掉共耗時間以外剩下來的時間，這是眞正屬於自己可以支配及操控的。你可以用來思考問題，撰寫報告，計劃未來業務的開展，研究科學新知，繪製新產品的設計圖，草擬工作改進方案等等。一個人的成就，全靠在這自控時間中的表現如何而定。

因此，不要天眞的以爲一天有廿四小時、每天有多達一千四百四十分鐘供我使用，也不要自信以爲每天我能工作十六小時。即使你每天都能抽出十六小時，其中實際上眞正屬於自己支配的自控時間，畢竟不多。而且這段不多的時間，還不是整體的，經過別人別事的打擾後，已弄得四分五裂，成爲零星的片片斷斷的細碎時間了。

鄺爾茲說：「昨天已經過了，你無法挽回，明天還未到來，你也無法保證，只有今天才是你的。希望你好好掌握，好好支配。一個今天，抵得上兩個明天。」

⑴ 如何善用時間

本文的用意，原在說明時間的特質，供讀者作粗淺的認識而已。至若如何善用時間，筆者譾陋，不敢妄議。姑且列出若干原則，聊備一格，敬請高明指正。

前面說過：我們不能創造時間，時間既然不能增加，就衹有從精簡工作著手，工作既減少，時間相對的就富裕。因此可分爲「事」和「時」兩方面來略作建議：

關於「事」的方面：

⑴要犧牲枝節——一生的時間有限，想做的事情太多，不可能百廢並舉。「有所不爲，然後有所爲」。必須抓住要害，提綱挈領。對我的總目標有關的主題，絕不能放鬆。其餘

枝節和不相干的事，不但不要花費精神，還要斷然拒絕，杜甫《前出塞詩》說：「射人先射馬，擒賊先擒王。」如此才會在特定的目標上見功效。

(2)要排定先後——與總目標有關的事，不止一樁，列出何者是重要的，何者是緊急的。「知所先後，則近道矣」。安排每天每週以至每年的功課次序，擬定近程及遠程的目標計劃，從最緊要的下手，打蛇要打在七寸上。

(3)要集中注意力——做一件事，要凝聚精神，把全部力量投下去。注意力集中的時候，時間就成了我的僕人，由我來「役使」它，一分一秒都逃不過我的掌握。這樣才會又快又好，能夠以較少的時間，把事情辦妥。好像攻勢作戰一樣，上策是從一點去突破敵人的防線，不要全面進攻，分散兵力。

(4)要即說即做——做事多少會有困難的，大前提既然已經決定非做不可，就須馬上開始。如一再猶疑，徘徊瞻顧，便永無起步之日，亦非雄圖大略之才。須知後面還有一大堆事情，在等著你。雖然有些遠程計劃，不可能今日事今日畢，但總可分成若干小計劃，以便「爲大於微，圖難於易」，做到今日事今日始，才談得上「效率」二字。

(5)要儲備精力——整天窮忙的人，終日疲乏，做事並沒有高效率，也不是充分利用時間的好方式。所謂「一分精神，一分事業」。常常留點精力，在緊張中才能從容，處事才井然有序，算得是善於運用時間的佼佼者。儲備精力的益處有二：一是時時警覺，腦筋不會胡塗；一是保留實力，以備對付不時來臨的突發事件。

⑹要有機動性——處理事情，有許多種方法，一旦發現了某種較佳方法，能縮減從開始到完成的首尾距離，就要馬上改良。假如缺少機動性，固執不化，墨守舊規，便會落伍。誰能「搶先一著」，誰就是成功的人。

關於「時」的方面：

⑺要創造時間——時間雖不能無中生有，但可以疊合運用。用一份時間，做兩份工作，就創造了雙倍時間。漢朝朱買臣，家貧賣柴，他背著薪柴進城，腳在走路，手在翻書，後為會稽太守。隋代李密，騎牛訪友，牛角上掛一書袋，他且騎且讀，後官光祿卿。這「負薪掛角」故事，該有啓發性。我們吃早點同時可以瀏覽當日新聞，乘車時可以默記生字，候飛機時可以操作隨身電腦，雙手在工作時，耳朵可聽錄音教學帶，左手拿電話，右手可以翻地圖，甚至在洗手間裡，也可思考問題。將這些片斷時間，作充分的雙重利用，積少成多，會有驚人的收穫。

⑻重要的工作，安排在精神最旺盛的時候做——每人的生理狀況不同，有的人起床後精力最充沛，有的人在中午時思考最細密，有的人在夜間靈感最多。我們可以把某項重要的工作，按照它需要多用腦力或多用體力的情況，安排到自己認為最佳的那段時間裡來做，往往能事半功倍，也能通盤顧慮週到。歐陽修在《歸田錄序》裡提倡三上：「馬上、枕上、廁上」，認為多助，對你我可有啓示？

⑼把手腦耳目輪流使用——有的工作祇要手做，有的祇用腦或眼。把動態靜態的工作

交互錯開，用手的時候，讓腦筋暫時休息。等會兒再用腦，則思維仍是敏捷的。工作讓它繼續不停的進行，但我們的器官，則在輪班交替使用和休息，不虞疲乏。

⑽磨練自己的速度，改進工作方法——時間是用來做事的，總時間既不能增加，就要將每項工作所佔的時間減少。磨練自己的速度，等於是多出了時間。改進工作的方法，時間就縮短了。一些重複呆板的工作，最好交給機器（例如電腦）去做。騰出寶貴的時間，專作思考判斷之用，如此必獲益甚多。

⑾要守信守時——現代事務日趨複雜，唱獨角戲的可能性愈來愈少，許多事需要大家通力合作來完成。有衛星工廠支援大工廠，副料配合主料，替人加工，承包保養維護等等。在互相配合的需求之下，自己不要耽誤別人的時間，也不讓別人耽誤自己的時間，能做到才承諾，諾必有信，到時候一定兌現，這才合於經濟原則。

⑿少做無益的休閒活動——人生的目的不是享樂的，休閒祇是調劑罷了，所花的時間不宜過多，舉例說：每天少看一小時電視，一年就多出三百六十五小時。我們如能改變休閒的方式和觀念，把讀書當作休閒，把研究當爲娛樂，便將時間都充分利用上了。

哥德說：「我們都會有足夠的時間，如果我們能夠恰當利用它的話。」

㈩㈡ 已不是因循的時候了

日月逝矣，歲不我與。不懂得時間的重要，便跟不上時代。如果不善於處理時間，就不善於處理其他的一切。往者不可諫，來者猶可追。何況現代科學的突破，電腦火箭的應用，使速度陡增。近三十年來的進步，比以往一百年還大得多。我們有機會成為這目迷五色的地球之一員，親身參與此一大舞台上的演出，何其幸也！

英諺說：「我們只活一次。」（We only live once.）上天既然生我，豈可虛度此生？但處身在這電光石火瞬息萬變的激流競爭之中，時間稍縱即逝，除非自絕於時代之外（這是指那些執意要讓人生一輩子「留白」的哥兒們），那裡還有讓我們猶疑逡巡的餘暇呢？

——這篇小文，刊登民國六十三（一九七四）年二月十九日台北中央日報《中央副刊》，其後又選入民國六十三（一九七四）年八月《中副選集》第十輯。該選集由楚崧秋社長撰寫序言說：「《時哉、時哉》是一篇勵志佳文，希望讀者們會喜愛它。」

一〇三 兩岸統一文字爲先

繁簡異體，雙軌並存，形成一國兩制，應無必要；兩岸華人，美國朋友，都要繁簡兼學，增加負累。

華人在美，多存故國之思，爲使子女們（有些是在美國出生）不忘中華文化，多會將下一代送入當地的中文學校就讀。依據美國賓州大費城明德文教協會（CCAGP—Chinese Culture Association of Great Philadelphia）編印的《明德季刊》（一九九七年六月出版）報導：全美計有六百多所中文學校。在美國東部還成立了「美東中文學校協會」，定期舉行年會，今（一九九七）年已是第廿四屆了。由這份不太起眼的刊物就可知學生之衆。

以前學生多來自台灣赴美的家庭，由小學到初高中的中文課本，全由國府僑委會免費供給。自大陸改革開放後，大陸來美的家庭和子女日增，也相繼成立中文學校，使用「漢語」課本。於是出現了兩套教材：台灣背景的中文學校教注音符號和繁體字，大陸背景的中校教漢語拼音和簡體字，各行其是，分道揚鑣。

注音符號與漢語拼音都是幫助發音認字，孰優孰劣，本文暫不討論。但繁簡兩體雙軌並存，形成了文字上的「一國兩制」，實是增加學習中文的不方便。

雙重學習負擔

我有一位美籍青年朋友，名叫邁克，在美京華府的喬治城大學（Georgetown University at Washington D. C.）唸書（宋省長楚瑜也畢業此校）。他選中文爲第二外國語，雖然講得四聲不全（衣服說成姨父），寫的也是鬥筆字（湖南土話也，是說不按筆順亂湊。他寫「近」字，先寫走之，再寫斤，說是遵循由左而右的原則）。他今夏將赴北京師大、秋末再到台北政大修習中文。我寄他信說：「北京教的是簡體，台北教的是繁體，你得學會兩套文字。要認得『丛厌业巩』，又要認得『叢厭業鞏』；還要同時橫向對照，知道簡『丛』是繁『叢』、簡『厌』是繁『厭』、『业』即是『業』、『巩』即是『鞏』。勢須雙倍努力，汝其勉之。」想他繁簡兼學，會不會愈唸愈糊塗，眞是難爲他了。

附帶一提的是：除了上述中文小中學之外，美國耶魯大學、芝加哥大學、哈佛大學、哥倫比亞大學、普林斯頓大學、柏克萊加州大學、洛杉磯加州大學等校，都設有中文課班，也是前述中文學校的銜接。各校繁簡字體都教。例如哥大一二年級只學繁體，三年級只學簡體，四年級繁簡都用。柏克萊大學是一年級先學簡體，二年級才學繁體。洛杉磯大學兩者皆可，由學生自選。其他大學是三年級以上，必須繁簡都能認識，作文則繁簡不拘，可以兩者混用。這就是說：一個字要繁簡各學一次。學生何辜，徒增不必要的雙重負擔。

台灣稱繁體字爲「正體字」（認爲繁體與簡體是平等對立，會產生比較的問題），稱簡體字爲「簡化字」（即不是正規的字）。筆者認爲不必正偏之爭，或意氣之辯，宜基於文字源流和學理來客觀討論，解決分歧。

中國文字的特色

據估計：全球使用英文爲母語的約有六億人口，但英語有五十萬個單字。全球使用中文爲母語的約有十二億人口，是英文的兩倍，康熙字典雖收有四萬多字，但只要認識四千個常用字就夠用了。由於中文單字的機動配搭性極爲靈活，許多舊字熟字，加以連綴配置，就成新詞，字不必增，卻能包羅萬種新義（英文要另創新字，每年增加上千個）。

例如「吃、早、飯」，可衍生爲：早吃飯、早飯吃、飯吃早、飯早吃、吃早飯、吃飯早多種說法，所強調的語氣各不相同，但基本上只用三個字，何其鮮活。再者、試看古代世界上使用過的各種老式文字，都已先後夭亡，獨有中文字仍然自古流傳存活至今，而且歷久彌新。今天我們仍能識讀中國遠古的典籍（尚書最古，是秦漢時代之書，距今已兩千多年了），其偉大處實莫可言喻。

世界文字約可分爲兩大類別：一是拼音文字，二是中文方塊字。拼音文字是由一串串字母符號（sign）作線狀延接而成的，只有字音（多是複音）和字義。中文字則是一幅幅表達觀念的圖形（image）作面狀佈構而成的，除了字音（單音）和字義之外，並以字形來彰顯其特色。「山」就像三座聳立的高峰，而且三峰相連成一脈。「系」就是編結成辮狀、下端還留著三縷線頭的柔絲。

由於中文字是單個而獨立的，故而橫排豎排都合宜，甚至倒唸反唸也可以。例如「此木成柴山山出，因火生烟夕夕多」，就是用上二字合成下一字。又如「處處花飛花處處，潺潺碧水碧潺潺」，倒順讀來都是原字。再如「客上天然居，居然天上客」，反唸順唸都饒佳趣。其他尚有環寫成圓圈的、或排成方陣的，無論順唸逆讀，左迴右轉，都成佳句，而且押韻，因篇幅所限從略（請參看拙編《詩經尋幽錄》台北文史哲出版社印行）。

中文字可否簡化

大陸已經推行簡化字了，此時來談可否簡化問題，似已不合時潮，但今天仍有一些學者或高官堅持全部繁體一字不可簡的論調，故提出討論容或有此必要。首先吾人應有一項認知：文字乃是傳述思想的工具之一，而工具則當以省便爲原則。例如汽車是交通工具，以前要用手排擋換速，還要腳踩離合器來配合，現已改爲自動排擋，不須駕駛人費力操心，使開車動作簡化了，人人稱便。今天如果仍刻意懷舊想在美國買輛手排汽車，不但難覓，且須高價。

國父說：「近世文化昌明，百年銳於千載」。現今工商社會，爭的是速度要快，如果動作遲緩，鐵定落伍。文字是知識之母，豈能牛步不前？故從民國初年就有人狂言：「中文太難寫了，阻礙中國進步者，其爲中文字乎」？竟把它視爲國家積弱不強的罪魁，這種論調未免太偏激。但有些中文字筆劃確也太多，還有那些罕用字古董字廢字死字冷僻字化石字，應可商榷汰換。

舉個淺例：纔字與才字相通，清朝著《說文通訓定聲》的朱駿聲說：「纔是才之借字」，能否用才而廢纔呢？又如鬭（鬦鬥）、礮（砲炮）、臺（台）、鐵（鉄），能否用括號中之簡筆字以替之呢？再如鞦韆，漢代許愼在《說文解字》中評說：「非皮革所爲，不合從革」。可否即用「秋千」呢？再者，有些文士，喜用繁字以求典雅，好用古僻字如龢（和）蘤（花）穐（秋）麤（粗）以示高深，他們互相悅賞無妨，但不可行之於一般大衆。更舉一例：《魏書．江式傳》有云：「宮商龣徵羽」，把五音中的「角」字寫成「龣」，其實與「角」音義相同，這是故意與人爲難，殊不足取。

人人都寫過簡筆字

筆者確信，任何人在提筆爲文時，多少會寫出一些簡筆字，以求快捷省時。我就經常如此。例如「與」寫爲「与」（十三劃簡爲三劃），「黨」寫爲「党」（二十劃簡爲十劃），「體」簡爲「体」（廿三劃簡爲七劃），「蟲」簡爲「虫」（簡去三分之二），而「覽、鑒」兩字中的「四」省掉不寫出，別人也都接受了，我也一直省到現在。

那些不同意簡化而堅持用繁體字的人，我懷疑他們一生從未寫過簡筆字嗎？既然自己也寫簡字，哪得不認可它呢？

幾項不同的異見

一、識繁用簡、印繁寫簡問題——有人說：我閱讀時認得繁體，但日常卻用簡體。又有人說：印刷當採繁體，手寫可用簡體。豈不是天下太平無事了嗎？這乃是因循苟且之見，非擇善之道。若如此，仍是兩制並存，十足鄉愿。試想那些中文打字員或電腦排版人員，都必須通曉繁簡雙體，才可將閣下的簡體手稿轉換爲繁體打成書頁或鍵入電腦，豈不是增加他們的負荷？而大陸學生要增學繁體，台灣學生要增學簡體，以現今功課之重，升學壓力之大，他們對中文早已無暇多顧（致力於英數理化去了），勢將由煩生厭，可能使中文程度更差了。

二、如用電腦寫作，繁簡都不成問題——電腦確係省捷進步的工具，如欲加字改錯，變更段落及行數，按幾個鍵就成。但總還有用手寫的時機吧？你願意寫廿九劃的「鬱」字呢？還是寫省成九畫的「郁」字呢（這字當否待決）？而且上述第一項的不便，仍未解決。

三、如何識讀古籍問題——古籍全是繁體，簡化後都不認識了，斬斷了中華文化的根，豈非大錯？此項顧忌，我們不須擔憂，必當另有繁簡字對照表可資依循，繁字仍在，只是日常不用它罷了。這些鑽研古籍經史的事，原就屬於專家學者的志趣，並非一般普通人所能或所願從事的，應勿顧慮。

繁簡如何統一

首先須申明兩點：第一：不是全盤簡化，而只是部份難字簡化。該簡者要簡，能簡者才簡，不須簡及不可簡者不動。第二：大陸已推行簡字多年，幾度頒行，又部份收回停止；大陸民間又自創若干簡字，筆者不同意全體統收。合理的贊同，不合理的、愈改愈糊塗的要再研商。但願繁簡歸於一致。

例如「滅」簡爲火上加一橫，「習」只取左上角，「鄉」僅留左邊，都是合乎六書原則嗎？「濁」簡爲水旁加虫，那末蜀是否可簡爲虫呢？幹部的「幹」簡爲「干」，樹幹的「榦」也簡爲「干」，乾濕的「乾」亦簡爲「干」，但乾隆的乾因不能簡而仍留用原字，此三字義異而混簡成「干」，混同中卻又有例外，均待考究。再者，湖南省有個零陵縣，有人簡寫成〇〇縣，簡直是笑話。

有的簡化得不太合理，例如「油漆」簡爲「尤七」，「蛋糕」簡爲「旦羔」，恐怕都不合宜。

繁體字有沒有毛病呢？秘祕、够夠、烟煙、姪侄、況况、蘇蘓、婿壻、筍笋、勛勳、鱠膾、鷄雞、鼈鱉、耻恥、冊册、晒曬、嘆歎、墻牆、啖噉、咽嚥、齒囓、厚垕、堤隄、却卻、腳脚、軟輭、蛙鼃、喧嘩諠譁、仿佯彷徉、伶仃零丁、囉唆嚕囌，都該存一凍一。

這篇小文旨在作「書同文」的建議，也許有人抱著不同的看法。但請看文字由大篆省為小篆，又遞變為隸楷行草，哪一次不是改革簡化？由於行草筆劃偏於放任，以及篆隸又偏於藝術性，故歷來獨重楷書，且錫以「正楷」之名來尊稱它。如今繁簡分為兩家，尋求合一，應可採擇，時不我與，盼即進行。

但這個文字統一的題目太大了，各自為政也夠久了。筆者僅能提出呼籲，促請有心且有力之眞士，廣集兩岸和海外的碩學通儒，共聚一清淨勝地，避開政治干擾，捐棄主觀成見，純以文字學之立場，虛心研討。雖不必克期竣功，但也不可拖延太久，但願凝聚中外各方俊彥的高度智慧，為中華文字創出一條光明的大道，這比修篡一部三百多卷的「資治通鑑」或七萬多卷的「四庫全書」的成績和功效尤為宏偉博大。

尾語

筆者對文字學，所知有限，但生為中國人，死為中國鬼。對目前的分離狀況抱杞人之憂，連稱謂上都有中文、漢字、國語、華語之不同，對外國人難於解釋。但中華民族，終將一統，不論是一國兩制、一國兩治、一國兩區、一國兩府，以及以商圍政、以民促官的各說各話，那都是一時性的政治問題。請宏觀中華文化，它上承歷代聖哲之薪傳，下啓萬世子孫之延續，現在正處於緊要關頭，應撇開政客之干預，超越乎政治紛擾之上，單從文字角度來集思廣益，結出個平允而正確的美果，才能對歷史作個交代（寄自美國費城）。

——刊登於《湖南文獻》第二十五卷第四期，總號第一〇〇期。民國八十六（一九九七）年十月出版

一〇四　漢字簡化的芻見

當前時髦的口號是「兩岸統一」，繁簡卻各行其是；請先從純學理的、阻力小的「文字簡化」開始好嗎？

我不懂文字學，但每天總得提筆寫字，老是覺得寫字太費功夫。有時意如奔馬，筆端卻跟不上。有這個想法的朋友不少，還懷疑是不是由於寫字佔時太多而阻礙了中國的進步呢？拜讀黃永武先生《簡體字就是紅衛兵》（西元一九九一年、民八十年十二月十日台北聯合報副刊），和思果先生《簡化字體的枝節》（十二月十四日聯副）兩篇宏文，觸發了一些不成熟的感想，欲就教於方家。我既不同意「漢字全盤簡化」，也不贊成「極端反對簡化」，這不能用二分法。漢字可以簡，必須簡；只宜部分簡，合理的簡，不可亂簡。

文字本是流變的

說文解字敘：「倉頡作書，依類象形，故謂之文；形聲相益，即謂之字。」段注：「獨體曰文，合體曰字。」現在把「文字」合成一個複名了。我們看文字的演變，自從周宣王太史籀作籀文，又叫「大篆」，便已異於「古文」（金文、甲文）。秦代李斯趙高胡母敬創「小篆」，就是將大篆省改。程邈又將「多者損減，圓者使方」，變爲「隸書」，更是大事改革。漢代又「解散隸法，用以赴急」，興起了「草書」，變得更省更快。但草書難識，隸書又多古形，就出現了「楷書」，又叫眞書（宣和書譜：「漢建初王次仲者，始以隸字作楷法」）。乃至後來，爲應「畫行」「簽押」，又產生了「行書」（宣和書譜：「眞幾於拘，草幾於放，介乎兩者之間，行書有焉」）。由於楷書最清楚，就成了正宗，一直通行到現在。以上是文字流變的大略，對不對還要請專家指正。

爲甚麼說了這許多閒話？用意在表明文字是隨時代進步而一變再變的。倘有需要，這股潮流擋不住。黃永武先生文中說：「簡字使中國百姓與固有典籍絕緣。」憂國憂時，溢於言表。但如要固守祖宗舊法，則篆隸草楷之屢變，每一次不但筆劃變，形體也變，豈不都該是大逆不道，滅絕文化？但中華文化並未滅絕呀。現在討論「漢字簡化」，僅將楷書省掉幾筆，套句流行術語，只作「體制內改革」，字形仍維楷體，應非罪大惡極。筆者絕不是頂撞學人，或許黃先生的話稍許誇大了一點吧？

爲甚麼後來文字沒有重大的改變呢？因爲文字改變，有兩個關鍵：一是書寫工具的發明和改良（竹簡漆書到紙筆出現），一是人事繁雜的劇增（戰亂頻仍，事多時急）。自漢魏到民國，工具已備，紙筆的使用沒有大改，人事繁雜的增加有限，文字足堪應付，演進就暫停了。但近五十年來，時代在劇變，舊式的腳步總是跟不上，寫繁字就覺得它耽誤時間。大陸已經簡化了，他們對不對？我們要不要簡？至少也該趕快來討論討論，不可自甘做埋頭鴕鳥，假裝看不見外面的世界。

不少的字筆劃太繁

由農業社會遽進到工業社會，轉變神速，眞可謂「百年銳於千載」（國父的話），一切都要快、要省、要簡。如不跟時間賽跑，就會敗落人後，寫字也有這個急切需要。我們不好說由於漢字難寫，阻礙了進步發展，這頂帽子太重了。但有不少的字，筆劃太多，書寫費時，應是不爭的事實。

研究文字學的人是專家，他們窮治「小學」，鑽研「六書」，那是深奧的學問，一般人難以企及。除了他們之外，我等一般凡俗人，只是把文字當作記事表意的「工具」而已，既是工具，則愈簡愈省愈順手愈好。拆輪胎螺帽有了气動套筒之後，手動套筒就淘汰了。有了電梯，就不必去爬步道樓梯了。電腦由眞空管換成電晶體再改爲集體電路板，便是由笨大慢貴進步到輕小快省。文字假如也能變得簡單一點，對一般大衆必是裨益良多的。

筆者爲下一代取名字，便只挑選筆劃少的字，例如「玉」字僅五筆，寫得快。但某位大老，他愛取「瓊」字，有十九筆。因此當一個瓊字寫完的同時，幾乎可以寫出五個玉字來，尤其考試分秒必爭，這對瓊小姐未免太不公平了。她一生不知道要寫多少萬千次的名字呢？如果這個瓊字的筆劃簡省一些，就會減輕這種不必要的負擔。（有人主張用「琼」代「瓊」）

黃永武先生說：「未來文字在使用上，一人書寫，百萬人閱讀。文字的便捷與否，要多從閱讀者的立場去考量。」這話恐須商榷，從閱讀者來說，繁體簡體是一樣的，但對書寫者來說，寫繁體五千字，換寫簡體可能達一萬字，這差別就很大了，賜福也就很多了。如果寫書很難，成書很慢，何來書讀？要使文化迅速傳揚，首須使著作人覺得寫字輕鬆便易，請趕快解救那些寫字人的辛勞吧。

在這裡必須聲明，不是所有的繁體字都要廢除，全改簡體（大陸也未全部廢繁）。七八筆以內的字都易寫。只是太繁的字，如「爨」「鬮」「鬱」「鸁」（不必多舉），筆劃堆疊太過，寫來還會出格，鉛字也常一團黑。假如化簡，在不損美觀，不背六書的原則下，應該沒有人、也沒有理由反對。勿以善小而不爲，何況關乎文化的千秋大業。

簡字俗字久已常寫

凡是拿筆桿的人，大概沒有人不曾寫過簡字俗字，也沒有人一生用端楷作正書的。我們常將「辦」寫爲「办」（這是漢羊靈道碑字，大有來歷）「聲」寫爲「声」「殼」寫爲「壳」（聲見《正字通》，壳見《字彙補》）。只要能省掉幾筆，都會從善如流，取其易寫的簡字俗字。

筆者更喜偷懶，「殺」「刹」「者」中那一小點都不寫（嚴格説都是錯字）。又將「覽」「鑒」中的「四」字省掉。「臺」灣一律寫成「台」灣。沒人不認識，也沒人抗議。

我們將「國」寫成「囯」（見正字通，也見康熙字典，淵源很早。□內从王，不是玉），還很欣賞它正合「普天之下，莫非王土」的古意呢？

至於「還」變「还」，「過」變「过」，「禮」變礼，「鐵」變铁，此等例子更廣，不多辭費。

外文也是一樣求簡。如英文裡 advertisement（廣告）簡爲 ad。又 I owe you（借據、「茲借到」「我欠你」之意）簡爲 IOU。又 Christmas（耶誕節）簡爲 X'mas。又 tuberculosis（肺結核）簡爲 tb。又 veterinarian（獸醫）簡爲 vet。化繁爲簡，中外皆然。他們一切尚簡，我們何須固執？

繁字簡字何必並行

有人主張：「手寫時，用簡字，不限制，至於正式文件、書籍印刷，必須繁體，以維國粹」。這是說：鑄鉛字用繁體，手寫時默認簡體。換言之，兩種字體同時並存。這就是鄉愿了。爲甚麼要維持兩套系統呢？凡事只問該不該、好不好。如果容許「兩制」，任令雙重發展，那不是對待問題的正道。

中文打字機內，漢文字很多，除了機上的字盤外，還需要「備用字盤」兩三盤，非專業熟手不能操作。幸而電腦興起了，但這兩種操作員依據的還是手稿，會有許多簡字俗字。看到「処」，要打繁字「處」（分別在几部與虍部），看到「灶」，要打繁字「竈」（一在火部，一在穴部）。她必須學會記熟兩套字體來隨時互換，還不在同一部首裡。若能憐憫她們的處境，只用一套，豈不增進效率一倍？

至於中文電腦，由於時下漢字輸入法種類很多（政府爲何任令各自發展？資源重複消耗，精力互相抵銷）。而以使用注音輸入法和倉頡輸入法最普遍。注音法是間接法，拼出後，顯現一排同音字，再選定一字鍵入，故注音只居介紹人的間接角色。倉頡法是直接法，但要把一個字分割爲三部份湊成。優點是可直接打入，缺點是如何去分割，一旦遇到繁字，就猶豫了，要問熟手。如果繁字化簡，保證速度會加快很多。未來電腦的進步，將有兩途：其一是對電腦說話，它會接受聲音顯出文字，不用手，本文不談。其二是用手寫字，螢幕就顯出該字，既用手寫，則省筆的簡字，一定比繁字快而且清楚，但這是後話。

于右任注重筆劃簡省

于右任先生寫了一本「標準草書」。他搜集各代各家的碑帖，逐一作對比研究，來決定某一字的標準寫法。他選字的條件，第一是筆劃簡省，然後才是形體美觀。他把筆劃簡省列爲第一要件，是有理由的，他的理由是：中國有四億人（那時的概數），假定兩億人需要寫字，一個字省掉五筆，那總共就要省掉多少筆（十億筆）？換算成時間，總共要節省多少年（約七年）？拿這節省的時間去幹別的事，會產生多大的益處（原書不在手邊，大意如此）？可知繁字連于右老都在排斥之列。

不要認爲多寫幾筆無所謂，如果寫字的人衆多，則總共的時間消耗便很可觀。現在是個競爭劇烈的時代，我們去參觀先進國家工廠的生產，他們對一個另件的裝配，原本用四個螺絲固定的，要費腦筋將一邊改用扣揷法，一邊仍裝螺絲，如此就省下兩個螺絲。又原本要用四個動作才可裝好的，就改變輸送帶的流程和產品的移轉方位，省爲三個動作就完成了，照常情看，省兩個螺絲和一個動作，所値幾何？但整年算來，竟上千萬。拿來比擬寫字，道理是一樣的。如有方法節省而不節省，恐怕是偏執不化呢。

不過草書難認，是個大缺點，這似乎是草書不能成爲官定書體的原因。本文只對楷字立言，其他字體不論。

林語堂倡整理漢字

林大師學貫中西，早年就提倡整理漢字。他說：

「關於整理漢字，我所看到的，如玄默的『漫談簡筆字』，趙友培的『建立簡化國字的新觀念』，李紹戶的『整理文字芻議』等篇，大都認爲有迫切需要。且如趙友培所說，這應該『當做國家第一等大事來辦』。應該多方研究，然後施行。大都認明了文字與時俱變的原則，不作似是而非的乖謬看法。我想這些論點甚爲正確，也甚爲重要。我們先要認清文字是傳達思想與灌輸知識的工具，並不是少數讀書人舞文弄墨的玩意兒，就不會生出枝節的問題。我們的目標，明白了當，只是如何增進書寫的便利，及如何去蕪存菁，清除障蔽，使漢字更加整齊方便與美化。」

他還提出五項原則：㈠不造新字：已經約定俗成的，如「寶」改爲「宝」、「竊」改爲「窃」、「鬭」改爲「鬥」，再不會有人反對。㈡不走極端：如果簡之又簡，毋乃太簡。但堆砌太過的如「繼」「齒」就要改，使簡省與美觀兼顧。㈢不務求古：如「婚」作「昏」就難分辨，而「雲」作「云」則是退步。㈣去蕪存菁：如「浙」又作「淛」，「小」又作「筱」，說雅吧，並不雅。㈤統一字形：如「嚥咽」「繡綉」兩種寫法，去其一，表達毫無影響，只會減少寫字的負擔；「庵菴盦」也是一例，這是多餘的體，應只存其一（以上皆原文簡引）。

林語堂、玄默、趙友培諸先生都是學者，他們的意見，應可代表大部份的知識界。另外則是我們這輩平凡的人，人數比學者還多，寫字的需要不輸於學者（質雖多遜，量則超逾）。我們這群人的願望，也請不要排除在外。

呆字僻字廢止不難

我們嫌一件申請案要蓋二十個審查章，抱怨說有些章戳是不必要的，只是耽誤時間，抗議要求簡化。同理，許慎的說文後序徐注說：「詞人高無際作鞦韆賦，本云秋千，後人不審本義，乃左旁加革爲鞦韆。」我們知道：秋千不是皮革做的，實在不要無事生非，妄加革旁。韆字有二十五筆，千字只有三筆，這多餘的二十二筆，無用、累贅、更不通。是否可請漢字簡化的審查先生們，明定將它去掉？如此造福寫字的人，將是大功大德一件。

類似這樣的贅字呆字死字罕字怪字僻字，甚至化石字都不少，廢用不難，只存其一，餘者讓它留在古籍中生存，由專家去作注解。舉一些例子如下：

（嗚呼、烏呼、烏乎、烏虖、烏謼、於乎、於呼、於戲、惡乎）

（仿偟、彷徨、旁皇、傍徨）

（仿佛、彷彿、髣髴、放怫）

（伏羲、伏犧、宓犧、宓羲、宓戲、伏戲、包犧、庖犧、炮犧）

（倥惚、悾惚、悾傯、倥傯）

（憔悴、顦顇、蕉萃）

（混沌、渾沌、渾敦）

（霹靂、辟歷）

（崑崙、昆侖、崐崘）

（仿佯、彷徉、方羊、方洋、襄羊）

（胭脂、臙脂、燕脂、烟支、焉支）

（伶仃、零丁、伶丁）

（玳瑁、瑇瑁、毒冒）

（徘徊、俳佪、裴回）

（徜徉、倘佯、尙佯、尙羊、常羊、相佯、相翔、相羊）
（徼倖、儌倖、僥倖、徼幸）
（坎坷、坎軻、埳坷、埳軻、壈坷、輡軻、轗軻）
（睥睨、俾倪、埤堄、僻倪）
（歡娛、歡虞、驩虞）
（霹靂、辟歷、劈歷、礔礰）
（醞藉、蘊藉、溫藉）
（匍匐、蒲伏、扶伏、扶服）
（躊躇、踟躕、跱躇）
（烏菟、於菟、烏䖘、於䖘）

漢字簡化，本已著手進行，教育部在民國四十二年，曾成立簡體字研究委員會，有人具體建議將「歐陽」簡寫爲「⿷匚昜」，將「圖書館」簡寫爲「圕」，但都沒有下文。

有些字，早已被簡字代替了，只是妾身未明，戶籍上不准登記，沒有正當地位，但事實上它又存在，人人都識都寫，只是未經官方欽定，套句政治術語，仍是「黑市中文字」，也是「地下簡寫字」，切望驗明正身，賦予法律上的名分，才好公開使用。舉一部份例子（有的大陸已簡）如：

過↓过　還↓还　機↓机　聲↓声　蟲↓虫　亂↓乱　辭↓辞

貹→狌　龢→和　穐→秋　鼃→蛙　鱻→鮮　譱→善　蚉→蚊

蝨→虱　麞→獐　犇→奔　竈→灶　灋→法　墳→坟　雙→双

僊→仙　澣→浣　燈→灯　靈→灵　點→点　獨→独　癡→痴

麤→粗　鬭→鬥　鐵→鉄　鏽→銹　襪→袜　蘤→花　貓→猫

如果將這些替代的簡字納爲正室，似乎並不會損及古文字的尊嚴和優美。但是否如此，也不容筆者武斷，當留待專家考定。

古籍是要專治的

黃永武先生說：「百姓不能讀正體字，則先民的智慧無法傳承，把民族國家的典籍，一刀截割，還算是中國人嗎？」黃先生還舉了史記「馬童面之」的例，解釋是「偭」的假借。可見古籍難懂，是字義的問題，和字形的簡繁關係不大。即使不用簡字，不懂的仍舊不懂。幸而有不少學者勤做注釋，使文化得以繼續流傳。一般人不懂金文，就可看歐陽修的集古錄，李清照的金石錄。不懂甲骨文，就有王國維的殷墟文字。要讀古書，光識字形總是不夠的，還要懂字義，這便不是文字的繁簡問題了。《尙書》開頭的堯典說：「若稽古帝堯曰放勳欽明文思安安」，沒有用簡字，這是何意？不看孔穎達的疏注，恐怕不行。將來還有賴如黃先生者的學人，多做橋梁工作。再者，不用繁字並不是把它煅滅而消失，古籍仍當留存原貌，字典也還收入，只是今人不用不寫而已。

進一步言，我們固須回頭向後看，不要忘記祖宗的典籍，那都是國寶；但還要昂頭向前看，想想再過五十一百年的將來，世界會變成甚麼樣子？瞧瞧別人，馬上要登月球去殖民了；再看看自己，中華民族的萬代子孫要在未來國際上爭一席之地，那末阻礙發展進步的絆腳石，我們何不搬開一些呢？

大陸推行漢字簡化

他們說做就做，一九四九年成立了「中國文字改革協會」，一九五二年有了「文字改革研究委員會」，一九五五年發表了「漢字簡化方案草案」，一九五六年國務院公佈施行。該會另有個主要工作，是研究漢語拼音方案。我國文字，以前是注直音，後來有反切。台灣推行注音符號，現在大陸採用拉丁字母來拼音，幫助推行國語，統一讀音。文字如何發音，因非本文範圍，略而不論。

大陸北京文字改革出版社一九七八年三月印行的中國文字改革委員會主任吳玉章的報告書中說：「簡化漢字，使它更容易爲廣大人民所使用，以便更多、更好、更快、更省地掃除文盲，普及文化。」它是爲十二億人著想，不宜說此舉是反動。但綜觀起來，尚有幾點商榷：

一、推行簡化初期，十分混亂：湖南有個零陵縣，有人寄信，寫成「〇〇縣」，這是濫簡之弊。

二、簡字有時要用，有時又不要用。本在求省，反添麻煩，要不得：㈠在吳玉章的報告書裡，他自已就舉了三個例：「⑴以『只』代『隻』，但是『許多船只通過運河』，就可能解釋爲『許多船僅僅通過運河』。⑵『徵收』已簡爲『征收』，但『宮商角徵羽』不可簡爲『宮商角征羽』。⑶『乾淨』已簡爲『干淨』，但『乾隆』不能簡爲『干隆』。㈡依據他們的注釋，也有許多問題：⑴「麼」已簡爲「么」，但「么麼小丑」不簡（若簡就是「么么小丑」了）。⑵「餘」已簡爲「余」，「摺」已簡爲「折」，這兩字當文意混淆時，又不要簡。⑶「藉」已簡爲「借」，憑藉、藉口時用借，慰藉、狼藉卻仍用藉。⑷思果先生大文說：大陸姓氏也簡了，例如蕭簡成肖，但肖本是另一姓，弄成兩姓合宗，鬧出很多笑話。黃先生也說：實行了簡體，又開放書法藝術不受簡化的規範，又姓氏可以通融不簡，又古籍文史也可通融，招牌古蹟也通融，這就混亂不清了。

三、簡得過度：如「習」簡爲「习」「幣」簡爲「币」「滅」簡爲「灭」「業」簡爲「业」（只舉例代表）。誠如林語堂先生所說：「毋乃太簡乎」？也正是黃永武先生所說：「破壞了中國文字內在的肌理系統」。

四、大陸簡字，仍有優點。公平論斷，也應一提：㈠吳玉章的報告書說：全國人士參加討論的在二十萬人次以上，不是幾個人決定的。㈡它對大陸億萬人民和文盲大有幫助，不是單爲學者求適用的。㈢它第一表簡字二三〇個，第二表簡字二八五個，第三表是偏旁簡化，包含五十四個簡化偏旁。據他們說：兩表繁字筆劃總計八、七四五劃，平均每字一六·〇八劃。簡化後總筆劃四、二〇六劃，平均每字只有八·一六劃，省掉一半。如照第三表將偏旁簡化，平均每字只有六·五劃，省掉百分之六十。四它廢止了一批同義異形字，如「呆」（獃騃廢止，下同）、「哄」（閧閧）、「札」（剳劄）、「扎」（紥紮），對減少字數有助。

要否交流檢討一下

台灣早年本也興起一陣簡化漢字的呼聲，何應欽先生就曾提案請由政府研頒簡體字。但可能由於政治考慮，無疾而終了。那時兩岸打對台，你搞文化大革命，我就搞復興中華文化。你搞簡體字，我就嚴守繁體字。文字何罪？不宜爲一隅的利害、一時的得失、一偏的固執、一黨的私見而不肯虛心檢討。這是歸屬於文化學術的範疇，應該超然於現時短暫的紛擾之上。

我國學人，美國普林斯頓大學教授余時英也說：「學術文化，不但應該，而且事實上也當超越政治。」文字繁簡的討論，純然只屬文化層面，和政治沒有牽涉呀！

有部分在位的人，做事求急功近利，想立竿見影，要馬上收效，不愛做前人種樹後人乘涼的傻事。說到文字簡化，那要集合數百專家，要費數年時日。做好了，是應該，做不好，會挨罵，何必由我來發動？如果有人抱著這種心態，何能求三年之艾？此所以屢有建議，卻久無行動也。土地漲價歸公，便是一例。

進行此事，當然須由政府領導，但不必親自插手，故也無責任可言。只要聘請一批碩儒，委託他們去研究便了。漢字是老祖宗留給我們的，還要由我們傳給億萬後代，不要不理會。大陸做了，他們的簡，部份不好，部份也可取。平心而論，是有心在做（不過功效要驗證），故亦何妨與大陸經驗交流，或許能事半而功倍。也將一些地下文字、黑市文字作一次總清理，當前最時髦的口號是「兩岸統一」，請先從阻力小的、不涉及主義的、純學理的、消除「各吹各的號」的文字簡化開始好嗎？

前面說過：文字是一種工具，卻只有中文漢字，在鬧繁簡問題，而且各行其是。這好比在一場國際烹飪比賽的現場中，外國人使用烤箱，從來不懷疑；中國人卻一人拿著平底鍋，一人拿著圓底鍋，打算炒同一份菜而爭論不決。當我們爲了應該採用哪個鍋兒之爭還沒有結論時，或者說爲廿三筆的「體」和七筆的「体」哪一個合適而久久難作認定時，世界文化竟然一點兒也不等候我們，繼續迅捷地朝前猛進，把中文遠遠地甩在後面。我們在泥淖坑裡蹉跎當個罪人呢？或是爲文化大道做個拓路者呢？

一點參考碎料

如果眞有一天要檢討了，下面一些資料，或可勉供參對（有些字大陸已採用），最好是擇優選用其一，未入選者，讓它保留在古籍及字典中。今不揣淺陋，敬列如下：

一、同一字，是兩合字，寫法不同：

够夠　蘇蘓　鄰隣　綿緜　鴂鴃　愓惕　慚慙　略畧　羣群　裏裡　槪槩　峯峰

棋棊　槁稾　鑑鑒　胸胷　眥眦　期朞　峨峩　崑崐　崙崘　揪揫

二、義同、字異：

憑凭　闔壼　孜孳　哲喆　傑杰　幡旛　牴觝　暖煖　奔犇　並竝　雜襍　雙双

庵菴盦

三、同一字、部首不同而義同：（互參前項）

僵殭　擬儗　秋烁　懶嬾　豬猪　匱櫃　咳欬　殼壳　嘆歎　附坿　壜罎　弔吊

迴廻　察詧　隅嵎　遍徧　郵峬　祐佑　好伃　匳奩　婕倢　佚逸　愧媿　從从

側仄　佇竚　麞獐　雛鶵　飛蜚　爾尔　糕餻　余予　笑咲　啣銜　嘩譁　疊叠

瓷磁　啞瘂　箋牋　咏詠　蝦鰕　翻飜　考攷　耙鈀　膳饍　羶膻　繮韁　繞遶

縐皺　紙帋　粃秕　磚甎　椗碇　磽墝　糯穤　窗牕　沙砂　淆殽　野埜　呵訶

吶訥　歡懽　幄楃　暉煇　帚箒　歸皈　簷檐　舵柁　朽圬　村邨　阱穽　溪谿

懽讙　噪譟　貍狸　剩賸　逾踰　逼偪　酖鴆　抄鈔　籐藤　簑蓑　鼦貂　鋤耡

鍊煉　礦鑛　爐鑪　堤隄　堦階　隕殞　隖塢　隸隷　掃埽　鷄雞　櫈凳　妝粧

姪侄　婿壻　墻牆　床牀　碗盌　耽躭　莊庄　黏粘　館舘　鎔熔　淒悽　體体

貓猫　辭辤　亂乱　誖悖　竈灶　杯盃　聲声　効効　祕秘　响響　处處　與与

砲炮礮　菈泣莅　算祘筭　尠尟鮮　粗觕麤麁　刦劫刼　个箇個

四、同一字、部首同、義同、筆劃不同：

仿倣　俊儁　凶兇　咒呪　還还　過过　趨趋　吸噏　啼嗁　鹽盐　詎詎　嘗甞
坤堃　妒妬　媍婦　嫵娬　巖嵒　嵩崧　慷忼　忸恧　撫拊　线線　歿殁　蝶蜨
蟻螘　嬝嫋　壩垻　兔兎　劍劒　靴鞾　卻却　器噐　墳坟　廟庙　廚厨　挂掛
挨捱　搗擣　旗旂　昵暱　泝溯　濕溼　恥耻　潦澇　浚濬　焰燄　猿猨　玳瑇
針鍼　韻韵　饋餽　鱔鱓　麟麐　和龢　仙僊　癢痒　疴痾　砧碪　確确　窰窯
笋筍　粽糉　糧粮　謫讁　繃綳　腳脚　蒂蔕　襟衿　踴踊　繡綉　薯藷　笓篦
蝨虱　草艸　荐薦　鱷鰐　泄洩　淚泪　污汙　湧涌　訛譌　趕赶　羇羈　翦剪
疏疎　擔担　怪恠　曬晒　礙碍　藥葯　蝎蠍　蟲虫　褲袴　裏裡　襖袄　輭軟
踪蹤　贓賍　燈灯　檳梹　懷怀　懼惧　彌弥　貳弍　釐厘　花葩　啖啗噉　蓋葢盖
倏倐儵　拿拏挐　棋棊碁　鐵鉄銕　怱忩悤匆　襪韈韤袜絉　氊氈毡　凄淒悽
猿猨蝯　襟衿裣　刦劫刧刼　參叄叅叁

五、除上述一—四項各字之外，另有義同音同而寫異的字組如下：

乃迺　仝同　会會　俟竢　倸睬　備俻　條条　僱雇　卮巵　决決　冰氷　况況
凉涼　减減　刊栞　剋尅　剠黥　勛勳　办辦　勣績　厘釐　歷歴　敘敍　叡睿
叶協　台臺　号號　吚咿　呼嘑　咬齩　咱喒　咽嚥　啣銜　圬杇　坂阪　塤壎
場塲　妙玅　妊姙　姣嬌　怜憐　恳懇　寓庽　寧甯　拑箝　抬擡　擧舉　屬属

黨党 敕飭 机機 柁舵 栖棲 槍鎗 莀農 菆叢 槖橐 橋礄 汹洶 浣澣
法瀘 滙匯 濶闊 澁澀 浜濱 烟煙 独獨 焊銲 点點 熏燻 烽燧 燮燮
烔烱 犲豺 犴豻 犹猶 狥徇 猬蝟 献獻 珐琺 瑰瓌 硷鹼 稿稾 秊年
穅糠 粧妝 穽阱 窃竊 礼禮 疱皰 痴癡 胆膽 脉脈 脆脃 膾鱠 臏髕
皋臯 舐舓 亶稟 郵邮 瓫盆 甗甗 蚌蠯 虻蝱 蚌蜯 蜂蠭 蠶蚕 蝍蝍
袴褲 袷袷 褵縭 襍雜 韮韭 孳孳 蕊蘂 菇菰 訩詾 誤悞 誖悖 謌歌
訏吁 證証 謷謸 譱善 貊貉 蹌蹡 蹄蹏 蹊徯 耋耋 畫画 翻繙 邇迩
遷迁 迤迆 遲遅 遍徧 階堦 豎竪 耕畊 酤沽 醼宴 豔艷 鋪舖 鍛煅
闚窺 覸瞷 餻糕 餚肴 餐湌 餵餧 飧飱 驗騐 靴鞾 鞋鞵 鼓皷 鮮鱻
鯁骾 鰍鰌 鼇鼈 鱉鼈 鴨鴨 鴉鵶 鴞梟 鴈雁 麕麇 麪麵 麴麯 鼠鼡
袷衿襟 冲沖翀 憑凴凭 勅勑敕 捻撚撵 气炁氣 災灾烖 燿曜耀 稚穉稺
腮顋鰓 菸烟煙 蚊螡蟁 訴愬遡 賚賫齎 趨趋趍 跡迹蹟 歸婦逿 酬酧醻
闢闚閔 鬭鬬鬥

——完稿於八十（一九九一）年十二月，聯合報拒登，之後《鄉情報導》月刊主動索稿，刊載於八十一（一九九二）年四月第四十一期台北版，同期尚有邱創煥、周陽山等人文章

一〇五　菲才試學詩

魯鈍何能強學吟
中詩英譯欠圓融

靈思穎悟羡天生

「文」是語之晶，「詩」是文之粹。這裡說的詩，是指舊體詩、五言七言絕律之類，它要符合平仄對仗押韻的規則，才算入格。至於現代白話新詩，可以不限字數，不拘行數，不須押韻，本篇暫不討論。

有人嫌舊體詩限制太多，不願下功夫去習作，僅止於欣賞。有人卻認爲在嚴格的範疇之中，能按照韻律譜寫成詩，而且樂此不疲，沈迷不返，自有它的引人入勝之處。

由於舊體詩短，在用字方面，必須十分節約，力求精鍊。顧炎武寫《文酬傅處士次韻》詩曰：「蒼龍日暮還行雨，老樹春深又著花」。我們無可增損一字，這就已臻高妙之境。

熟鍊之後，還要把普通文詞變得雅緻。杜甫《絕句》云：「兩個黃鸝鳴翠柳，一行白鷺上青天」。這是普通俗語，但他續說「窗含西嶺千秋雪，門泊東吳萬里船」，就宏闊極了。我們多半只會說憑窗外望，他卻說那遠景被窗所「含」。這種選字之功，我輩實難企及。不但化低俗爲高雅，而且每兩句都對仗工穩，不贊佩都不行。

另有一個淺例：「遠看一群鵝，撲通齊下河」，這是村鄙口吻，本無可取。但續句接曰：「白毛翻綠水，紅掌弄青波。」就大爲生色了。看那白綠紅青，諸色並陳，配上毛水掌波四個名詞，而用翻和弄兩個動詞來描繪，眞是一幅鮮活的彩畫，剎時變爲上品了。

「無可奈何」「似曾相識」原是耳熟能詳的普通成語。宋代晏殊將它寫入《示張寺丞王校勘》詩曰：「元巳清明假未開，小園幽徑獨徘徊，春寒不定斑斑雨，宿醉難禁艷艷盃；無可奈何花落去，似曾相識燕歸來，遊梁賦客多風味，莫惜青錢萬選才」，實在炭得高妙。由於他十分中意這幾句，又將它譜入《浣溪沙》詞曰：「一曲新詞酒一杯，去年天氣舊亭台，夕陽西下幾時回。無可奈何花落去，似曾相識燕歸來，小園香徑獨徘徊」。兩首詩詞裡有三句互同，只改動了一個字。

作詩原本忌諱用字重複，但故意重複的則是例外，李白《鸚鵡洲》詩云：「鸚鵡來過吳江水，江上洲傳鸚鵡名，鸚鵡西飛隴山去，芳洲之樹何青青？」鸚鵡二字連三見，江洲青字各二見。李商隱《贈司勳杜員外》詩曰：「杜牧司勳字牧之，清秋一首杜秋詩，前身應是梁江總，名總還曾字總持」。詩中有二杜字、二牧字、二字字、二秋字、三總字。韓偓《傷亂》詩云：「岸上花根總倒垂，水中花影幾千枝，一枝一影寒山裡，野水野花清露時」。詩中有三花字、二水字、二影字、二枝字、二一字、二野字。沈佺期《龍池》詩曰：

「龍池躍龍龍已飛，龍德先天天不違，池開天漢分黃道，龍向天門入紫微」。詩中五龍字、四天字、二池字，金聖歎說：「愈益出奇而無窮」了。還有在一句中連下三字相同的，如「漸行漸遠漸無書」（歐陽修《木蘭花》）「夜夜夜深聽子規」「更更更漏月明中」「樹樹樹梢啼曉鶯」都是。丁六娘詩曰：「君言花勝人，人今去花近；寄語落花風，莫吹花落盡」。花字每句都有，共四見，人字落字各二見，並不覺得重複。清代焦循字理堂有〈秋江曲〉云：「早看鴛鴦飛，暮看鴛鴦宿，鴛鴦有時飛，鴛鴦有時宿。」二十個字中，鴛鴦佔了八字，看、飛、宿各二字，有時佔四字，僅早暮各一字，讀來並不覺得重複討厭。

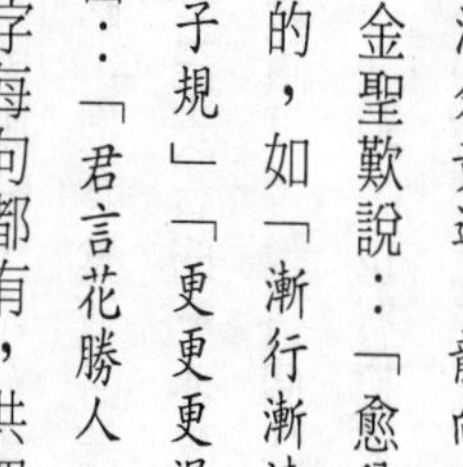

李白圖

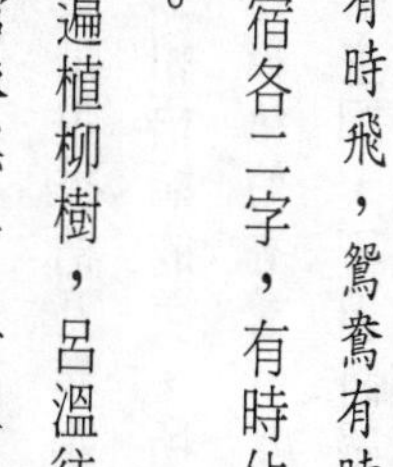

杜甫圖（三才圖會）

此外，柳宗元作柳州刺史，所居叫柳館，遍植柳樹，呂溫往訪，吟詩道：「柳州柳刺史，種柳柳江邊，柳館依然在，千秋拂柳天」用了六個柳字，似乎可算極限。以上這些，都不愧是斲輪老手，也不見斧鑿痕跡。

鍊字的妙處，是要化平淡為精妙。李白《秋浦歌》云：「白髮三千丈，離愁似箇長」。今不論三千丈是否太誇張，但不誇張何能襯出愁的深重？不是詩仙，哪敢下這「三千」險字？此外，我們更要讚佩的是：他怎會想到把離愁似箇長這五字湊聚在一起的？分開來看，實是無所可用（莊子的話），一經他的點化，死字變活了。

前面說，作詩用字要省，杜甫《風疾舟中伏枕書懷》詩曰：「書信中原闊，干戈北斗深」。他何以能把那毫不相干的書信與中原排列組合在一起，再用一闊字兜著來形容？這是怎樣辦到的？倘若改用散文來表達，要說多少話？才可將這五個字的含義（以及意在言外的傷感）解釋得清楚完盡？佛說「一沙一世界」，我要說「一句詩就是一個世界」，高明可否首肯？

詩還有一種上乘功法，就是用倒裝句。杜甫寫《秋興》詩云：「香稻啄殘（餘）鸚鵡粒，碧梧棲老鳳凰枝」。香稻怎麼能啄呢？其實是說香稻乃鸚鵡啄殘之粒，碧梧是鳳凰棲老之枝。杜老是在長安近郊遊宴之際，描寫稻子和梧桐的美，所以把稻和梧提到主位（當時並沒有鸚鳳在場，只是借想像中的鸚鳳來提升稻梧的香碧程度）。如果逕說鸚鵡啄殘香稻粒，文法雖是通順了，卻把虛無的鸚鵡變成了主詞，不但將絕美的妙句降格成平淡的俗句，而且本意也違反了。如果我們的領悟力太弱，豈不錯看詩聖了嗎？

詩中本當少不了動詞和形容詞，還說這是「詩眼」，十分重要。曾國藩把它都稱爲虛字，他舉出「春風風人，夏雨雨人」「解衣衣我，推食食我」諸例。這每句第三字都應唸去聲，都變成動詞（這就是實字虛用）了。至於王安石的「春風又綠江南岸」中的「綠」字，便是將形容詞化爲動詞來用。洪邁的《容齋隨筆》說這個字改了十九次，原用「到、入、過、滿」等字，最後才定爲綠字，可見用力之勤，也有賴天賦相助。

但陸游卻更進一步，不須依賴動詞，他的《書憤》七律云：「樓船夜雪瓜洲渡，鐵馬秋風大散關」，全是用名詞（動詞容納不進去，「詩眼」也不要了）連起來，不夾帶任何動作，卻繪出兩幅淒茫的動畫。紀曉嵐評曰：「此詩是放翁不可磨處，如人之有骨」。我們連動詞都擺不穩妥，如不用動詞，就只能擱筆了。

但是社會變遷太快了，以往，只須經史讀熟，學識就已齊備，詩文兼通。今天則英數理工科別衆多，國學只佔其中之一，而且身價日低。專攻中文的人，難於就業，作詩更是消閒的餘事。即令精於此道，寒不能衣，飢不能食，要它何用？這眞是中華文化之悲。所幸還有不少雅士，沈醉於詩的天地之中，樂之不倦，一心想把哀樂人生發洩爲詩，在詩裡找尋安慰。我們不要笑他入迷，他已然進入了另一種精神境界，那種滿足，比忙於酒食徵逐的傖夫高超多了。幸而有賴這些鍥而不捨的詩癡，得以維繫詩傳於不墜！

寫詩要靠靈性，這是稟賦所關，難以強致；還要後天的生活體驗，飽經憂患，思維才會深刻。我羨慕許多詩家氣質天成，靈思泉湧，生花妙筆，如有神助。我原本天分不高，加以腦筋遲滯，每興「僻字久疏勞記省，靈思漸鈍費哦吟」之歎，而難以見賢思齊。此篇所述，純是抛磚求教。

魯鈍何能強學吟

我自知資質愚頑，欠缺學詩的能耐。尤其在年輕發蒙學寫第一首詩時，受到老師的訓斥，印象猶深，至今難忘。

記得抗戰時長沙大火，我隨家由湘潭避難鄉居，新學堂也四處疏遷，在這暫時輟學期間，先父就臨時送我入私塾去啃左傳、史記、古文觀止、和東萊博議。每週定有寫作課，限用文言。有一陣，春雨綿綿，連句未止。老師即興用「春雨」爲題，命各人習作短詩一首，隔天交卷。

這是我第一遭學習寫詩。心想：律詩要八句，對仗太難，還是挑容易的短了一半的不須對仗的絕句吧！再轉念：下雨要怎樣入詩呢？說「喜雨」吧，擠不出好句來，那就「述悲」吧，想爛了狗肚，終於揑成了四句，詩曰：

莫道甘霖貴似油，連旬潑落幾時休？
夜闌滴碎歸鄉夢，湧起離人萬斛愁。

這廿八個字，乃是失眠好久才拼湊出來的。我聽人說：如果想詠竹，最好不出現「竹」字。那詠雨又怎樣才可不說「雨」呢？俗語云：「春雨貴如油」，就改爲「甘霖貴似油」吧（把春雨迴避了）。「莫道」二字，原初用的字是「嘗說」，改爲「人謂」，又改「漫道」，再換「誰信」，最後才用「莫道」（不要說起之意）。「夜闌」原用「更深」，更字應唸平聲，是三更半夜之意；但恐被人讀爲去聲，變成「更加深厚」就不對了，所以採用「夜闌」（夜深將盡之意）。「滴碎」是取代「滴醒」的（至今仍不知何者爲好）。「歸鄉夢」原是「思鄉夢」，之前且是「淅瀝難尋夢」（夢有綺夢噩夢，故不宜單用夢字；再則動態的歸，優於靜態的思）。「湧起」是由「惹得、撩起、翻倒、悵剩」之後選定的（用水部的字便與詩題「春雨」拳扯上同族關係）。「萬斛」似太誇張，卻是學「萬井雙流滿眼來（王維）」「輕舟已過萬重山（李白）」「不廢江河萬里流（杜甫）」「萬里長征人未還（王昌齡）」憑著厚臉皮效顰的（難免有婢學夫人之譏）。

詩的架子像了，自己一看，平仄韻律都還勉強合度，起承轉合也還不壞嘛，於是毛筆端楷，整齊繕正，恭送老師評閱批改。

老師不是別人，乃是我的堂伯父，詩書滿腹，卻一生不得志，有點憤世嫉俗。老了教書課徒，藉此銷磨時日。他慢工出細貨，一篇篇琢磨完畢，才逐一唱名，喚到他的案前，來個別講解指導。最後輪到我了，他一臉嚴肅，兩眼瞪著我，劈頭訓斥道：「你，年紀輕輕，懂得甚麼叫愁？初次發筆做詩，就愁呀愁的，這一輩子怎麼活下去，要不得，拿回去！」

由於基本命意不對，那用詞遣句的好壞就不談了，老師一字未改，丟還給我。挨了這頓罵，我靦腆地雙手接過，脹紅著臉回座。

前面提過我的文思滯澀，「喜雨」寫不出來，直到年歲大了，才看到杜甫的《春夜喜雨》詩曰：「好雨知時節，當春乃發生，隨風潛入夜，潤物細無聲，野徑雲俱黑，江船火獨明，曉看紅濕處，花重錦官城」。寫得脈脈綿綿，多好！我想替杜甫挑書囊恐怕都不夠資格呢？

現今回憶起來，老師還是對的，愛護我的，他指正了我的人生觀，不要自悲自苦，要奮鬥向上。以後當然也寫過一些歪詩，有的還選登在大陸的詩刊上，也大膽試過楹聯，居然得到大陸的獎金，但這畢竟是僥倖而已。自己知道有多少斤兩，由於鉛刀太鈍，一生碌碌，眞是愧對恩師。

好句也常招詬病

「文章千古事，得失寸心知（杜甫《偶題》）」。詩是從文字組合之中焠煉出來的精華，更爲深邃。想那些大詩人的好詩，流傳千古，自是名作。可是，文字這個東西，似無止境，一旦落紙，別人仍會在雞蛋裡挑骨頭，可見作詩之難，下筆哪能不愼？

有挑剔用字遣詞不當的：

宋代宋祁《木蘭花》（又叫《玉樓春》）云：「綠楊煙外曉雲輕，紅杏枝頭春意鬧」是名句，宋祁且被譽爲「紅杏枝頭春意鬧尚書」。但《窺詞管見》卻說：「李漁云：琢句鍊字，雖貴新奇，亦須新而妥，奇而確。總不越一理字。欲望句之驚人，先求理之服衆。紅杏之在枝頭，忽然加一『鬧』字，此語殊難著解。爭鬥有聲之謂鬧，紅杏鬧春，予實未之見也。『鬧』字如可用，則『妙、鬥、打』字皆可用矣。」

杜甫《詠懷古跡》七律：「群山萬壑赴荊門，生長明妃尚有邨……千載琵琶作胡語，分明怨恨曲中論」。仇兆鰲就說：「明字兩見，犯重。」這應是大詩人一時未察之故。其實明妃就是王昭君，改寫成昭君就好了，此其一。我也有一陋見：群山配萬壑，似未盡善，可否換爲群山衆壑，或千山萬壑，是否較好？此其二。

杜甫《春望》「國破山河在，城春草木深……白頭搔更短，渾欲不勝簪」。劉師培便說：「白髮可言長短，今換成白頭，則屬不詞。文人嗜奇，至以文害詞，背於正名之義矣。」他認爲白頭不能搔之使短，我們只好解釋爲白髮生在頭上，搔之漸脫漸稀（似乎不是短），但直接說白頭，不免招人詬病。

杜甫《曲江》七律：「酒債尋常行處有，人生七十古來稀」。這一聯對仗欠工，「七十」和「尋常」（普普通通之意）不匹。但也有人幫杜甫說話：依據《國語・周語下》說：「八尺爲尋，倍尋爲常」，因此「尋常」是古代的長度單位，是可以與「七十」相對的。另杜甫《聞官軍收河南河北》七律：「白日放歌須縱酒，青春作伴好還鄉」。錢謙益說：白日應該作白首才對。蓋放聲高歌，豈僅限於白天？如改爲「白首」，則表示年歲已老而竟放聲唱歌，乃顯出「喜」之極致也。

白居易《長恨歌》詠唐明皇「夕殿螢飛思悄然，孤燈挑盡未成眠」，受到後人疵議：皇帝宮庭中，何處沒有內侍？何處沒有蠟燭，哪會只燃一盞孤零零的油燈，燈芯還要屢挑到盡？這是窮人寒士的家況，不經意的用貧民的陋境去移寫皇宮，不合情理。

也有指出偷用或借用別人句子爲己用的：

杜甫《贈花卿》詩云：「此曲祇應天上有，人間那得幾回聞。」被李群玉偷去寫成「貌態祇應天上有，歌聲豈合世間聞」，不過反而遜色。

我不打自招，前數年返湘探親，也吟過「夢斷鄉關四十秋，漫天風雨阻歸舟」。這夢斷鄉關，也是偷學自別人的。

大陸有位毛氏，寫過「萬水千山只等閒」，是否略改貫休「萬水千山得得來」而成的？「落花時節讀華章」，是否偷取杜甫「落花時節又逢君」的？「陶令不知何處去」，是否套用崔護「人面不知何處去」而來的？「只識彎弓射大鵰」，也像是學王維「居然塞外獵天驕，秋日平原好射鵰」而湊成的吧？（摘自台灣新生報）

也有特別喜愛常用某一字的：

陸游自稱「六十年間萬首詩」，詩既多，就會有「習慣字」。看他寫的「半世無歸似轉蓬」「夜半潮平意未平」「小寺無人半掩門」「半饑半飽過殘冬」「半是當年識放翁」「半脫綸巾臥翠藤」「策策桐飄已半空」「酒隱人間已半生」「斷雁半行穿亂雲」「客枕依然半夜鐘」「半醉來尋白鷺洲」「半窗落月照清愁」「半掩疏簾置一床」「悠然半醉倚胡床」「百年彊半欲何之」「夜半呼燈起讀書」「孤夢初回燭半殘」「一樹青楓已半丹」「夜出馳獵常半酣」「風起寒鴉半天黑」「半酣耿耿不自得」「半紅半白玉池蓮」「半世江湖身百慶」「半酣浩歌聲激烈」「北風吹船橫半渡」「買醉村場半夜歸」。用多了，豈不變成半半詩翁了嗎（均見《劍南詩稿》）？

陸游

金聖歎《與家叔若水》尺牘中說：唐詩多用「此」字，如「誰與王孫此地歸」「無如此地學長生」「遷客此時徒極目」「別後此心君自見」「此日相逢思舊日」「此心期與故人同」「對此獨吟還獨酌」「欲知此後相思夢」「君於此外復何求」「惆悵路岐眞此處」「謝公此地昔年遊」「須知此恨難消得」「回首城中見此山」「此時爲爾腸千斷」「此行憐我必多事」「便來此地結茅庵」「只此蕭條已白頭」「舊山山下還如此」「只此引人離俗境」「此處正安吟榻好」「何曾得見此風流」。金聖歎舉了五十一例，這裡只引了二十一例（長恨歌中另有『此字』四處），以見唐代詩人特別偏愛「此」字之一斑。

還有對整首詩作反面批評的：

韓愈很稱賞孟郊，孟有《登科後》詩：「昔日齷齪不足誇，今朝放蕩思無涯，春風得意馬蹄疾，一日看盡長安花」。吳景旭說：韓愈推許孟郊，譽之深矣。何以考取一場功名，就如此志滿氣揚，打馬遊街，一天之內，把花都看盡了？器宇甚鄙，是陋於聞道的人。

那由「推敲」而出名的賈島，有《題詩後》云：「二句三年得，一吟雙淚流，知音如不賞，歸臥故山秋」。魏秦反問道，不知二句有何難道？竟至於三年始成而一吟淚下？

孟浩然《望洞庭贈張丞相》曰：「八月湖水平，涵虛混太清，氣蒸雲夢澤，波撼岳陽城。欲濟無舟楫，端居恥聖明，坐觀垂釣者，空有羨魚情」。許學炎評說：「前四句很雄壯，後面不相稱。此外，舟楫與聖明，以賦對比，也不合。」

張繼的「姑蘇城外寒山寺，夜半鐘聲到客船」，千古名句。歐陽修《六一詩話》卻說：

「三更不是打鐘時」。葉少蘊則說：「吳鐘常在夜半鳴」。范元實主張「於義皆無害」。引來爭辯不已。

宋代楊誠齋《過揚子江》：「祇有清霜凍太空，更無半點荻花風，天開雲霧東南碧，日射波濤上下紅，千載英雄鴻去外，六朝形勝雪晴中，攜瓶自汲江中水，要試煎茶第一功」。前六句氣勢開闊，末聯則是閒筆。清代紀曉嵐評說：「末尾似乎草率，而且汲水也好，煎茶也好，全是小事，算不上功。功字押得勉強，應是敗筆。」

唐朝崔顥《黃鶴樓》詩：「昔人已乘黃鶴去，此地空餘黃鶴樓，黃鶴一去不復返，白雲千載空悠悠，晴川歷歷漢陽樹，芳草萋萋鸚鵡洲，日暮鄉關何處是，煙波江上使人愁」。李白佩服他說：「眼前有景道不得，崔顥題詩在上頭」。但李白不服氣，要與他比一比，就另作了《登鳳凰臺》詩曰：「鳳凰臺上鳳凰遊，鳳去臺空江自流，吳宮花草埋幽徑，晉代衣冠成古邱，三山半落青天外，二水中分白鷺洲，總爲浮雲能蔽日，長安不見使人愁」。崔詩黃鶴二字，在前三句中共三見，李詩也重複鳳凰，僅在前一句中鳳凰兩見，兩句中鳳字就已三見，臺字也二見了，豈不更好？但王世懋卻說：「崔題此詩，青蓮（李白）氣短，後題《鳳凰臺》，古今目爲勁敵。余意不然，即結句亦大有辨：使人愁三字雖同，孰爲當乎？日暮鄉關，煙波江上，本無指著，登樓者自生愁耳，故曰使人愁（意謂崔好）。浮雲蔽日，長安不見，登台者自應愁，寧須使之（意謂李不好）？竊以爲此詩不逮，非一端也。」這是說：李詩不該用「使」，好似在英文裡錯用了被動式，寫詩豈不太難了嗎？此外，我還覺得，崔詩第三句連用六個仄聲字，可稱十分「解放」。再者、若是律詩，那三四句對仗還不合格，若是歌行短章，才可不論，方家以爲然否？

中詩英譯欠圓融

今夏探親來美，到了個新環境，蝟務少了，意想天開，欲多認識幾個英文字，於是進入了杜柏芝學院（College of Dupage）去上課。開學後，美國老師說：新來的，要各寫自傳一篇，這是英文課裡的寫作練習，不能太短。老師會用電腦打字發還。

七十歲來學吹鼓手，眞是自作自受。在自傳中，少不了提到兩岸分隔音書斷，四十年後探親還。寫著寫著，憶起了賀知章的《回鄉偶書》：「少小離家老大回，鄉音無改鬢毛衰，兒童相見不相識，笑問客從何處來」的七絕，這不是正合我的遭遇嗎？何不引入自傳？一則藉古人的光輝，增自己的丰采，二則讓美國老師，接觸點中華文化。可是，中詩英譯，困難多多，我好似一個腳步不穩的幼兒，要下場跑百米。再者，中詩一句僅七字，用一句英文來表達實難盡意，權衡之下，覺得盡意比行數重要，乃用兩行來描述。加以英文字彙早已忘光，文法也一知半解，硬是搜盡枯腸，蠻翻硬譯如下：

I left home long ago as a young roamer,
Until today I returned as an old wanderer.
Although my dialects I spoke the same way,

My hair had already turned gray.
Children gathered around and stared at me,
Who's this visitor, do we know thee?
A smiling kid, with no fear of danger,
Asked me, "where are you from, dear stranger?"

由於英語是複音字，因此英詩考究在對句裡的音節（syllable）要均勻一致，每句裡的重音（stress）唸起來要同齊合拍，重要的乃是押韻（rhyme），否則便是散文了。英詩有鄰句相押的，有隔句跳押的。莎士比亞的十四行詩，分爲四組，前三組每組四句，各以一三句及二四句押韻，末一組只有兩句，互押。我是學用鄰句押韻，但節奏、重音都不成樣子。美國老師找我交談時，我說：「這詩譯得很壞，還是整首刪掉吧！」老師說：「我都懂得詩中的情景和意境，可以保留嘛！」老師如此放水，就這樣硬塞進去了。

中文自有其特優之處，沒有英文裡的時式變化、單數複數、主動被動、及物和不及物，所以中詩可以寫得簡潔靈便多多。賀詩原只四行，我英譯成八行，好比將一杯濃郁的咖啡，滲了一倍白水，香味遜多了。但不如此就無法表達遊子歸鄉的衷曲，故而寧可稍長。倘若再回譯爲中文，就變成這樣：

自我長久離家，從小浪跡天涯；
今日才回故里，老邁久經流徙。

雖說鄉音照舊，我仍保持原度，
但是滿頭鬢髮，已成灰白一抹！
兒童好奇環伺，對我注目凝視，
這位不速訪客，我們可曾相識？
稚子微帶笑容，大膽向我探詢；
借問陌生父台，你從何處歸來？

嚴復說：「譯事三難信達雅」。不經嚐試，哪知其難？我早悉此詩已有高人譯出成書，但在北美番邦，一時找不到。雖請台北好友影印郵寄，但遠水不救近火，我的爛詩已先出手了。待到台北航寄到手一看，是由張廷琛與Wilson兩位教授譯的（台灣商務《唐詩一百首》之六）。譯文如下：

To leave home very young and to return very old,
With accent unchanged, but hair grown thin.
They see but know me not,
the smiling children who inquire.
"And from where do you come, Honored Guest?"

這首英譯，我雖難以企及，但未押韻，似非最好。唐詩英譯，不止一人，之後，我又專赴華府，在國會圖書館的亞當斯館中，又找到劍橋大學教授吉爾斯（Giles）由倫敦出版的《Chines Poetry》中的譯文：

Bowed down with age I seek my native place,
Unchanged my speech, my hair is silvered now;
My very children do not know my face,
But smiling ask, "O stranger, whence art thou?"

還有牛津大學的哈典（Herdan）在《The Three Hundred Tang Poems》書中譯出的：

I left home a youngster,
Return an old man;
My local accent's the same
But the hair on my temples is thinner.
The children peep at me
They do not know me:
"Where do you come from, stranger?"
They ask with a giggle.

除了我的破詩不入流之外，這些學者所譯，誰的最佳，有請高明讀者裁斷。

所不能已於言者，絕句英譯，大家都可一試，但律詩英譯，則難如登天。它除了用字高度濃縮之外，尤以其中平仄的抑揚鏗鏘，對仗的排比工巧，典故的贍雅調諧，英譯都絕難表達而全部消失了，把高逸的鳳凰變成醜俗的烏鴉，只怕不好也不値。

我也把張岳軍先生「人生七十才開始」的名句納入自傳中，好讓美籍老師領會一下中國人的人生觀。此語如逕直譯，似欠情致，因而仍以韻語譯述，拙文如下：

Although you are seventy,
Don't worry about ageing.
Because the golden years
Are just beginning.

若回頭化爲中文，語意就如下面的四句：

雖然你已七十，不必憂心老了；
因那金色年華，方正開始閃耀！

美國老師對外國學生的英文自傳，不作興大修改，除非漏字錯字或明顯的文法錯誤之外，多是用電腦照打原稿，印出來發還本人，以求存眞。我今天獻醜和盤端出，是夙仰「湖南文獻」歷來刊載過不少詩詞，中譯英的也拜讀過多篇，高明的同鄉前輩大師遍及兩岸，深藏未露的更多。倘覺得我這孺子可教，至盼有以誨我，我將十分感激。

（一九九四年八月於芝加哥）

——刊登《湖南文獻》第二十二卷第四期，總號第八十八期。一九九四年十月出版

一〇六 改詩多有「一字師」

乍見翻疑夢，僧推月下門？
讀書破萬卷，黃狗臥花心？

壹 乍見翻疑夢

詩是文字粹鍊的精品，要把一些複雜而曲折的情景，精心篩選，擷取其重點，掌握其關鍵，以最省約的文詞表達出來，用字雖少，寓意卻豐，這要具備很高的才華方能辦到。有似國畫大師畫蘭葉，橫斜疏伸的三葉蘭必然比密集叢生的十葉蘭簡潔悅目，而「三葉」也必然比「十葉」難於落筆，難於佈局。

例如唐朝司空曙，在旅途中意外遇到多年不見的老友韓紳，突然相逢，反而懷疑是否在作夢？又因分別太久，人事滄桑，難免不引發悲思，竟然相互問起各人的年歲來了，他把這段感受寫入詩中：

乍見翻疑夢，相悲各問年

只要看司空曙寫下的這兩句，才十個字，除了平仄對仗極洽之外，意境何等深刻，眞不愧爲大歷十才子之一。

又例如：從前有位莊周先生，在天將亮時作了一夢，迷迷糊糊地變成了蝴蝶。另有昔時一位蜀主名叫望帝，死後靈魂化爲杜鵑鳥，把一片傷春之心，寄托在鳥的啼叫聲中。這兩層意思，唐代李商隱將它濃縮成頷聯兩句：

莊生曉夢疑蝴蝶　望帝春心托杜鵑

這兩句詩雖覺晦澀費解，且有詠物自傷的隱喻，但用字確屬非常簡省。

談舊詩，以一般詩體而論，大致有五言七言和律詩絕句之分，最少只有二十字，最多也僅五十六字，故必須字字著力，除了不許有一個廢字之外，還要揀選最穩妥精當的字來使用，這種推敲捶鍊的功夫，簡直要搜盡枯腸，而且是毫無止境的。

貳　讀書破萬卷

如何才可以進入到這一層次呢？宋代嚴羽《滄浪詩話．詩辨》云「詩之極致，曰：入神。」現代學者錢鍾書《談藝錄》云：「須神來氣來情來三者並舉。」杜甫則說：

讀書破萬卷　下筆如有神

此中最要緊的是一個「破」字。讀書未破，則只是「餖飣」，只是「獺祭」，離「神」字遠矣。吳可《學詩》云：

學詩渾似學參禪　竹榻蒲團不計年

直待自家都了得　等閒拈出便超然

這是說要到「了得」（貫通）的化境，才會有「超然」的表現。陸游《夜讀詩稿有感》更坦白說：

我昔學詩未有得　殘餘不免從人乞

力孱氣餒心自知，妄取虛名有慚色

除了上述「破萬卷」「了得」「有得」之外，做詩還須含蓄而要「有餘不盡」，抒感而要「意在言外」。倘如一首詩唸誦一過，字完意也完，不能使人有「餘音繞樑」的感受，便不是好詩。所以有人說：做詩合「格律」不難，欲求其「精當」卻甚難。

做詩之難，昔人多有體會：杜甫云：「新詩改罷自長吟」。白居易云：「舊句時時改。」李白云：「若問因何太瘦生，只爲從來作詩苦」。孟郊云：「夜吟曉不休，苦吟鬼神愁」。方干（字雄飛，唐人）云：「吟成五個字，用破一生心」。明代越卓凡云：「偶見昔吟詩，慚怖幾無地」。清代袁枚云：「愛好由來著筆難，一詩千改始心安」。《蔡寬夫詩話》引句云：「吟成一個字，撚斷數莖鬚」。《詩說雜記》卷七也云：「詩既難於起（破題、發端），又最難於結（落句、收尾）」，都是說的眞心實話。

參　僧敲月下門

由此看來，字斟句酌，千錘百鍊，直是吟哦者在最後定稿之前必經的辛苦歷程，誰也不敢馬虎了事，有的人甚至廢寢忘食。而且，你認爲警策精當琢磨完成了已臻佳妙的好詩，一經高人過目，竟發現仍有欠妥之處，他只替你改換一個字，意境就變得高超多了，你不由得不佩服，這就叫「一字師」。

以往的《詩話》《詩評》《隨筆》中，類此的例子還眞不少。今且引述多則，或可供同好研參。

㈠：唐朝賈島，字浪仙，後登進士。他初到京都，於驢背得句云：

鳥宿池邊樹　僧敲月下門

他起初欲用「推」字，又欲改用「敲」字，推敲難定，乃在驢背上引手作推敲之勢。當時韓愈以吏部侍郎身分權理京兆尹（就是首都市長），正擁車騎巡街。賈島低頭苦思不覺，竟衝撞入儀仗隊，左右拘執到韓愈駕前，詰問之下，賈島以所得詩句云云述告。韓愈說：「作敲字佳矣」。賈島敬服，自此詩名亦大著（《佩文韻府》《隋唐嘉話》及《詩人玉屑卷十五》）。

㈡：宋代蕭楚才知溧陽縣，張乖崖（即張詠，與寇準同時代）作牧。一日召食，蕭見張公几案上有一絕句云：

獨恨太平無一事　江南閑煞老尚書

蕭將「恨」字改作「幸」字。張公返，視稿曰：「誰改吾詩？」蕭曰：「公功高位重，姦人側目之秋，獨『恨』太平何也？」張乖崖佩服，曰：「蕭、一字之師也。」（見《詩話總龜》《陳輔之詩話》）。

㈢：唐代僧人齊己（俗名胡得生，有白蓮集）攜詩詣鄭谷（字若如，有宜陽集）。其《早梅詩》云：

前村深雪裡　昨夜數枝開

鄭谷說：「數枝非早也，未若『一』枝。」齊己不覺下拜，自是士林以鄭谷為「一字師」（見《唐詩紀事》）。

㈣：唐朝高適，官兩浙觀察使。路過杭州，題《東山景》詩云：

絕嶺秋風已自涼　鶴翻松露濕衣裳

前村月落一江水　僧在翠微閟竹房

他行離杭州未遠，覺得一江水不妥，思改「一」為「半」。返杭索筆欲改。寺僧告曰：「有一官人過此，謂此詩佳矣，但一字不如半字，已代改矣。」高適驚問為誰？乃駱賓王（為初唐四傑之一）代改焉（見《詩話類編》）。

㈤：上述第四則，又另有一說：據《唐音遺響》所記：任翻在台州東壁題詩曰：

前峰月照一江水　僧在翠微閟竹房

任翻題詩後，已行十餘里，忽覺「一」字不如「半」字好，立即回轉，想要改字，一看壁上已有人將「一」字改為「半」字了。因嘆台州有高人，半字改得傳神。

㈥：《詩人玉屑卷八》及《竹坡詩話》云：宋代汪彥章移守臨川，曾吉甫作詩迓之，詩中有句曰：

白玉堂中曾草詔　水晶宮裡近題詩

曾吉甫先將此詩示於韓子蒼，韓爲他每句改換一個字，成爲「白玉堂深曾草詔，水晶宮冷近題詩。」深字遠勝中字，冷字也強過裡字，這境界就迥然與前不同了。

以上這兩句是《詩人玉屑》書中的原句，但另書所引該詩是這樣的：

臨川內史詔除誰　里巷傳聞報客知
金馬門中曾草詔　水晶宮裡近題詩
行看畫隼旌旗入　定把書麟筆札隨
若訪毗耶舊居士　無人問疾鬢成絲

「白玉堂」變成「金馬門」了，不過這並非重點。詩人鍊字，要在「詩眼」上著力，七言詩每句的第五字就是詩眼。汪彥章曾在金馬門爲皇帝撰寫詔書，非一般人所能做到，故「中」改爲「深」，這也是汪的殊榮。又「裡」改爲「冷」，也才與水晶宮相配，全詩頓增「深」度。

(七)《唐詩紀事》記載：王貞白（乾寧進士），唐末大播詩名。《御溝》一詩，評爲卷首，詩云：

一派御溝水　綠槐相蔭清
此波涵帝澤　無處濯塵纓

鳥道來雖險　龍池到自平
朝宗心本切　願向急流傾

王貞白自謂冠絕無瑕，送給僧人貫休（俗姓姜，字德隱，有西嶽集十卷）一閱。貫休說：「甚好，只是剩一字。」貞白不悅，揚袂而去。貫休心想：「此公思敏，必復返。」乃書一「中」字於掌以俟。移時，貞白返，忻然曰：「已得一『中』字：『此中涵帝澤』，何如？」貫休將掌中字示之，正相同。

(八)：上面這個故事，在《詩人玉屑・卷八》中，卻另有一說。內容是：皎然（有詩文集十卷）以詩名於唐。有一僧人袖詩謁之，皎然指其中《御溝》詩云：「『此波涵帝澤』，『波』字未穩，當改。」僧怫然作色而去。皎然度其去必復來，乃取筆書「中」字於掌，握之以待。僧果復返，云：「欲換為『此中涵帝澤』如何？」皎然展手示之，遂定交。《詩人玉屑》也在文末記曰：「二說不同，未知孰是？」

(九)：杜甫《聞官軍收河南河北》七律，人人稱誦。中有句云：

白日放歌須縱酒　青春作伴好還鄉

錢謙益（有《列朝詩集》）說：「白日」宜改一字為「白首」—蓋放聲高歌，豈僅限於白天？今白首已老而竟放歌縱酒，則更顯「喜」之極致也。

(十)：《朱子語類・卷百四十》云：南軒先生（即宋代張栻，有《南軒集》）詩云：

臥聞急雨打芭蕉

朱子曰：此句不響，不若作「臥聞急雨『到』芭蕉。」

㈩：宋代劉貢甫（即劉攽，與王安石同修資治通鑑）自館中出知曹州，有七絕云：

壁門金闕倚天開　五見宮花落古槐

明日扁舟滄海去　卻將雲氣望蓬萊

舊句原是「雲裡望蓬萊」，經王安石代改一字作「雲氣」，意境就提升了。

㈩㈠：《詩人玉屑．卷六》載：宋人王仲至，奉召入試館中，試罷，作絕句云：

古木森森白玉堂　長年來此試文章

日斜奏罷長楊賦　閑拂塵埃看畫牆

王安石見到此詩，甚爲歎愛，替他改爲「奏賦長楊罷」，更顯氣旺。並告王仲至曰：「詩家出語，如此乃健。」（培按：經查對《詩人玉屑》，確然發現詩中長字兩見）此詩雖僅顚倒字序，並非改字，然原句只是平鋪直敍，改後則高下立判，値得錄參。

㈩㈡：《容齋隨筆》記曰：王安石有《泊船瓜洲》絕句，膾炙人口。詩云：

京口瓜洲一水間　鍾山祇隔數重山

春風又綠江南岸　明月何時照我還

後人發現王安石的草稿，初作「又到江南岸」，圈去「到」字，注曰「不好」，改爲「過」字：又改爲「入」，復改爲「滿」，凡如是十餘字，始定爲「綠」（培按：綠字本是形容詞，卻變成動詞來活用，眞是出神入化了）。

㈣《容齋隨筆》又說：宋黃庭堅（黃魯直、黃山谷）詩中有句云：

歸燕略無三日事，高蟬正用一枝鳴

黃庭堅這個「用」字，初稿爲「抱」，又改爲「占」，又改「在」「帶」「要」，最後改爲「用」字乃定（另有他本，則作「殘蟬猶占一枝鳴」）。

㈤明．黃溥《閒中今古錄》載：元朝薩天錫有詩句云：

地濕厭聞天竺雨

月明來聽景陽鐘

有個叫「山東一叟」者，建議將「厭聞」改爲「厭看」。薩公俯首，拜爲一字師。因爲「聞」就是「聽」，兩字含義相同，重複便非佳構。

㈥：蘇東坡北歸，見王平甫所作《甘露寺詩》。王頗自負，中有句云：

平地風煙飛白鳥　半山雲木卷蒼藤

蘇東坡說：精神全在「卷」字上，但恨「飛」字不相稱耳。平甫沈吟久之，請東坡改易，東坡改「飛」爲「橫」，平甫歎服，敬受一字之賜。

㈦：唐人李頻，作《四皓》詩，其中有句云（見陳京《葆化錄》）：

龍樓曾作客　鶴氅不爲臣

方干曰：率土之濱，皆是王臣，「不爲臣」欠妥，宜改爲「不稱臣」。李頻拜服。

㈧宋代王駕《晴景》詩云：

雨前不見花間葉　雨後全無葉裡花

蜂蝶紛紛過牆去　應疑春色在鄰家

王安石將第二四兩句各改一字，成爲「雨後全無葉『底』花」及「『卻』疑春色在鄰家」，遂使全詩語工而意足了（見《臨川集》）。

(十九)《寶中語》載：韓子蒼《送周表卿詩》云：

昔年束帶侍明光　曾見揮毫照御床

將爲驊騮已騰踏　不知鵰鶚尚摧藏

官居四合峰巒綠　驛路千林橘柚黃

莫戀鄉關留不去　漢廷今重甲科郎

周表卿行已久矣，韓子蒼仍要把峰巒綠改爲峰巒「雨」，橘柚黃改爲橘柚「霜」，如此乃益見其工。

(廿)：唐人賈至（唐玄宗時任官知制誥，有詩人集十卷）有詩云：

草色青青柳色黃　桃花零落杏花香

春風不爲吹愁卻　春日偏能惹夢長

黃山谷將後兩句各改一字，成爲春風不「解」吹愁卻，春日偏能惹「恨」長，詩意便深刻多了（見《山谷集》）。

(廿一)唐朝王建，有《新嫁娘》五絕：

三日入廚下　洗手作羹湯
未諳姑食性　先遣小姑嘗

有人說：詩中姑字兩見。又遣字含命令差使之意，或可換用「請」字，就溫婉多了。

(廿二)：清代一才女，工於詩。其《菊花》詩云：

爲愛南山青翠色　東籬別染一枝花

她的閨友看到了，將下句中的「別」字省去一半，改爲「另」字，詩意更臻妙境，因稱其閨友爲「半字之師」。

(廿三)：《玉林》及《詩人玉屑卷十九》有曰：趙天樂《冷泉夜坐》詩云：

樓鐘晴更響，池水夜如深

他不厭求精，終於將每句各換一字：把「更」改爲「聽」，「如」改爲「觀」（聽和觀都是動詞，倍增生動鮮活）。他說這樣就「精神頓異」了。蓋因晴天清朗，鐘聲「聽」來較響：夜色昏暗，池水「觀」來變深。換字之後，曉明合理豐富多了。

(廿四)：許顗《彥周詩話》云：謝貞的《春日閒居詩》有句云：

風定花猶舞

王安石將「舞」改爲「落」，舞是猶在枝上擺動，落則花已離枝飄墜，如此更能描述春風吹掃過後的情境。

(廿五)：《千家詩》中，蘇軾「上元侍宴」七絕云：

淡月疎星遶建章　仙風吹下御爐香

侍臣鵠立通明殿　一朵紅雲捧玉皇

這是元宵節夜間，群臣陪侍皇帝在宮殿裡宴飲的紀事詩。晚風徐來，將御爐中的清香吹送，滿殿的人都聞到了，因此仙風吹「下」之句，應改為仙風吹「散」，乃更貼切。

（廿六）：《胡適的日記》中華版六〇八頁：胡適做駐美大使，寓居美國時，衆友為他設宴慶壽。隔日胡適又下鄉去搶購中國古書一批。好友楊聯陞教授陪往，楊贈胡以詩云：

才開壽宴迎嬌客　又冒新寒到草廬

積習先生除未盡　殷勤異城訪遺書

嬌客乃暗諷胡適的美籍女看護也，大有戲謔之意。胡適心知不妥，笑將「嬌」字改為「佳」字，就迴避了尷尬，詩意也顯得廣泛多了。

肆　黃狗臥花心

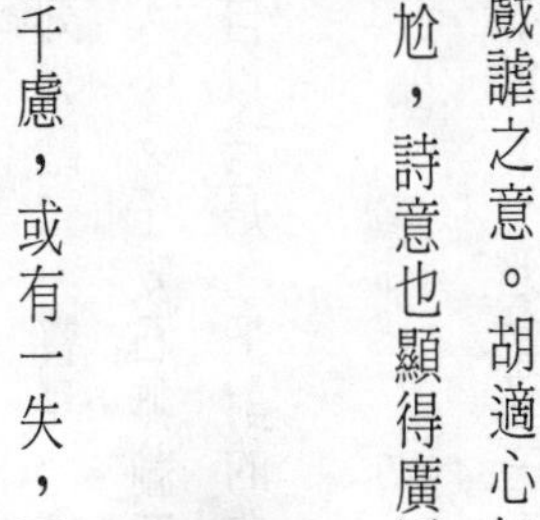

王安石像

詩不厭改，王安石自是此中高手。但智者千慮，或有一失，下面再錄王公兩則有關改詩的趣聞，戲湊作為本文結尾。

（廿七）：王安石（他是臨川人）某次遠赴南方，見當地一士人作詩，詩中有句云：

明月當空叫　黃犬臥花心

王安石想：明月哪能叫？黃犬再小，豈能睡入花心？他就每句改了一字：

明月當空照　黃犬臥花陰

是日傍晚，王安石乘船夜遊，只見一隻大鳥，且叫且飛，掠過天空。王安石問船夫，回答說：此鳥名爲「明月」。次日，王安石去郊外踏青，瞥見一隻大黃蜂以花心爲床，正在採蜜。他詢問路人，回答說：此蜂名叫「黃犬」。王安石無論在老家或京都，都未見過此鳥此蜂，想起改詩之事，自愧見聞不廣，卻自以爲是，把對的改錯了。

㈥：王安石寫了兩句詩：

黃昏風雨暝園林　殘菊飄零滿地金

歐陽修笑道：「百花都會落，唯獨菊花雖然凋萎，仍會留在枝上。」因戲曰：

「秋英不比春花落，
　爲報詩人仔細看。」

王安石聽了，反說道：「難道你不知《楚辭》有『夕餐秋菊之落英』嗎？這是歐陽不學之過也」（見《西清詩話》）。按楚辭落是始、初之意，如言新屋落成。歐陽修豈會不熟讀楚辭？大概是王安石執拗不肯認輸吧？（兩大文豪抬槓，有趣）

——刊載《湖南文獻》第二十六卷第二期。總號第一〇二期，民國八十七年（一九九八）四月出版。又經中國災胞救助總會編印之《關愛與服務》轉載，民國八十八年（一九九九）七月出版。

一〇七　年分三種　老有五要

年齡分三類：法理年齡、生理年齡、心理年齡。

老人有五守：老健、老本、老伴、老友、老趣。

「乍見翻疑夢，相悲各問年。」（唐人司空曙詩）這是說人過半百之後，猛然驚覺去日苦多，乃有「昨日紅顏曾騙我，明年白髮不饒君」（白居易詩）之歎。

不過，倘若我們客觀一點來探討對「年齡」的認知，可能會產生不同的衡量尺度。

年齡種類有三

第一種是「法理年齡」（Chronological age，又稱為 Legal age，或叫 Lawful age）：

這是指按月按日每年添加一歲的法律認可的年齡，也就是我們在戶籍簿上登錄的、以及在身分證上塡記的年齡。上學讀書，入營當兵，屆齡退休，甚至看戲坐車買半票，都拿這個法理年齡作標準，不須多論。

第二種是「生理年齡」（Physical age）：

這是由身體機能的強弱壯衰情況而決定的年齡，與前項法理年齡不會必然成正比。有的人老而彌健，年登耄耋，仍然生龍活虎。大企業家王永慶，八十三歲還曾經帶頭參加五千米賽跑。大畫家劉海粟過了九十，爲畫虬松怪石，竟曾十上黃山。大攝影家郎靜山年逾百歲，爲拍風景，曾跑遍天之涯海之角。你能說他們年老嗎？另外，有的人未老先衰，唐代韓愈自稱「年未四十，而視茫茫，而髮蒼蒼，而齒牙動搖」（祭十二郎文）。白居易說「年才四十鬢如霜」（聞龜兒詠詩）。清代吳嘉紀也謂「孫八壯年已白頭」（哀羊裘賦）。你能說他們年青嗎？

第三種是「心理年齡」（Psychological age，或稱爲 Mental age）：

甚麼是心理？辭書上說是一個人的態度、思想、意識等內心的活動歷程。我們常能看到：有人態度積極，他有進取的思想，有不服輸的意志，雖老而奮鬥不懈。另有人態度消極，他的思想是退縮的，意志是消沈的，總以爲活著是多餘的。這兩者乃是從心理上產生了分野。舉例而言：某甲年歲雖高，卻是童心常在，他不斷吸收新知，隨時跟著時代走，心理上和年輕人同步，「將謂偷閒學少年」（北宋程顥詩，偶成），你能說他年老嗎？又某乙剛入中年，卻顯得老氣橫秋，不思進取，常常戀懷過去：想當年，我是如何如何風光，可就是不敢面對未來，因爲他對新時代新事物新科技既不懂又不願意去求懂。這種人，在心理上已然落伍了，哪還算是年輕嗎？

以上列出了三種年齡標準，如果大家能夠接受的話，那末對年齡的定義就不限於單一的解釋了。分開來說：「法理年齡」乃是歲月的增添，硬梆梆的，就由它去累積吧。至於

「心理」和「生理」年齡，則是可以自我調適的。當你在心理上「不知老之將至」，豈不是仍舊年齡愈大，經驗愈豐，晉升「國老」級了嗎？另一面你在生理上仍然「寶刀未老」，豈不是可以繼續再挑重擔了嗎？生理心理二者相輔相成，老當益壯，齒德俱增，正可應驗漢光武帝誇讚馬援「矍鑠哉是翁也。」高齡同仁讀此，是否覺得有愜於心呢？

人過中年以後，不妨自我檢驗一下：如果覺得「眼花難認字，膝軟怕爬樓」時，這便是體能退化了，老了。又如果覺得「臥時不睡坐時睡，往事難忘近事忘」時，這便是精神渙散，老了。誰又不會老呢？

由於醫學進步，老人日益長壽，幾乎全球都走向了「高齡社會」。銀髮族要如何來迎接這不饒人的歲月呢？請看下面的芻議。

老人要件有五

莎士比亞說：「老—沒法逃避（There is no escape from it — old）」。豈不聞「公道世間唯白髮，貴人頭上不曾饒」？老境乃是人生旅途中的必經階段，不能躲閃，不必難過，不要害怕；夕陽反照滿天霞，何不欣賞一下美麗的晚景？因此，我們在將老或已老之際，不妨安排怎樣去迎接它，去適應它，進而去享受它。學那王羲之《蘭亭序》所說的「因寄所託，欣於所遇」的胸懷，就會「快然自足，曾不知老之將至」了。以下且讓筆者舉出五個要項，按重輕順序排列，期與銀髮朋友們共同研討：

一、老健（health）

老人健康是第一項。身體如果不好，其他一切免談。我們不必貪求高壽九十九，但一定要活得康健。假如得了慢性的磨床痼疾，吃喝拉撒都靠別人照料，久病床前無孝子，拖得愈久，受罪愈長，非幸福也。我們所企求的，是在生時，活得「健康快樂」（不要愁眉苦臉）；在臨終時，死得「爽快乾脆」（不要拖泥帶水）。史記說廉頗將軍年紀雖老，但持大刀，披重甲，飛身上馬，馳騁不輸少年，這才是英雄榜樣。因戲寫打油詩曰：

身強體健沒有病，能吃能睡多運動；
如果臥床起不來，活到百歲有啥用？

二、老本（money）

金錢原是身外物，死時半文帶不走，這是說錢財不必攢聚太多。但活在今天這個功利社會裡，食衣住行都要打發，無錢幾乎寸步難行。尤其進入老年，收入縮水，養命的基本生活費卻絕不能沒有，這「老本」乃是第二個要項。假如你又老又窮又拖著富貴病又暫時死不了，向誰伸手？誰個會給？幾時還錢？諸多現實問題，幾乎無解，這樣活下去有何意義？豈非生不如死？漢朝韓信，窮得沒有飯吃，幸而河邊有位漂絮的老婦人長期分飯給他，卻罵他愧爲男子漢，沒有出息，你我受得了嗎？且學下里巴人之歎吟道：

袋裡空空活不成，須留老本度餘生；
一錢逼死英雄漢，最怕衰年病又窮。

三、老伴（spouse）

想當年，你爲成家立業、爲養兒育女而勞累奔波。那時節，眼看家口增多，寢室總是少一間，衣裳總是缺一件，餅乾總是差一包。家中喧喧嚷嚷，好不熱鬧。一轉眼，兒女長大婚嫁，遠走高飛，另築新巢，各立門戶去也。舊家變成「空巢」，只剩二老，衰年相對，走向人生的終站。誰說養兒防老？這年頭，偶爾兒女自遠方來個電話，就算不錯了。長途電話費錢，說幾分鐘就得掛線。至於扶持慰藉，還只有枕邊人最能體貼。桑榆向晚，感慨綦多，這就有「分教」了：

兒女成家各自飛，空巢寂寞少人陪；
幸而老伴關心我，相偎相依看夕暉。

四、老友（friends）

「結朋誇劭式（雞黍之約的張劭和范式），擇友羡陳雷（膝漆相投的陳重與雷義）」。你混了一輩子了，同學、同鄉、同宗、同僚、同行、同庚、同好、同事、同儕、同年、同仁、同門、同袍、同寅、一定不少，如能結爲好友，成爲金蘭之交、膠漆之交、刎頸之交、生死之交、總角之交、忘年之交、莫逆之交、腹心之交、傾蓋之交，斷金之交、伯牙子期之交、杜伯左儒之交，互相取善輔仁，最是珍貴。良友為你兩肋插刀，你迷途時他幫你開路，你急難時他給你救助，真比骨肉還親。可是，漸傷遲暮，好朋友都慢慢老衰病故了，會不會興起「親朋無一字，老病有孤舟（杜甫登岳陽樓）」之感？或是「多病故人疏，白髮催年老（孟浩然歲暮）」之歎呢？知交日少，新友難尋，請看白口俚詞曰：

肝膽相交勝弟兄，卻憐舊友漸凋零；
不時要跑殯儀館，珍視今天管鮑情。

五、老趣（hobbies）

想起從前在位時，雖不敢誇言一呼百諾，卻也施展得八面威風，早忙晚忙，只恨時間不夠。退休後，跟前跟後的猢猻不見了，成堆成疊的案卷沒有了。絢爛歸於平淡，整天無所事事，瞪眼盯著天花板，腦袋閒得發慌，身體垮得飛快。如果不想變成神經病，就必須多尋趣味，營造出另外一片天地。「畫紙為棋局，敲針作釣勾（杜甫江村詩）」，這都是怡情悅性的樂趣，也就是開闢退休後的第二春。此時名利雙拋，寵辱偕忘，不憂不愁，無拘無束，就全憑這個第五項來充分享受晚年的「老趣」。它雖然是排行第五，卻如百川匯海，乃是承接上面四項的重點、中心。人生何求？請將多出來的閒暇，轉移去找尋逸趣，享受快樂，豈不美甚？筆者認識的幾位朋友，為了充實人生，培養嗜好，即使賠錢養趣也心甘情願，如此才能樂享餘年，如此人生也才饒有意義。因大膽胡湊四句作爲交代：

老來日子轉閒年，正是人生享樂天；
習字栽花逛世界，多尋雅趣學神仙。

尾聲

白居易（七七二—八四六）《達哉樂天行》詩曰：「吾今年已七十一，眼昏鬚白渾忘日，死生無可無不可，達哉達哉白樂天」。他高壽活到七十五，可算「老健」。他辭官自封爲香山居士，定有「老本」。他常邀友好來家飲食賦詩（例如問劉十九：「晚來天欲雪，能飲一杯無？」）也當有「老伴」隨侍。世稱元白劉白，「老友」不少。（白居易與元稹友善，詩格相近，故稱元白。他又與劉禹錫齊名，並稱劉白）。他自號「白樂天」，既以「樂」取名，定然「老趣」多多。此詩第一句是說「法理」年齡，第二句是說「生理」年齡，第三句是說「心理」年齡，第四句是結語，由通達而長享「老趣」了。佛家說：「境由心造」。只要想開了，自可恬然享受老年。如果想不開，即使中年也有一筐煩惱。我們不妨趁老年閒暇增多之便，再讀以前未讀之書，重圓以前未竟的夢：看看天上繁星，敲敲案頭電腦，陶然自樂，豈不美哉？

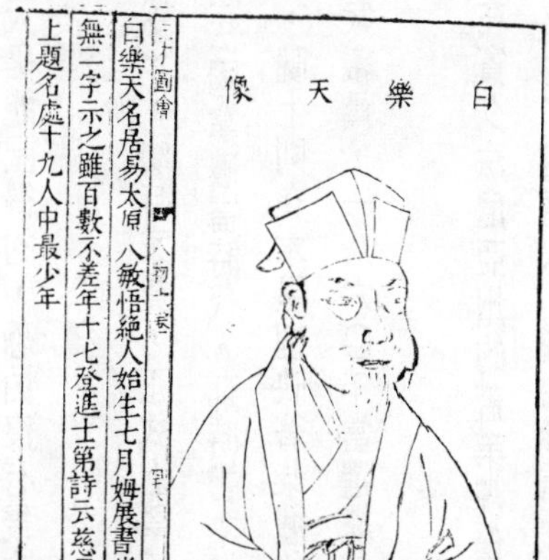

白居易圖

一〇八　林肯蓋堡講詞

美好的演講詞不但不會埋沒，且將永久流傳。國父譯為「民有民治民享」，最能顯其精髓。

演講要用多長的時間為好？林語堂博士說：「演講要像女人的裙子，愈短愈好。」妙哉此言。我們都曾經聽過百千次長篇大論的講詞，到今天仍能記得的，恐怕沒有幾次，也沒有幾句。

美國第十六任總統林肯（Abraham Lincoln 1809-1865），幼時家貧，正式上學不到一年。他出生在十八世紀初期，約當我國清朝嘉慶年代，或法國拿破崙時代，那時書本難得，他好讀書，又無錢買書，常步行遠到三十英里外去借書，晚上則在木屋裡映著柴爐的火光閱讀。由於不斷努力，終於考取律師，一八四七年選為衆議員，一八六〇年當選總統，四年後連任。不幸於一八六五年在第二任內被刺逝世。

一八六一年美國南北戰爭掀起，打了五年。其中在賓夕法尼亞州的蓋第茨堡（Gettysburg）之戰，南北雙方參戰的高達十七萬人，三天內傷亡了四萬人，犧牲慘重。大戰之後，各界特別組成了一個烈士公墓委員會，決定於一八六三年十一月十九日，在這塊國家公墓的聖地上舉行追悼大典。委員會特意敦請曾任波士頓議員、哈佛大學校長、麻州州長、後任國務卿、被認爲是當時著名的大演說家愛德華艾威瑞特（Edward Everett）在大典中擔任主要演講人，還恭請總統林肯蒞臨，以增光耀。基於對國家元首的尊敬，也禮貌的請他屆時在最後上台講幾句適當的話，目的是使這個重要大典完美無缺而已。

起初，這個典禮原擇於一八六三年十月廿三日舉行，但主要演講人愛德華艾威瑞特表示短期中預備不及，因而改延到十一月十九日，幾乎多了四個星期以作準備。愛氏還慎重其事的在前三天親臨蓋堡戰場，實地觀察一遍，以獲取更深的印象。

典禮開始，那位大演說家，準備充足，自信滿滿，登台開講，只見他口若懸河，滔滔不絕，足足講了兩個小時，吸引了全場的注力，也獲得許多掌聲，精彩極了。

輪到林肯上台，他拿出一份講稿，開始講話，這是他在赴會途中，在火車座上擬就的，寫在黃色舊信封的背面。整篇講詞只有十句話（英文是逢到句點才算一句）。在場的文字記者，抽出紙筆，想作筆記。而攝影記者，也在調整角度，對好焦距，要拍照片。哪知還沒有準備妥當，林肯已經講完了，前後不過三分多鐘。大家都認爲這是一次短命的演講，失望的演講，印象既不深刻，內容也不記得。隔天，報紙上登的全是愛德華艾威瑞特如何如何，對林肯只簡略一提而已。

林肯圖

林肯這篇「蓋第茨堡講詞」（Gettysburg Address），事後由官方發佈了。大家一讀，才敬服它的文詞之簡練，敘論之樸實，思想之高尚，和立意之懇摯，而且還透顯出一股遠矚宏觀的偉大理念。要而不煩，精而不蔓，確是不朽的名作。

它開頭說道：「八十七年前，我們的祖先，在此創建了一個新國家，他們懷著自由的思想，獻身於『人人生而平等』（all men are created equal ——這是名句）的理念」（那時美國白人，把黑人當成貨品來買賣，黑人不是人，更沒有人權，林肯要解放黑奴，南北戰爭因此而起）。講詞結尾說：「這個民有民治民享的政府（the government of the people, by the people, and for the people），永遠不會在地球上消滅。」（整篇英文講詞，不便全抄，請查閱英文百科全書— The Encyclopedia —的 Lincoln, Abraham 和 Gettysburg Address 兩章）

這篇著名的講詞，不但後來用大字（便於遠觀）雕刻在首都華盛頓林肯紀念堂的白色石牆之上，到今天還不斷讓遊客賞覽之外，而且納入了我國三十年代中學的英文讀本之中，供學子背誦。

好的演講詞，不但不會埋沒，且將永久流傳。遺憾的是，那位大演說家愛氏究竟說了些甚麼話？不但早已被人忘得一乾二淨，即使在史料中留有記錄，人們也興趣缺缺，懶得去、也不值得去一探了。

最後尚須提醒者：我國憲法第一條，即明文揭示：「中華民國基於三民主義，為『民有民治民享』之民主共和國」，布示全國，讓國人永矢咸遵。就是借用了林肯的話。如果

孫中山先生
（攝於1918年）

把林肯的話照原意直譯，那是說「政府是屬於人民的，政府是由人民產生的，政府是替人民服務的。」這話很冗贅，不好。國父孫中山先生早於民國十三年（一九二四）六月，在廣州中國國民黨特設辦事處演講《三民主義之具體辦法》講詞中就說：「美國大總統林肯這話的中文意思沒有適當的中文譯文，兄弟就把它譯作民有民治民享，就是兄弟所主張的民族民權民生主義。以前我在海外的時候，外國人問我什麼是三民主義？我那時苦無適當的譯語回答，就引用林肯總統的這段話來說明，他們就完全了解了。」（見中華叢書編審委員會民四十九年五月發行之《三民主義總輯》第六六二頁「三民主義之具體辦法」講辭）。

國父譯出來的這六個字，眞是既簡要又傳神，最能彰顯其精髓，令人欽佩極了。其中三個民字，更各別嵌合三民主義。西東偉人所見相同，都自有其過人之處。

一〇九　宗族輩分談朱姓

姓者、統其祖考之所自。同姓者不可通婚。宗族、注重倫常敘輩分，以辨別尊卑長幼。

《左傳・隱公八年》說：「天子建德，因生以賜姓，胙之土而命之氏。」杜注解釋說：「立有德以爲諸侯，因其所由生以賜之姓。」《通鑑外紀》注曰：「姓者、統其祖考之所自出。氏者、別其子孫之所自分。」按這乃是古代對姓和氏的區分。鄭樵《通志・氏族略序》說：「三代之前，姓氏分而爲二……姓、所以別婚姻，故有同姓、異姓、庶姓之別。氏同而姓不同者，婚姻可通。姓同而氏不同者，婚姻不可通。三代之後，姓氏合而爲一，而以地望明貴賤。」

歐陽修《新唐書》第一二五卷說：「古未有姓，自炎帝之姜，黃帝之姬，始因所生地而爲之姓。其後天子賜姓，黃帝二十五子，得姓者十四。其後、或以官、或以國爲姓。」我們朱姓，即是由國而來。

《爾雅・釋親》說：「父之黨爲宗族。」《名義考》說：「姓者、所以繫統百世，氏者、所以別子孫所出，族者、氏之別名也。」因此同宗的人，都是同姓，都是一族。聚合同族，建立祠宇，以祀祖先，就叫宗祠。

吾族朱姓之起源，可參閱以下各典籍：

《姓纂》說：「顓頊之後。周（按爲周武王）封曹挾（曹是地名，挾是人名。曹這塊地方封給挾這個人作食邑）于邾（周武王滅了商紂王，將曹挾升爵，封於邾。邾是國名，列爲周代諸侯之一。最初附庸於魯國，春秋時爲子爵之國，也稱「邾婁」，後改稱爲「鄒」，邾鄒是音轉）。邾後爲楚所併。曹挾之子孫，乃去邑（銷除阝旁。阝在字右爲邑，表「地域」之意），以朱爲氏。」

《公羊傳》說：「公（魯隱公）及邾婁儀父（儀父是邾婁國的國君）盟於昧。」指的正是上述的邾婁國。當時的邾或邾婁國的位置，約在今山東省鄒縣東南。

《姓苑》說：「朱本顓頊高陽之後裔，周時封於邾。後爲楚滅，子孫『去邑爲朱』以爲氏。」

《姓氏考略》說：「一云舜臣朱虎之後。齊有朱氏。漢有中邑侯朱進、鄢陵侯朱濞，都昌侯朱軫。後有朱買臣，拜會稽太守，望出沛國。」

《朱氏世德制》——唐昭宗於天復元年（西元九〇一）御賜忠翊招討軍容使朱青的「制」（國君的詔書叫制，如制誥、制書、制詔）。這篇制的摘要如下：

「朕、惟有表其枝者，當審其本；欲知其流者，當究其源……。

「按朱氏之先，出於帝顓頊高陽氏之後。高陽生六子曰稱，稱生卷章，卷章生重黎，重黎為帝嚳高辛氏火正。共工氏作亂，帝嚳使重黎誅之而不盡，帝乃誅重黎，而以其弟吳回代重黎為祝融（火正、祝融、都是官名，掌火，見《左傳》昭二十九年）。

「吳回生陸終。陸終生六子，其五曰晏安，佐舜食邑於曹，生均連，均連生彩白，彩白生季札，季札生武辛，武辛生主廷，更二十一世生挾（因食邑於曹，故稱曹挾），為關中大豪。至周武王克商，封挾于邾，以國為氏，始姓邾焉。

「挾生太辛，太辛生曲沃突，曲沃突生外仲，外仲生文公亶，文公亶生成父德，成父德生儀父克，尊周有功，進爵稱子（按爵祿分為五等，《禮記・王制》說：「王者之制・祿爵：公侯伯子男，凡五等。」子爵是第四等）。周平王四十九年（按即公元前七二二年，即魯隱公元年，《春秋》編年始此，春秋時代開始），列于《春秋》，始登庸為君。

（培庚按：上段提到的魯隱公，請對照參看《春秋》卷之一「魯隱公元年」，第一句就說：「三月、公及邾儀父盟于蔑。」公是指魯隱公；邾是國名；儀父是邾國國君名；蔑是地名，但《公羊》《穀梁》稱蔑為昧，實是同一地名。至於《春秋》這句話，也有注解說：「邾、魯國鄒縣也。」孔疏說：「邾、顓頊之後，武王封其苗裔為附庸。蔑、魯地。」此外、《左傳》解釋說：「邾儀父，邾子克也。」《公羊傳》解釋說：「儀父者何？邾婁之君也。」已清楚說明儀父克就是邾國的國君了。）下面接續引述《朱氏世德制》原文：

「儀父克生憲公瑣，憲公瑣生文公蘧篨。文公蘧篨生定公貜且，定公貜且生宣公秷，宣公秷生悼公華，悼公華生莊公穿，莊公穿生隱公益，隱公益生桓公革。傳凡八世，爲楚所併，春秋終焉。」

（培庚按：上段世系，請對照參看粹芬閣藏本：《景印古本春秋三傳》卷首「邾國世次」說得很明白：㈠邾子克—字儀父。㈡邾子瑣—儀父之子。㈢文公蘧篨—瑣之子。㈣定公貜且—文公之子。㈤宣公秷—定公之子。㈥悼公華—宣公之子。㈦莊公穿—悼公之子。㈧隱公益—莊公之子。㈨桓公革—隱公之子。自邾儀父克立國，傳了八代）

（培庚又按：邾子克、儀父克、邾婁儀父、邾儀父、都是同一個人，除了在《春秋》隱公元年有記載之外，在莊公十六年列有「邾子克卒」一條，乃是說封爲「子」爵的「邾」國國君邾儀父「克」這一年去世了）

（培庚再按：《春秋三傳》卷首「列國興廢說」邾國條：邾國爲子爵。出自陸終第五子晏安之後。武王克商，封其苗裔曹挾於邾，爲附庸，今魯國鄒縣是也。自挾至儀父十二世，始見於《春秋》魯隱公元年，莊十六年經書邾子克卒，即儀父也。哀公十年，邾子益來奔。後爲楚所併）

「革子茅夷鴻逃難於沛，去邑爲朱（將邾消去阝旁成朱字）。茅夷鴻生秺，仕齊，爲大夫，世居沛國相縣。」

「秺生濞，從漢高祖定天下有功，封鄢陵侯。濞生軫，襲封都昌侯。越四年生買臣，拜會稽太守。又二世生邑，漢宣帝時爲北海太守。邑生雲，漢成帝時爲槐里令。雲生博，爲御史大夫，漢哀帝時，封陽鄉侯。博生岑，任二千石，爲政江右。岑生祐，佐後漢光武中興，封鬲侯。祐生輔，爲益州太守。輔生暉，漢明帝時爲臨淮太守。又三傳至司馬長史詡。詡生浮，拜新息侯。

「浮生下邳太守永，更二世生尚，順帝時爲吏部尚書。尚生質，桓帝時爲大司徒。生二子，長禹、爲司隸校尉；次卓、青州刺史，坐黨錮誅。子孫避難丹陽，始丹陽朱氏之祖也。

「禹生扶風太守翻。翻生上洛太守越。又八傳至詢，仕魏爲參軍。詢生濟。濟生沖。沖生威。威生騰，爲陳郡太守，生三子，曰憲、斌、綽、綽官酉陽太守，移居亳州永城縣，爲永州始祖。

「綽生二子，長齡石，東晉安帝擢爲益州刺史。次超石，爲東晉安帝將帥。齡石生建，爲北周太子洗馬。建生僧寧，仕隋爲睢陽太守。生操，爲唐開府儀同三司，世居亳州。

「操生三子，長仁軌，官太子洗馬。次珊睿，官著作郎。三敬則，相武后。敬則生光迪。光迪生四子，長守滔爲濟陽令；次守同爲冀州令；三守和爲奉禮郎；四守溫爲洛陽令。守滔生涔，爲殿中丞，生革，爲觀察使。革生五子，長春、次滿、三園、四林、五青。青爲忠詡招討軍容使……。」唐昭宗這個「制」，便是頒給這位忠詡招討軍容使「朱青」的。

以上是該「制」的概要。依台灣朱氏族譜所載，這位朱青，是我族得姓始祖邾挾的第六十六世裔孫。而後來的朱熹（宋史有傳），則是邾挾的第七十六世裔孫。

漢・史游撰《急就篇》顏師古注云：「舜臣朱虎（顏氏避唐諱作朱虎，《姓纂》原作朱彪），其後以爲姓。」王應麟補注另引一說：「後漢朱暉，其先宋微子之後，以國爲氏。周衰，諸侯滅宋，奔碭，易姓爲朱。」

唐・李延壽撰《南史・侯景傳》：「景請婚於王謝（想要與王姓謝姓成婚），帝曰：王謝門高，非偶，可於朱張（朱姓或張姓）以下求之。」可見「南北朝」當時，江南高等門第的朱姓及張姓僅次於王謝。

朱氏自古爲吳越著姓。《前漢書・列傳第三十四》記載：「朱買臣，吳人，爲會稽太守。時東越數反，南竄今晉江北之清源山。買臣奉詔，治樓船發兵平之。」可見朱氏涉足閩南，爲時甚早。

（培庚按：以上所列人名，如朱進、朱濞、朱軫、朱買臣、朱邑、朱雲、朱博、朱祐、朱暉、朱詡、朱浮、朱沖、朱綽、朱齡石、朱超石、朱建、朱仁軌、朱敬則、朱虎，除了在漢唐史籍中有傳之外，都可從商務印書館印行之《中國人名大辭典》中，查閱其生平事蹟）

宋・鄭樵《通志・氏族略》中，將得姓受氏之由來，細分為「以國、以邑、以鄉、以亭、以地、以官、以爵等共三十二類。」「朱姓乃是以國為氏。」鄭樵又謂：「朱氏有九大盛族，顯於漢唐間。」

清・錢大昕《潛研堂全書》說：「朱張顧陸，號吳中四大姓。」

李濟博士《中國民族的形成》說：「明代十大姓為：王、陳、張、劉、郭、吳、楊、李、胡、朱。」

吳昆倫、林猷穆合編之《台灣姓氏源流》民國六十年元月再版，所載「本省姓氏分佈情形」：朱姓為新竹縣、基隆市佔首位姓氏之一。

我族堂號為朱沛國堂（堂號又名郡號，表姓氏發祥的本源）。我們這一支派，據說遠祖來自江西省豫章郡，遷徙到湘潭縣漣水之南定居，建有朱氏宗祠在原湘潭縣漣南鄉楊家橋西之官道南側，每當春秋兩季，城鄉各地族人，群集祠堂大廳，殺豬宰羊，祭拜祖先，並舉行族務大會，頒發在學子弟獎學穀子，選舉族產之總經管人，審核經費收支帳目，堪稱盛典。

我族印有《朱沛國堂族譜》，我家珍藏的那一套，妥存在樓上，用樟木匣盛裝，防蟲。木匣是長立方型，有左右上下前後六面，前方的豎邊是整塊插板，可以抽插，就是木匣的門。其他五面是固定的，頂面裝有提手。匣裡平整放著一套十多本族譜，是木刻版印刷，線裝。我在年幼時，曾隨手翻過一二本，約略記得族譜裡還繪印了地圖。可惜在對日抗戰時，湖南陷敵，被迫離家逃難。勝利後不久，國家又經巨變，接連受三反五反及破四舊的折損，掃地出門，開放後曾回湘尋根，不但家屋夷爲平地，連朱姓祠堂也拆掉剷平了。

中國人注重倫常，族內人數衆多，故須以輩分來序其長幼尊卑。因爲同族之中，繁衍出許多支派，長房（長子嫡宗）與滿房（幼子旁宗）歷經幾代延傳之後，下幾輩的年齡差距（和長房的同輩比較）就很大了。所以吾鄉有句俗話說：「搖籃裡的毛伢，可能是你的遠房叔祖公。」不可失敬。

有鑑於輩分必須易曉易記，於是各姓族都預先製定了輩分詩，一字代表一輩，全族遵行。我族朱姓的輩分詩是四句四言詩，詩句如下：

承先佑啓　世德榮昌

光前裕後　青紫傳芳

以上每一個字代表一輩，嵌入名字中。例如：我祖父的輩分屬「啓」字輩，取名「啓煦」；凡與我祖父同一輩的伯叔祖，名字中字都用「啓」。我父親的輩分屬「世」字輩，取名「世釗」；凡與我父親同一輩的叔伯，名字中字都用「世」。我的輩分屬「德」字輩，取名「德壽」；凡與我同一輩的親兄弟及所有的堂兄弟，都取「德」字爲名。我的下一代屬「榮」字輩，依此類推，都嵌入姓名中間一字（可惜這輩分名只用於男生，女生因出嫁別家，無此必要）。

這個輩分名字，可作本名通用，也可僅在宗族間及祠堂中使用。但族譜中必須列出，

一〇九

乃能排比輩分高低，一看便知。

輩分詩自我往下算，尚可再輪用十一代。若以三十年爲一世代，大約還可使用二百三十年。如果這四句十六字快用完時，就須再行公議續定輩分詩（字要吉祥，意含勗勉，最要緊的是用字不可重覆，此制各族皆然）延接下去，這要召開族務大會愼重公定。

我的伯叔父輩，有名「世鈞」「世允」「世銘」「世卓」的。有的是遠房，分居各地，不常交往，雖是同族，並不熟識，但只要聽到他的輩分名，就知道上下高低了，這實是在龐大宗族衆人之間用來分辨尊卑維繫倫常的好方法。

〔按〕族譜中有一卷專載前輩朱姓賢哲的傳記。朱元璋（明太祖）以一乞丐開創明朝三百年基業，一生充滿傳奇，値得作專題研究。朱熹（朱文公）的「鵝湖之會」，與陸九淵（象山先生）在信州鵝湖寺辯論了三天，朱夫子以「尊德性、道問學」兩項大綱，作爲讀書人用功的兩大要目，教我們泛觀博覽，而後歸之於約，這是由演繹而至歸納，到今天還是應當遵行的治學方法。

——錄自民國六十一（一九七二）年五月朱培庚撰《朱沛國堂族譜》

一一〇　美總統贈杖李鴻章

春秋時代吳季札贈寶劍，是受者徐君已死，季札仍實踐諾言。

格蘭特總統贈鑲鑽手杖，是他死後，由寡妻代贈，更堪敬佩。

李鴻章

一九九七年七月九日美國紐約世界日報「上下古今」版刊有梁華先生《美國總統格蘭特》一文，內云：「依野史記載，李鴻章對權杖頗有興趣，但格蘭特並沒有給他。」僅此數語，下文未予接續說明，蓋非該文主旨也。關於該杖及中美兩位名人之交往，既富溫情，亦含敦睦之誼，容我忝爲續貂。

格蘭特（Ulysses S. Grant）一八七七年兩任總統屆滿後逍遙自在，偕同夫人茱利亞（Julia）環遊全球，也到了中國。那時大清帝國的李鴻章總攬國務，自也循禮設宴，奉款嘉賓。

這位卸任的美國總統，隨身帶有一根名貴的手杖，十分搶眼。李鴻章在席間順便接過來欣賞，他反覆摩弄，好久不曾放手。總統猜到他的心意，便對他說：「我看中堂（唐代在中書省設政事堂，作爲宰相治事之所，後世就把宰相稱爲中堂）很喜歡這根手杖，本可以送給你。但這根手杖是全國政商名流聯名精製送給我的，不便私下轉贈他人。等我回國，徵得大家同意後，再行奉寄閣下好了。」李鴻章依禮言謝，以後也就淡忘了。

隔了若干年，李鴻章訪問美國，此時這位統已經過世了（他的遺像印在五十元美鈔的正面上，見下圖），但夫人還健在。李鴻章憶及往年情誼，特去拜訪她。

這位前總統夫人，當天就廣開筵席，遍邀政壇領袖及士紳巨賈一百多人作陪，宴請李鴻章，場面隆重。

酒宴終了時，夫人登上前台，舉起那根手杖，向大衆宣告說：「這支寶杖，是在座各位貴賓聯名送給先夫的。先夫訪問中國時，李先生曾經看到，十分喜愛。先夫原本打算回國後，擇期徵求各位同意，然後寄贈李先生，不幸他先過世了。先夫囑咐我要完成這樁心願。今天正好李先生駕臨敝國，我趁此次聚會，請求各位貴賓同意讓我轉贈，以達成先夫遺願。」

滿堂貴客，一致拍手贊成。夫人高擎手杖，當衆贈與。李鴻章深愛此杖，遠勝歷來所受禮物。

這杖頭上鑲了巨鑽，價值幾十萬銀錢。這項雅舉，與春秋吳季札贈劍掛墓的故事相類似，但一死一生，正好相反。尤其難得有這位夫人從中玉成，千秋美談，中外輝映。

——這篇小文，刊載於一九九七年十月十五日美國紐約「世界日報」

格蘭特像

一一 祝福「校對」

校對有何難——誰都認為太容易，

做好卻不易——事非試過不知難。

有人說：校對是捉臭蟲。這話雖然難登大雅，卻是寫實。

有人說：校對是幕後功臣，是無名英雄。這兩句話前兩個字是對的，後兩個字則是謬獎。因爲校對僅是在出版過程中屬於內勤分工的一個小環節，上不了台面。他們隱於幕後而無名。步驟上雖然少不了他，但職務上只是一名卑微的清道夫，既無功可居，稱英雄更不夠資格。

校對的校字，要讀成「教」。校對是名詞，也是動詞。指的是依據原稿，核正訛錯的人，或者指那個改錯的動作。以往叫校讎，又曰讎校，又謂之校勘。如要深入鑽研，就成了「校勘學」；清代大儒章學誠深知校讎原委，寫出心得，就刊印成《校讎通義》專書。

校對的責任，就是要把文章裡的錯字別字漏字改正，連帶要將不對的標點符號改得正確。這事說難並不難，因爲有原稿作依據，照著葫蘆畫瓢可也。但說易也不易，因爲雖不必上通天文，下知地理，卻也必須具備相當的學養，才可勝任。資深的校對，甚至連原稿裡的筆誤都能改正，這便是一等一的表現了。

有一位作者，爲文歌頌偉人某公，說他的功德太多，不能詳述，用「罄竹難書」一語來崇揚他。這句成語，出自《通鑑》，原是說隋煬帝罪惡多端，雖罄南山之竹，還難以寫完之意，乃是貶語，用於壞人，改作頌德是很不合適的。校對先生把它删掉，免了瑕疵，這是高明的一例。

校對要細心，還要有耐心。別人看文章可以一目十行，校對卻要一字一停、一字不漏，不能走馬看花，囫圇吞棗；要嚴格把關，做到全無漏網之魚，這才稱職。

不過，校對畢竟是凡人，人爲的疏忽總是難免的，小漏失還無所謂，大錯誤就影響深重。舉幾個例：

清代大將軍年羹堯，文武兼長，妹妹入宮作了雍正皇帝的寵妃，勢位顯赫極了。有一天，他恭楷親繕呈給皇帝的奏摺，引用了一句「夕惕朝乾」出自易經的成語，用來恭維巴結雍正皇帝，卻一時大意，把惕字的心旁錯寫成耳旁，變成了「夕陽朝乾」。他自己校讀了無數遍都沒有發現。雍正一看大惱，認爲你說我這皇上是太陽要下山了，明天早上就會乾癟了，欺君莫此爲甚。龍顏一怒，當即剝奪了他的文武爵職，不久竟然賜死。

民初，被國人謔稱龔大砲的龔德柏先生，與成舍我在北京辦「世界晚報」，因敢於論斷時政及批評北洋軍閥，報紙銷路很廣。當時擁有重兵的張福來總司令統率部隊將入北京，龔探得此一獨家消息，乃用大字刊於頭版，標題是「張福來入京」。那時排版是由人工用手檢出一個個的鉛字排成活版來印的，前後要經過檢字、拼版、打樣、校對（當然不止一次）、及主編最終審閱這麼多程序，這麼多雙犀利眼睛的注視下，都沒發現錯誤，報紙就趕忙印出來上市了。大家搶著買來一看，標題竟是「張禍來入京」，把福字錯印成禍字（兩字輪廓雖然近似，但校對要負全責）。這個「禍」可闖大了（取材自《龔德柏先生評傳》，楊有釗撰，許君武校），張主帥一聲令下，要抓人槍斃。龔成二人幸而機警，早一步逃離（資料存台北，大意是如此），但報紙終被查封停辦。

民國六十年代，台灣高中教科書，將北洋政府時期因賄選而竊位總統的曹「錕」錯印爲曹「琨」。有人向國立編譯館反應，且經自立晚報刊載，到改版時才修正。此項瑕疵，究竟是編書者寫錯或是校對者看漏？已不得而知了。

民國八十一年台灣立法委員選舉，台東縣印製選舉公報，普發選民。卻將候選人饒穎奇的政見「擁有中央決策的影響力」的央字錯印成「共」字，眞是毫釐千里之謬。那種大型公報有幾萬字，卻獨錯此字。此類重要公文書，校對哪敢掉以輕心，是經過初校覆校終校三閱的，何以一直沒有發現？怎麼辦？唯有將百多萬份追回銷燬，重印重發。

另外還有些零星例子：譬如「張××鑑定名畫，過於吹毛求疵」，把疵錯成「屁」，實大不敬。又如「蔣××所遺孤子四人」，把孤錯成「狐」，讓人哭笑不得。

中文字中，形似者不少，以致有「魯魚亥豕」的成語。魯魚出自《抱朴子》：「書三寫，魚成魯」。亥豕出自《呂氏春秋》：「三『豕』涉河，非也，己『亥』涉河也」。爲免馮京變馬涼，校對要明察秋毫，看清楚「荼」毒不是「茶」毒。「壼」範不是「壺」範。病入膏「肓」不是膏「盲」。床「笫」之私不是床「第」。眼睛要尖才對。

說到這裡，不免話多了。常言道：小處不可隨便（這是一則趣談：某公善書法，求之者眾。一日醉後，有人求字，某公戲寫「不可隨處小便」，此人攜回，將此六字剪開，重排爲「小處不可隨便」，裱裝後竟可高懸）。還須知道「嚮」壁虛造不是「向」壁；鳳毛麟「角」不是麟「腳」；「每下愈況」不可作「每況愈下」；「骨瘦如豺」不必從俗爲「骨瘦如柴」；（有的大學生，把「知道」大大方方的錯寫成「知到」，還有部長級高官，把「公帑」唸成「公幣」的這些雖都低淺，但一打馬虎眼就疏忽了。）

人名最難對付，全靠死記。秦朝有個假太監叫「嫪毒」要讀如鬧矮，構害岳飛的奸臣叫「万俟卨」要讀成墨其謝。

校對舊體詩詞，最好懂得點詩格和詞牌，知道些平仄對仗押韻的格律，會大有幫助。文章中附有英文原句的，必要時應查查英文字典。

撰稿的作者，要把標點也看成是一個字，標點本身要佔一格（不宜打在行列邊上），使文意因標點之助而能表達清晰。例如《老子》「故常無欲以觀其妙常有欲以觀其徼」，可斷句爲「故常無欲，以觀其妙，常有欲，以觀其徼。」又可斷句爲「故常無、欲以觀其妙，常有、欲以觀其徼。」兩者意義不相同。又例如《論語》「民可使由之不可使知之」這段話，可斷句成爲「民、可使由之，不可使知之。」或「民可、使由之；不可、使知之。」或「民可使、由之；不可使、知之。」產生三種不同的文義，這是雅例。又如「落雨天留客天留我不留」這段話，可以斷成「落雨、天留客，天留、我不留。」或「落雨天，留客天。留我不？留！」變爲兩種相反的意義，這是俗例。可見標點之爲用，大矣哉！

校對者必須使用校對符號。不知中文校對符號有沒有統一的制式規定？至於英文校對符號，則學校裡有課本講授；字典裡如韋伯斯特英文字典（Webster's Universal College Dictionary）的附錄中，就刊有「校對者的符號」（Proofreader's Marks）專章，列有五十多個標準符號。作英文校對時，不但在文字行列中的錯誤處要註以符號或劃線，還在與該字平行的外邊空白處再標示各種改正標記作提醒之用，一目瞭然，比中文校對清楚週到而且標準化統一化。好的就是好的，這不是崇洋。

校對的樂趣是：好文章第一個看到，這叫先睹爲快（其實主編早已拜讀了，但校對會看得更仔細）。校對的苦惱是：有些大文豪，天縱聖明，文思泉湧，下筆千言，滿紙龍飛鳳舞的草字，太難認了。校對要趕工，又不夠資格去當面請教（打字小姐也叫苦），只好從上下文義中去猜度，不但耗時，也影響情緒。此文的另一目的，也是替那些擔任校對的人作代言，祈請作者先生女士們心存體諒，大發慈悲，如未用電腦打字而用手寫，請把手稿的字寫得清楚一點，若能俯採這點小意見，幸甚！

人人可作校對，始初容易，免錯卻難，要細心謹慎。祝福他們！（寄自美國）

——刊載於民國八十七（一九九八）年十月《湖南文獻》第二十六卷第四期、總號一〇四期。

一二 一二三相對論

一為大——算你有理。三為大——他也有理。
究竟何者為大？不該模稜兩可——這也有理。

「你懂得一二三嗎？」

「當然。我在三四歲時，就能一二三，三二一，順唸倒唸，都很快溜，熟得不得了，怎會不懂？你太小看我了吧！」

「那究竟是一爲大？還是三爲大？」

「你說呢？」

㈠

「我認爲：一最大。當我們計數時，就常說一二三。假如說成三二一，那是倒著唸。誰都知道第一名是指榜首，第一把手總是最有權。由此看來，一爲大，二次之，三最小。」

「這也不盡然。一要加上一才等於二，二要再加一才等於三。由此看來，三爲大，二次之，一最小。」

㈡

「民法說：遺產繼承，除配偶外，第一順位是直系卑親屬（子女），最優先。第二順位是父母，次優先。第三順位才輪到兄弟姊妲，居後。由此看來，一為大，二次之，三最小。」

「我參加過高普考，考試法施行細則第六條說：『第一試不及格者不得應第二試，第二試不及格者不得應第三試。』由此看來，三為大，二次之，一最小。」

㈢

「我們評斷人品，分為一二三流。《人物志》分析：一流人品最優，二流次之，三流人品最下。由此看來，一最好，二次之，三最劣。」

「圍棋比賽，參賽者要分段，一段的棋技比二段為低，二段又比三段低。由此看來，三為大，二次之，一最小。」

㈣

「民法中，親等的計算：一親等強於二親等，二親等強於三親等。由此看來，一為大，二次之，三為小。」

「柔道武術的高低也是分段：三段的高於二段，二段的高於一段。由此看來，三為大，二次之，一最小。」

㈤

「我們坐火車輪船，三等艙最擠，等級低。二等艙較好，等級居中。一等艙最寬，等級高。由此看來，一最優，二次之，三最差。」

「當你開汽車，用手操作換排檔時，一檔最慢，最耗油。二檔稍好。三檔最快，最省油。由此看來，三最好，二次之，一最壞。」

㈥

「進士科舉考試，錄取者分為三甲：第一甲三人，即狀元、榜眼、探花。第二甲稱為賜進士出身。第三甲則稱賜同進士出身。由此看來，一最高，二次之，三最下。」

「孟子離婁上篇說：『不孝有三，無後為大』。注解曰：『阿意曲從，陷親不義，一不孝也。家貧親老，不為仕祿，二不孝也。不娶無子，絕先祖祀，三不孝也。三者之中，無後為大。』由此看來，三最大，二次之，一最小。」

㈦

「我有三個小孩：老大六歲，居長。老二今年四歲，為次，老三滿兩歲，最幼。由此看來，一（長子）為大，二次之，三最小。」

「不然。吾女入學讀書，初讀一年級，繼升二年級，今再升入三年級。由此看來，三為大，二次之，三最小。」

(八)

「你知道軍中的階級嗎？一等士官長大於二等士官長，二等士官長大於三等士官長。由此看來，一爲大，二次之，三爲小。」

「說到官階，你知道士官長的臂章嗎？一等士官長的臂章是三條槓，二等士官長的臂章是兩條槓，三等士官長的臂章只有一條槓。由此看來，三爲大，二次之，一最小。」

(九)

「我也曾幹過文官，知道簡任一級大於簡任二級，簡任二級大過簡任三級。由此看來，一爲大，二次之，三爲小。」

「你說的是簡薦委制，如按『職位分類』的職等而論：三職等高於二職等，二職等高於一職等。由此看來，三爲大，二次之，一最小。」

(十)

「鐵路平交道的安全程度共有三種：第一種平交道安全性最強，第二種較第一種稍弱，第三種較第二種又弱，這是按一二三的順序下降的。由此看來，一最好，二次之，三最糟。」

「可是，若按汽車保養的分級：一級保養僅由司機加油加水，二級保養責由技工調整校正，三級保養則須送入保養場修理。這是按三二一的順序逐級下降的。由此看來，三最高，二次之，一最低。」

㈩

「清朝的官，分爲九品：一品高於二品，二品高於三品。由此看來，一爲大，二次之，三爲小。」

「說起清朝，他的刑法中有個流刑，流者，流放去邊荒地區以示懲罰也。流放有三等：一流二千里，輕微；二流二千五百里，稍重，三流三千里，最重。由此看來，三爲大，二次之，一爲小。」

㈩一

「公務人員考績法第四條規定：八十分以上者爲一等，七十分以上不滿八十分者爲二等，六十分以上不滿七十分者爲三等。由此看來，一爲大，二次之，三爲小。」

「請你看一看公務員的年功俸，乃是由一階晉至二階，二階晉至三階。三階的俸給優於二階，二階又優於一階。由此看來，三爲大，二次之，一爲小。」

㈩二

「我買過樂透獎券，按中獎金額來說：一獎最巨，二獎稍減，三獎又減。由此看來，一最大，二次之，三最小。」

「我也得過國家頒給的獎章：三顆星高於二顆星，二顆星高於一顆星。由此看來，三爲大，二次之，一最小。」

(十四)

「我們公司舉辦服務競賽，評定名次，第一名高於第二名，第二名高於第三名。由此看來，一為大，二次之，三為小。」

「不錯，名次是按一二三的順序，但頒發獎金時，卻是按三二一的順序：最優者三萬元，次優者二萬元，再次者一萬元。由此看來，應當是三為大，二次之，一為小了。」

(十五)

「依據耕者有其田條例對耕地等級之規定，從第一則到第二十六則：一則田最優，二則田次優，三則田又次。由此看來，一最好，二次之，三又次之。」

「有地的人，要繳地價稅。依平均地權條例施行細則廿九條之稅率為：第一級千分之十五，第二級千分之廿，第三級千分之三十。由此看來，三為大，二次之，一為小。」

(十六)

「依軍人撫卹條第十八條有關傷殘『年撫金』給與之規定：一等殘給與一輩子，二等殘給與十年，三等殘給與五年。由此看來，一為大，二次之，三為小。」

「請看軍人之另一面，軍人的肩章：上校為梅花三朵，中校為梅花二朵，少校為梅花一朵，由此看來，三為大，二次之，一為小。」

(十七)

「我們過生活，不能缺電。電業法第十條之規定：供電容量在十萬瓩以上者為第一級，二萬瓩以上者為第二級，五千瓩以上者為第三級。由此看來，一為大，二次之，三為小。」

「我若經商，須繳營業稅，依營業稅法第五條稅率之規定：第三類最高稅率為百分之三，第二類最高稅率為百分之一點五，第一類最高為百分之一。由此觀之，三最大，二次之，一最少。」

㈧

「政府各所屬機構之層次：三級單位隸屬於二級單位，二級單位隸屬於一級單位。由此看來：一最大，二次之，三為小。」

「可是各級法院判案時，三審可推翻二審，二審可推翻一審。由此看來，三為大，二次之，一為小。」

㈨

「我們日常用來釘合文件的釘書機，所需的釘書針有號數：一號針大於二號針，二號針大於三號針。由此看來，一為大，二次之，三為小。」

「講到號數，日常需用的洋釘也有號數：號數愈大者，洋針愈大愈長，號數愈小者則愈小愈短。由此看來，三為大，二次之，一為小。」

㈩

「我服務的公司，按其組織編制，第一副總高於第二副總，第二副總高於第三副總。由此看來，一為大，二次之，三最小。」

「律師告訴我：依刑法累進處遇條例第四章之規定，受刑人處置有等級之分：第三級受刑人應全天獨居監禁，第二級僅只要在夜間獨居監禁（白天不要），第三級則得不加監視（日夜都寬鬆）。由此看來，三為大，二次之，一最鬆。」

㉑

「海員在船上的職位：大管輪最高，二管輪較次，三管輪又次。由此看來，一為大，二次之，三最小。」

「今年我繳了土地增值稅，按土地稅法施行細則三十七條規定之稅級：第一級百分之四十，最輕。第二級一分之五十，已稍重。第三級高達百分之六十，最重。由此看來，三為大，二次之，一最小。」

㉒

「印書印報的印刷工廠，以往需要各號鉛字來排版：一號鉛字字體最大，二號字較小，三號字又小。由此看來，一為大，二次之，三最小。」

「上個月颱風來過，按照颱風風速之分類：一級風之風速為每秒零點三到一點五公尺。二級風為每秒一點六到三點三公尺。三級風為三點四到五點四公尺。風速如達到八至十一級，就成為輕度颱風。如達到十二至十五級，就成中度颱風。如達到十六級以上，則為強烈颱風。由此看來，三為大，二次之，一為小。」

㉓

「天空星辰的光度，按一八五〇年英國天文家波克松（Pogson）的規格：一等星之光度，比二等星強二點五倍。比三等星強六點三倍。由此看來，一最亮，二次之，三最暗。」

「你說天，我該說地。依據地震震度之等級：一級地震爲微震，人在靜止時才可感受到。二級爲輕震，門窗搖動，人人都有感受。三級爲弱震，門窗會格格作響，懸物會搖晃。四級爲中震，五級爲強震，六級爲烈震。由此自來，三爲強，二次之，一爲弱。」

㉔

「奧林匹克世運會的得獎，依名次分等：第一名金牌，第二名銀牌，第三名銅牌。由此看來，一最大，二次之，三最後。」

「儀器設備，都要用到螺絲，太空艙也要螺絲。螺絲都有號數：號數愈大，螺絲直徑愈粗，號數愈小，螺絲也愈小。由此看來，三號爲大，二號次之，一號爲小。」

㉕

「上週我生病，住了五天醫院。醫院病房的等級：一等病房收費高於二等病房。二等病房收費高於三等病房。由此看來，一最貴，二次之，三最廉。」

「昨天，朋友約我打麻將，胡牌了，一番或一台要贏一百元，兩番要贏二百元，三番要贏三百元。由此看來，三最多，二次之，一爲少。」

(十六)

「我讀《左傳・曹劌論戰》說：『夫戰、勇氣也。一鼓作氣，再而衰，三而竭。』這是說作戰靠勇氣，一鼓時最旺，二鼓漸衰，三鼓氣勢就盡了。如此看來，一為最旺，二已轉弱，三則完全殆了。」

「我誦《論語・公冶》云：『季文子三思而後行，子聞之曰：再、斯可矣。』這是說凡事考慮達三次，多了；考慮到兩次就可以了，若只一次則太少。由此看來，三為甚，二次之，一最少呀。」

(十七)

以上是朱甲與陳乙二人交相對論，智叟及愚公都陪坐在旁，靜聽兩方高見，沒有參加討論。

朱甲見久未能決，乃改向智叟求教曰：「鐵絲和電線，都有號數：號數愈小者愈粗。鋼片和銅片，也有號數，號數愈小者愈厚。也就是一號比二號粗而厚，二號又比三號粗而厚。由此看來，一是最大，二次之，三是最小的了。您老的意見如何？」

智叟笑了，答道：「你的話有理。」

陳乙一聽，認為不妙，趕忙向智叟申述道：「不然。請看立法院的『讀會』，有一二三讀之分。某種法律要通過時，先進行一讀，僅就大體討論，通過後交付二讀。進入二讀時，逐條細論，頻作修正。最後三讀，要決定法案之可否。由此看來，三最重要，二次之，一最淺泛。我公的卓見怎樣？」

智叟露出微笑，回道：「你的話，也有道理。」

愚公大惑，追問智叟道：「朱甲認為一比二大，二比三大，請教於你，你說他有理。可是陳乙卻認為三比二大，二比一大，求證於你，你又說他也有道理。究竟一為大？還是三為大，你不可模稜兩可，應該說個一清二白吧？」

智叟仍保持一貫的微笑，回應愚公道：「你的話，更是極有道理。」

一一三 好文不怕多多改

文字精研：須百改、千斟、萬酌；

篇章求好：要語順、筆健、意深！

文字精研，沒有止境，好文章是不怕修改的。前天寫的文章，昨天還一再覆閱，已經認爲天衣無縫了的，可是今天再看，仍又發現有待修正之處。我不太相信「急就章」，卻服膺「慢工出細貨。」

杜甫說：「文章千古事，得失寸心知」。元好問《與張仲傑郎中『論文』》詩曰：「文須字字作，亦要字字讀；咀嚼有餘味，百過良未足」（字字推敲，咀嚼過了一百次還是不夠的）。鄭板橋說：「爲文須千斟萬酌，再三更改無傷也」（板橋全集）。我們不及杜元鄭三賢遠矣，敢不聽話？

先說前人寫文章，自己改自己的：

歐陽修寫《醉翁亭記》，初稿開頭時，用了好多句話來描述滁州四境的群山，交待雖甚詳明，行文卻很累贅。他屢寫屢改，五易其稿，最後濃縮成一句，只剩「環滁皆山也」五個字，起勢頓顯不凡，整篇文氣爲之凝聚，這是精鍊之功。

《宋稗類鈔》說：「歐陽修爲韓魏公（即宰相韓琦）作《晝錦堂記》首二句云：『仕宦至將相，富貴歸故鄉』。韓公得之，愛賞。後數日，歐陽復送別本來，云：『前有未是，請換此本』。韓再三對看，但於『仕宦』『富貴』之下各添一『而』字，文義更暢。前輩寫文，蓋如此焉。」這是說改爲「仕宦而至將相，富貴而歸故鄉」，乃更增跌宕之勢。

《容齋筆記・卷八》說：「王安石『春風又綠江南岸』詩句，家人藏其草稿，初云『又到江南岸』，圈去『到』字，注曰不好，改爲『過』字，復圈去改爲『入』，『滿』，凡十餘字，始定爲『綠』。」將形容詞化爲動詞，更加活了。

《冷齋夜話》說：白居易每作詩成，問老嫗曰：解否？答曰解，則錄之；不解，則易之。據張文潛說：曾見白公詩稿數紙，點竄塗抹，及至成篇時，與初作完全不同矣。（苕溪漁隱卻不同意，詰曰：作詩而要老太婆都懂，烏得爲詩也哉？言過其實也）。

《漫叟詩話》說：杜甫有詩句云：「桃花欲共楊花語，黃鳥時兼白鳥飛。」認爲不好，自己用淡墨改了三個字，成爲「桃花細逐楊花落，黃鳥時兼白鳥飛。」乃知古人字不厭改也。（桃花要跟楊花講話，這是幻想，難以理解；改爲桃花跟著楊花飄落，這是可見的景象，變爲實在了。）

《王直方詩話》：黃山谷贈我一詩「欲作短歌憑阿素，丁寧誇與落花風。」過了一陣，山谷將短歌改作短章，將丁寧改作緩歌，這足以證明：詩文不厭多改也。

其次是接受旁人建議而修改的：

《容齋五筆》說：「范仲淹寫《嚴先生祠堂記》文末贊詞云：『雲山蒼蒼，江水泱泱，先生之德，山高水長』。寫成，給李泰伯看，李歎詠不已，起而言曰：『此文一出，必將名世。某妄意擬換一字，以成盛美。』。范請問，答曰：『雲山江水之語，於義甚大，於詞甚溥，以『德』字承之不足，擬改爲『風』字如何？』范凝目頷首，殆欲下拜。」德字本已不差，但孔子說：「君子之德，風也」，風字確然更好。而且「風」與「雲山」「江水」配合呼應更能和諧一致。

曾國藩帶兵剿太平天國，初期在安徽吃了敗仗，他稟告朝廷，自請處分。奏疏已經恭楷寫好了，裡面用了「屢戰屢敗」一語，李鴻章建議他重抄，把這句話改爲「屢敗屢戰」。顛倒易位之後，把頹喪轉爲奮勵，氣勢頓然改觀，精研豈可忽乎哉？

王駕《晴景》詩曰：「雨前初見花間葉，雨後兼無葉裡花，蛺蝶飛來過牆去，應疑春色在鄰家。」王安石喜愛此詩，收入《百家詩選》中，但替他改了七個字，成爲「雨前不見花間葉，雨後全無葉底花，蜂蝶紛紛過牆去，卻疑春色在鄰家。」遂使一篇語工而意足，了無鑱斧之迹了。以上引自《詩人玉屑卷八》。

《夷白堂小集》說：黃庭堅對我言：張志和有《漁歌子》詞：「西塞山前白鷺飛，桃花流水鱖魚肥，青箬笠，綠簑衣，斜風細雨不須歸。」黃庭堅說：我要將它添字改爲《浣溪沙》詞曰：「西塞山前白鷺飛，散花洲外片帆微，桃花流水鱖魚肥。自庇一身青箬笠，相隨到處綠簑衣，斜風細雨不須歸。」

沈雄《古今詞話》載：張綖有律詩一首曰：「堤邊柳色春將半，枝上鶯聲喚客遊。曉日綺羅稠紫陌，東風弦管咽朱樓。少年撫景慚虛過，終日看花坐獨愁。不見主人留洞府，空教燕子占風流。」以後改爲《虞美人》詞云：「堤邊柳色春將半，枝上鶯聲喚。客遊曉月綺羅稠，紫陌東風弦管咽朱樓。少年撫景慚虛過，終日看花坐。獨愁不見主人留，洞府空教燕子占風流。」改前好或改後好，留請公評。

唐代王建《新嫁娘》五絕：「三日入廚下，洗手作羹湯，未諳姑食性，先遣小姑嘗」。有人說：「遣」字含命令差使之意，或可換用「請」字，就溫婉多了。

其餘如賈島的「僧敲（推）月下門」，張乖崖的「獨幸（恨）太平無一事」，高適的「前村月落半（一）江水」，汪彥章的「白玉堂深（中）曾草詔」，胡適的「才開壽宴迎佳（嬌）客」等等，請參看本書第一〇六篇《改詩多有一字師》，這裡不再重複。

前人之文尚有疑

前賢爲文，已經千錘百鍊，卻也還有存疑的。

《禮記》有「大夫不得造車馬」，又有「猩猩能言，不離禽獸」。兩句中用字有欠妥之處。因爲車可造，但馬不可「造」。猩猩是獸無誤，但不是「禽」。

《易經》有「潤之以風雨」。雨可以潤萬物，風似乎不能說「潤」。

《左傳》有「魯人以爲敏」。這個「魯」有二義：一是作「魯國」解，一是作「愚魯」解，文意欠明確。

《論語》有「沽酒市脯不食」。脯可以「食」，酒不能「食」，如說沽酒不「飲」市脯不「食」就通了。

《論語》有「攻乎異端，斯害也已」。錢大昕說：這話有兩種解釋：㈠「攻」作「治」解，「已」作助詞，如同「矣」字，是說去研究異端邪說，那會受害的呀。㈡「攻」作「攻擊」解，「已」作「終止」解，是說去攻破那些異端邪說，它的禍害便會「斷止」了。原文當初應只一義，不知何說為是？

《論語》有「民可使由之，不可使知之」。可斷句為「民可、使由之；不可、使知之」。又可斷為「民可使、由之；不可使、知之」。意義不一樣。

《論語．公冶》子路曰：「願車馬，衣輕裘，與朋友共，敝之而無憾。」這話可另為斷句曰：「願車、馬、衣、輕裘、與朋友共敝之，而無憾。」何者意勝，請作比較。

《老子》有「故常無欲以觀其妙，常有欲以觀其徼」。可斷句為「故常無、欲以觀其妙；常有、欲以觀其徼」。又可斷句為「故常無欲、以觀其妙；常有欲、以觀其徼」。兩者意義相異，不知何者為是？

《史記．留侯世家》有「劉敬說高帝曰：『都關中』。」《滹南遺老》說：「曰」字重複多餘，說就是曰。

歐陽修《眞州東園記》說：「水、吾乞以畫舫之舟」。邵博《聞見後錄》評曰：舫就是舟，有語病。

王羲之《蘭亭集序》說：「雖無絲竹管弦之盛」。周煇《清波雜志》評說：「絲竹」就是「管弦」，用字犯了重複。據說就是由於這一毛病，以致未能收入《昭明文選》。

《西清詩話》載：「歐陽修見王安石詩：『黃昏風雨瞑園林，殘菊飄零落地金（菊花凋謝飄零，被風吹落滿地，像鋪了一層黃金在地上）。』歐陽修笑道：『百花盡落，唯獨菊花只是在枝上枯萎，不會掉落的。』因戲寫道：『秋英（秋天的菊花花瓣）不比春花落，爲報詩人仔細看（爲此提醒你仔細看清楚）』。」王安石錯了。

《高齋詩話》載：「蘇東坡問秦少游：近來有何佳作？秦說：『小樓連苑橫空，下窺繡轂雕鞍驟』（這是秦少游《水龍吟》詞的首二句）。東坡曰：『你費了十三個字，只說得一人騎馬樓前過』。」乃是說他用字囉嗦，句子拉長，不緊湊，這叫「辭費」。

上段是蘇東坡挑秦少游的毛病，本段則是胡仔挑蘇東坡的毛病。蘇有一首著名的《卜算子》詞，下闋云：「驚起欲回頭，有恨無人省。揀盡寒枝不肯棲，寂寞沙洲冷」。詠的是鴻雁，詞美。但胡仔《苕溪漁隱叢話》卻評說：「鴻雁未嘗棲宿樹枝，唯在田野葦叢之間。此處『揀盡寒枝不肯棲』，用字有語病。」

陸次雲撰《費宮人傳》，記述費宮人刺殺李自成愛將羅某，及另有魏宮人沉御河事，文句洗鍊，詞情哀惋。但篇中有一段說：

「……李自成射承天門，將入宮。魏宮人大呼曰：『賊人入內，我輩必受辱，有志者早爲計！』奮身躍入御河。須臾，從之者盈三百，翠積脂凝，河水爲之不流，而香且數日也……」

這段文中「翠積脂凝，而香且數日也」十個字，極爲輕薄，與悲烈事蹟十分不稱，不容許插入「打情罵俏」低級趣味的話，使高明者見之齒冷，刪此十字，乃顯簡潔沉痛。

晉代葛洪，撰有《抱朴子》一書，其中有「辯問」專章，他列舉了十個辯題，例如「子畏於匡」「子見南子」等，認爲對孔子的記述不妥，要改，這可稱之爲「葛洪辯聖」。另有東漢王充，撰有《論衡》一書，書中有「問孔」一篇，質疑《論語．里仁》篇中的話不通，例如「貧與賤，不以其道得之」之句，這可稱之爲「王充問孔」。由於這兩書文長，不便抄錄，請查閱原籍，或參看拙撰《風雨見龍蛇》（台北文史哲出版社發行）可得其詳。

《王直方詩話》載：「王祈對蘇東坡說：我有《竹詩》兩句，最爲得意：『葉垂千口劍，幹聳萬條槍』。東坡說：文字是很美，不過十根竹竿，只分到一片竹葉兒。」這是只管對仗卻悖離了物理，那有萬條幹而只有千片葉的呢？

《西清詩話》云：王維《老將行》詩有「衛青不敗由天幸，李廣無功緣數奇」之句，其中「不敗」應爲霍去病，不是衛青，王維記錯了。

同書又云：李白有詩句曰：「山陰道士如相訪，爲寫黃庭換白鵝。」這是說王羲之寫經換鵝的故事，抄寫的是道德經（請見本書第一二四篇寫字），非黃庭經也（王羲之曾寫黃庭經送王脩，想是兩事相紊，再則用「道德」二字又不合平仄之故）。

《古今詩話》贊美方諤的詩句「鱷去溪潭韓吏部，珠還合浦孟嘗君。」《復齋漫錄》

指出錯誤：那「合浦還珠」的典故，乃是後漢的孟嘗，不是戰國時代的孟嘗君，這可差得太遠了。

《隨園詩話》載：有某公寫《詠梅花》詩有句云「五尺短牆低有月，一村流水寂無人」。旁人譏笑說：這像是描述小偷夜裡作案時的情景嘛！

《歐公詩話》說：文字義格雖通，若語意泛指，亦其病也。如某人有句云：「盡日覓不得，有時還自來」。本意是說寫詩好句難尋，終日不得一句，有時偶又聰靈閃現而自然悟到妙詞來了之意。但也可以另作他解：例如說貓兒走丟了，整天都尋不到，只好不管它，但有時這貓兒又自動回來了，豈不正是這兩句？

魏泰撰《東軒筆錄》載：程師孟作洪州太守，在太守府衙中闢建一靜堂，十分喜愛，無日不到，作詩曰：「每日更忙須一到，夜深常是點燈來」。李元規看見了，笑道：「這是廁所的門聯呀！」太臭了。以上三則，都犯了「可彼可此」的毛病。

葉炳霞《榆次道中》詩曰：「路出榆關西復西，荒原白草怪禽啼；經行百里無人跡，惟有秋風送馬蹄」。有人評說：人向西行，秋多西風，迎面吹來，馬和風是逆向對行的，送馬蹄的「送」字不妥當，不如換作「伴」「迎」「礙」或「惜」字，則寓有旅程辛苦之意，也才切於事理。

魯迅有一篇《秋夜》散文，開頭第一段只有四句，是這樣的：「在我的後園，可以看見牆外有兩株樹，一株是棗樹，還有一株也是棗樹」。寫來似顯突兀，可能他是著眼於風趣俏皮。實則第二句中加一個棗字成爲「有兩株棗樹」，以下兩句便可省去了。魯迅是大師，他可以這樣寫，我們若要效顰，會被批評爲犯了不必要的重複，故意拉長，學來恐怕會畫虎類犬。

妙文就是筆健意深語順

歸震川說：文章寫到妙處，就會表現出筆健而不粗，意深而不晦，句新而不怪，語順而不狂。這時就好像珠滾玉盤，毫無滯礙了。《西清詩話》說：歐陽修在滁州爲官，喜歡瑯琊山之谷幽景美，建造了醒心亭及醉翁亭，交待幕客謝君，要雜植花卉。謝君奉命，爲謹愼計，還寫了個簽呈，正經八百的用書面方式請示要栽哪些花草品種？歐陽修不加思索，提筆批道：「淺深紅白宜相間，先後仍須次第栽；我欲四時攜酒去，莫教無日不花開。」句子明白曉暢，就像口頭講話一樣，答得可妙了。

但是，天分總有高低的。伊士珍《瑯嬛記》說：女詞家李清照寫了《醉花陰－重陽》詞，末三句云：「莫道不消魂，簾捲西風，人比黃花瘦」，文詞極爲高妙。她寄給丈夫趙明誠。趙明誠自愧比不上，又不服氣，乃廢寢忘餐，想了三天三夜，另外寫成十五首詞兒，把李清照的原詞混雜在裡面，抄給陸德夫看。陸反覆看了良久，才說：「我看只有『莫道不消魂』這三句絕佳。」

好的終歸是好的。

二四　湘潭沿革淺述

《縣志．建置》：沿湘江依水列肆，號小南京，形勢比於漢口。
《縣志．貨殖》：商舖接連二十里，帆檣艤集，天下第一壯縣。

睽離卅載憶鄉關　往事頻迴旅夢間
瞻岳門前瞻岳嶺①　望衡亭上望衡山②
朝辭衙口帆初滿③　暮憩昭潭月正彎④
勝跡風光猶在否　塵氛待靖凱歌還

註一：瞻岳門爲環城八座城門之一，登其上可遠眺南岳。
註二：望衡亭矗立湘江之濱，地名石嘴腦，可遙望衡山。
註三：湘江由衡山縣北流入湘潭，乘舟順水北行，入境處地名衙口。
註四：湘江穿流湘潭，北入長沙，交界處右倚昭山，山下有深潭曰昭潭，爲瀟湘八景之一的「昭潭映月」風光勝地。

一　設縣沿革

湘潭之爲縣，是從西漢開始。但當初不叫湘潭，而稱爲湘南縣。史載：漢高帝（按即劉邦）五年，封故衡山王吳芮爲長沙王（按吳芮的衡山王是項羽賜封的。後來吳芮舉兵擁護劉邦，漢乃封他爲長沙王。既稱爲王，封地就儼然視同一個國家），湘南縣（就是湘潭）隸屬於長沙國。

後漢時，改稱臨湘縣。到三國時的吳國（孫權所建），改爲湘西縣，又改建甯縣。到南北朝南齊時代（蕭道成所建），又恢復稱湘西縣。

「湘潭」一名之所由起，是在南北朝南梁武帝時代（蕭衍所建）。《元和志》說：「梁武帝天監中，立湘潭縣。」（按天監爲蕭梁即位的首一個年號。終武帝之世，改元六次。天監的起止年代爲公元五〇二到五一八年）。《北史》中「蕭退傳」說：梁武帝蕭衍，封他的宗族鄱陽王蕭恢的兒子蕭退爲「湘潭侯」。又《通鑑》說：「太清三年（按太清是梁武帝的最後一個年號。太清三年即公元五四九年），湘潭侯蕭退援臺城不及（按指侯景反叛，攻陷臺城，逼使梁武帝餓死一事），尋降東魏。」

自蕭梁正式定名湘潭以後，歷代皆有湘潭縣，祇是轄區變更而已。《元史地理志》載：元成祖元貞元年（公元一二九五年），升湘潭縣爲州。《明史地理志》載：明太祖洪武三年（公元一三七〇年），湘潭州降爲湘潭縣。

爲甚麼叫湘潭？姑採一種說法：湘江發源於廣西興安的海陽山，與灕水同源，是爲灕湘。東北流入湖南，至零陵，合瀟水，是爲瀟湘。經衡陽，合蒸水，是爲蒸湘（因號三湘）。湘江自衡山縣北行入湘潭縣後，在縣境內轉折形成了一個S狀的大灣流。確是史書說的「地當湘水之曲」。江廣岸長，水深流緩，正好供沿河建立許多碼頭，促成商業之隆盛。湘潭十八總（地區名）瀕河處，石嘴腦（山岩名）臨江砥立，是一座赭紅色的陡峭山岩，江水洄涌，因山轉向。下有深「潭」，形勢壯闊，或即是湘潭命名之所自罷。

二　縣志簡介

最近代的《湘潭縣志》，是清光緒年間修纂的，木刻版本，沒有標點。這套縣志，是屬於《中國方志叢書》的一部分，編爲「華中地方」第一一二號，共十二卷，訂爲四大册，臺北中央圖書館參考室有存。每頁書邊上刻有「光緒十四年刊」字樣，但第十二卷「序」中卻說明是「光緒十有五年五月書成」，因此出書年代，應以序言爲準才是。

領銜修纂這套縣志的，是「敕授文林郎同知銜湘潭縣知縣加二級紀錄三次」的陳嘉榆，列名同修的有六十二人，連王闓運也列在這六十二名內，排序在舉人銜中的首名，同爲修纂。十二卷的名稱是：疆域一、建置二、事紀三、山水四、官師五、賦役六、禮典七、人物八、五行九、藝文十、貨殖十一、序十二。

家有家乘，族有族譜，縣有縣志，國有國史。這套縣志，雖已包羅詳盡，有圖有文，但距今已九十多年了。十二卷中所述，固然是山川依舊，未有大變；然而人物事蹟，已是陳古的東西，難以切合現況了。可是自光緒十五年（公元一八八九年）以來，還沒有再行修編過，仍然祇好依靠此志，來作參考，不免令人興歎。

「修志」是件大事，何時能見到新本縣志呢？別人呼湘潭人爲「理手」（此詞不明出處，字或有誤，音應無訛。也不悉是褒是貶？或是嘲諷湘潭人每事逞能之過於乖巧乎？）不禁要呼籲諸位湘籍文豪，尤其是潭籍先進賢達，有誰願勇負此一千秋大任？

三　商務概況

湘潭久爲殷富之縣，大概從明代一直到現在都不差。《縣志》中「建置四」對湘潭市況，有如下描述：「沿湘（按指湘江）以上十餘里，自前明（按指自前代明朝以來）號爲小南京。依水列肆，不可以郛（按郛是城郭，謂商店沿岸擴增，難以用墻界擋住它的發展）。前湘後湖（按指城街前瀕湘水一線，後倚雨湖如帶），形勢比於夏口（漢口）。」

不但此也，在對太平天國作戰時期，縣志「建置四」中提到：「時湘鄉曾國藩，以侍郎督師，專征東南，治兵衡湘，倚湘潭爲餉源。其後籌餉捐輸，取之湘潭。」已然成爲糧餉補給的要地了。

派在湘潭做官的也是優差肥缺，縣志中說：「不貪不濫，一年三萬。」好官規規矩矩辦事，年進三萬兩白銀，收入比今時的省主席和院長都強，可見湘潭民富之一斑。「序」中又說：「一縣之租，供餉八方，古所未有，今亦難常」。見之於書，當爲確論。

湘潭的特產不少，在縣志「貨殖十一」中述及：「局仁帽、清芝香粉、同仁錫器、元泰醬、祥華捲，亦各以贍家起名」。吳元泰的醬油，祥華齋的腦鬚捲，至今仍美譽不衰也。又說：「舊有名者：楊梅洲茄、株洲蘆菔、雲塘橘、石潭石灰、花石豆乳」。何止這些，我想：新梁街衆多的牌葉子舖子（精工製作打跑胡的紙牌，長而薄，用細綢膠合爲背襯，微軟，故叫葉子），大概是後來才興盛的吧，不然當也要採入光緒年間的縣志裡呀。

奇怪的是，湘潭人有一特異習俗，就是嗜食檳榔。臺灣是吃生的，湘潭是吃熬煮過的熟的。這種嚼檳榔之風獨盛於此，他縣皆無。而本縣又不出產，都要從廣東南海販來，而且是大生意，眞是奇事。我們幼時在家，客人上門，款以茶煙（條絲煙）的同時，還要敬奉榔檳一口。檳榔因製法及配料不同，而有多種，普通的是石灰檳榔，高級的是桂子檳榔，抗戰時又作興改良檳榔，花樣不少。尤其遇到結婚喜事，新娘務必要準備幾百口檳榔，親友「鬧房」，話題就說要討檳榔吃，跳皮的還纏著要好事成雙，強索兩份，新娘子那敢不依。檳榔是很大的消耗，九十多年前的縣志「序」中也指出「檳榔之費，擬埒稻粱」。睽離湘潭近四十年了，不知今日情形，有無改變？

湘潭市區，乃是傍著湘水北岸延伸。有諺語說：「湘潭一線，衡陽一片」。意謂湘潭市廛成帶狀、是一條線；而衡陽成塊狀、是一大片。湘潭的商區，分爲河街、正街、後街三大平行幹道。河街緊接一座座碼頭，是貨物的吞吐帶，雜糧、魚米、木材、藥材及土產，滿倉滿棧。後街舒散，巷路交織，多爲住家文教戲院寺廟與風景地區，及小規模的舖子。正街則是精華區，一條大街，從九總到十八總這一長段，寬闊整齊，蠻有氣派。大店櫛比，貿易興隆，京廣南貨，金銀綢緞，應有盡有，都十分富厚。縣志「貨殖十一」中有這樣的描寫：「自前明移縣治以來，楊梅洲至小東門岸，帆檣鱗集，連二十里。廛市日增，蔚爲都會，天下第一壯縣也。」由是可知當年商務繁華的盛況，而現在諒也不壞。

四　湘潭地形

湘潭街上，分段叫「總」，「建置四」中有文字解釋說：「其坊廂直街，分總。從宋家橋西至小東門爲一二三總，宣化街至新街爲四五六七總，舊生湘門爲八總。生湘門不啓，諸總題額悉廢，今無有知此者。自通濟門外爲八總，直上至窯灣爲上十八總。唯十八總分上下，凡十二總（按指自八總到十八總及上十八總合計十二），菁華萃於此，故爲天下第一壯縣。」壯縣之譽兩見，與有榮焉。

遺憾的是縣志中缺湘潭市區對岸的地圖。十八總對岸俗稱「大對河」，上岸不遠，有一條溪，由多條寬堤橫跨連通，供人行走。堤的兩邊，密栽楊柳，春風陣陣，不無柳浪聞鶯之趣。過堤就是三角坪，還有汽車輪渡。十總對岸則是唯一精鹽公司，抗戰時食鹽賴其供應。

五　詩人吟詠

前輩文人對我邑山川景物的詠贊，彌足珍貴，搜求不易，雖佔篇幅，仍值得記述。

㈠上十八總有壺山，山半有亭曰陶亭，韋迢（唐京兆人，與杜甫友善）過此，有「早發湘潭寄杜員外院長詩」曰：

北風昨夜雨，江上早來涼；
楚岫千峰碧，湘潭一葉黃。
胡人湖外客，白首尚爲郎；
相憶無南雁，何時有報章。

㈡十八總後街有唐興寺，寺旁有智儼和尚石塔。唐朝劉禹錫有「唐興寺智儼大師石塔銘」，文長不錄。唐興寺有「水閣」，杜荀鶴「霽後登唐興寺水閣詩」云：

一雨三秋色，蕭條古刹間，
無端登水閣，有處似家山；
白日生新事，何人得暫閒，
將知老僧意，未必戀松關。

㈢唐興寺又有「湘亭」，孟賓于「湘江亭詩」云：

獨宿大中年裡寺，樊籠得出事無心；
寒山夢覺一聲磬，霜葉滿林秋正深。

㈣宋代張栻，居衡陽，與朱熹爲友，號南軒先生，著作甚多。他也有「題唐興寺湘江亭詩」曰：

遠山崦崒翠凝煙，爛漫桐花二月天；
踏遍九衢燈火夜，歸來月挂海棠前。

㈤十總後街，背後有「雨湖」，雨湖旁有黃花亭，唐朝詩聖杜甫作了一首「發潭州詩」（詩中賈傅指文學家賈誼，褚公指書法家褚遂良）：

夜醉長沙酒，曉行湘水春，
岸花飛送客，檣燕語留人；
賈傅才何有？褚公書絕倫，
名高前後事，回首一愴神。

㈥湘潭士人譚景行，字翼之，少年高第，歸構園池於觀湘門內，有「宛在亭」，又曰「藕花居」，芙蕖萬本，今已毀矣。譚景行有「宴禮部簪贈花女詩」，惜僅留得兩句：

宴罷瓊林飛馬去，一鞭搖落海棠花。

㈦昭山在易家灣北，是湘水出縣北流之口。昭山下有昭潭，爲「昭潭映月」風景處，側有劉太尉信叔故宅。張栻「過湘潭劉信叔舊居有感」詩曰：

北渚留行客，東陵憶故侯，池蓮半枯折，風葉正颼飀；
事業留千載，英雄去一丘，平生許國志，歲晚記悠悠。

㈧鳳凰山是湘衡攸三縣之界，中有明月山，山有「鏡石」，朗若娥照。唐朝和尚名齊己者，與山僧友契，作詩曰：

明月峰頭石，曾聞學月明，別舒長夜彩，高照一村耕；
頗亂無私理，徒驚鄙俗情，傳聞遭鑿後，頑石尚崢嶸。

㈨齊已和尚，又另寄詩給此一山僧（可惜這山僧姓名不知是誰），詩云：

山稱明月好，月出山徧明，要上諸峰去，無妨半夜行；
白猿眞雪色，幽鳥古琴聲，吾子居來久，應忘我在城。

㈩朱亭之西有「晚洲」，唐朝杜甫有「次晚洲詩」：

參錯雲石稠，坡陀風濤壯，
晚洲適知名，秀色頗異狀；
棹經垂猿把，身在度鳥上，
擺渡散帙妨，危沙折花當；
羈離暫愉悅，羸老反惆悵，
中原未解兵，吾得終疏放。

(十一)天馬山在湘潭縣正南端，與衡山縣交界，或說它是屬於南嶽祝融峰一脈的一座山峰。山上有李仙祠。王岱「渡花石望天馬山詩」曰：

半夜嚴風雪滿舲，一橫煙障隔如屏，
寒深野斷荒雞語，雲重峰餘天馬青；
路入幽巖梅早發，地當名嶽氣多靈，

聞鐘不敢攢眉去，爲有溪頭惠遠亭。

⑾蓑衣塘及都石站之東有「小花石」，近中路舖，古名「花石戍」，杜甫有「宿花石戍詩」，詩長未錄。此外，劉長卿（唐代開元進士）有「花石潭詩」云：

江楓日搖落，轉愛寒潭靜，水色淡如空，山光復相映；
人間流更慢，魚戲波難定，楚客往來多，偏知白鷗性。

⒀湘潭縣境西北有山曰韶山（毛澤東誕生於此，現已劃出爲韶山市）。傳說昔時有韶氏三女，山居學道，鳳銜天書，至而仙去。山上有鳳音亭，山北有東臺桃花洞。元朝王文彪有七絕詩二首詠之曰：

瀟湘雲水夢中來，猶記蓬萊進酒杯；
歌罷遠游人不見，玉簫吹月過東臺。

昔年辛苦讀丹經，夢裡瑤臺月自明；
玉洞桃花今寂寞，鳳音亭下竹風生。

⒁上面這段神話，程拜光也有詩如下：

女郎遺跡寄山隈，靈鳳親傳玉札來；
彩翮已隨仙馭去，危亭今向紺園開。
天長望闊雲蹤遠，林密清陰竹影篩；
坐覽行吟難盡興，日斜歸去首頻回。

㈤同題張祖錦也有詩，但祇傳下兩句：

翠滴凌霄竹，
香生帶露蘭。

㈥昌山雲霞嶺，是湘衡邵交界之處。東有東霧山，陳恪勤的墓在此（陳鵬年，湘潭人，康熙進士，卒謚恪勤）。上有東岑菴，陳曾在此讀書。陳有「東霧山」詩曰：

路自中峰上，泉從絕頂分；曉窗明海日，孤磬落松風；
水木知先德，湖山話舊聞，桃源欣聚族，吾亦事春耘。

他又有「咏東岑禪院」詩云：

層巒環積翠，寶地闢東岑，供佛峰成菜，談經石似林；
廚香窺鳥下，缽淨伏龍吟，襆被三年夏，山寒每不禁。

㈦「鑿石浦」在淥口下游，新市附近，隔株洲也不遠。杜甫在此住過，米元章題刻該處爲「懷杜崖」。杜甫「宿鑿石浦」有詩：

早宿賓從勞，仲春江山麗，飄風過無時，舟楫敢不繫；
回塘淡暮色，日沒眾星嘒，缺月殊未生，青鐙死分翳。
窮途多俊異，亂世少因惠，鄙人亦放蕩，草草頻卒歲，
斯文憂患餘，聖哲垂彖繫。
（按：古詩體裁，句數不限，意盡爲度，用字亦不避重複。）

㈥三門附近的「空靈岸」，描述爲「磐石踞波，狀若蹲虎，蒼壁嵌空，僅容層構，滴霤成泉，云療百病。」杜甫有「次空靈岸詩」曰：

泫泫逆素浪，落落展清眺，幸有舟楫遲，得盡所歷妙；
空靈霞石峻，楓栝隱奔峭，青春猶無私，白日亦偏照。
可使營吾居，終焉託長嘯，毒瘴未足憂，兵戈滿邊徼；
嚮者留遺恨，恥爲達人誚，回帆覬賞延，佳處領其要。

六　尾聲

話我湘潭，情長紙短，本篇所記，僅及十一。這好比是跳加官的開鑼戲，希望引出大牌正角登場，來鼓起高潮，發潭邑之幽光。

對日抗戰勝利後，我曾回湘潭一趟，見正街經轟炸後已予拓寬。其後在中共統治下，據悉湘江大橋已經修復，汽車站跨江到大對河處也已建橋，後街雨湖北側，更蓋了高層公寓。又聞縣析爲四：即湘潭市、湘潭縣、韶山市和株州市，不知確否。來日國土統一，大家重整故園，必將更勝往昔了。

——本文刊登《湖南文獻》第十六卷第三期，總號第六十三期。民國七十七（一九八八）七月出版。又轉載於《湘潭會訊》第一期，民國八十三年（一九九四）二月十六日由台北市湘潭同鄉會編印發行。

一二五　小民的願望

統一請稍待，台獨路不通，聯合國非急，
憲法盼修改，陽光法要過，立院可緩建。

台灣是一美麗寶島，我們生活在這片土地上，既愛它，也憂心它。多年以前，有晚輩要移民出國，那時身爲小民的我，不以爲然。心想這些年青有爲的菁英都出走了，國家前途哪有希望？但近兩三年來，眼看政局紛擾，社會不寧，綁票頻傳，打殺蠭起，台灣不但不適於創業展志，且也不是安身保命的地方，那位晚輩終於全家移民加拿大去了。我雖默然，心結卻久久難解。

固然現在世界已縮小爲一個地球村了，美加紐澳，晨發夕到。那兒的生活環境，都勝過台灣。至少物價很平實，心情很舒坦，環境無污染，人際很寬和。那些國家之中，有的住得安樂寫意；有的還社福健全，壽命會多活十歲，使得移民公司生意興旺。但我覺得生爲中國人，豈可叛逃祖國？總盼望國家爭氣，好讓小民過平安幸福的生活。

小民的願望單純，不想要億萬家財，不想要廣田華廈，只求有個廉能的政府，祥和的社會，舒暢的道路交通，禮讓的人際關係，就心滿意足了。如果這些起碼條件都做不到，當你在家時，鐵窗防不了強盜，卻阻斷了逃生之路；出外時，街頭動不動暴民示威，剝奪無辜路人的行的權利；如果多看他一眼，竟會招來一頓痛毆，這是個甚麼社會？縱然國民所得超過了一萬美元，又有何益？

當政者的目光，似乎抬得太高，對那遙遠的目標，投注了甚多心力。有人在策劃統一大業，有人在籌謀進入聯合國；可是對眼前的黑金氾濫，一味包容；陽光法案，竟想阻擋；議會殿堂，打架吵鬧；各黨內部，鬥爭不已；這個國家亂糟糟，社會早已生病了。小民所知狹隘，也忍不住要說幾句野話，內容雖欠妥當，卻出自一片誠心，想請高人指教。

統一請待下代完成

目前熱門的話題是「統一」。細想這個「統」字，實隱有併吞、壓伏的含義，有「霸道」的意味，存著「我來統你」或「你要統我」企圖，不合溫和之道，這個字不好。再試看兩岸實況：彼此分隔了四十四年（本文寫於民國八十二年，即公元一九九三年），已各自發展成兩種絕不相同的體制，在短期內，誰也「統」不了誰。小民尤其覺得現階段台灣沒有資格去統一大陸。

台灣能將大陸統過來嗎？人口的比例是六十比一，土地的比例是三百比一。說拿經濟實力去誘引吧，只恐不出十年，台灣貿易要依靠大陸才能存活。說用政治民主去催化吧，台灣的打架醜聞已騰笑於國際。說以優勢文化去感染吧，台灣卻被人譏稱是文化沙漠。有形的數據對比太懸殊，無形的精神對比也全沒有，條件差得太遠，不必談。

我們每次建一新外交，闢一新航線，買一新武器，都要看中共的臉色。中共一放話，事情就辦不成。沒有被對方統過去，那是由於我們還有點剩餘的本錢鎮得住，何能臉不紅心不跳，夸談統一大陸呢？

大陸能把台灣統過去嗎？我們兩千萬人都反對極權，沒有人同意讓共產主義套在我們的脖子上。要年所得一萬美元的台灣人民，歸併到年所得僅幾百美元的大陸，誰個會肯？也不可能全球第一第二的外匯存底，拱手送給中共來支配（若把所存外匯平均分給大陸，每人不過攤到一元五角美金，台灣也不必神氣）。大陸如用武力侵犯，恐將兩敗俱傷；如用和平方式，則此刻時機還未成熟（以後就難說了，下面將作申述）。這種分隔局面，勢必還有得拖，將來但看誰先爭氣，誰就有贏的希望。

由於摘不掉統一這頂大帽子，因此有人還常把「一個中國」掛在嘴邊，說「中國只有一個，就是這廂的中華民國」（註：這是李登輝的話）。這是阿Q精神勝利法，阿Q挨了打，卻在肚中嘀咕著：「老子心裡贏了」，強作自我安慰。如果睜眼一看，就明白完全不是這麼回事。

蘇聯分解後，世界上將近有兩百個國，有多少國家承認「一個中國是台灣」呢？二十來個小邦吧！他們雖與我建交，卻無一不知道有個中華人民共和國在彼岸，而且是聯合國安理會的常任理事國，力量響叮噹。我們昧著事實說中國只有一個、就是我，這是睜眼說瞎話。不錯，中華民國屹立在台灣，法統未斷，治權鞏固，不容否認。但兩岸分裂是事實，這是中華民族的悲哀，卻也不能漠視大陸政權的不存在呀！

現刻的情況是甚麼呢？我們要「對等」，中共則說「台灣是大陸的一省」。我們說是「中央」，中共說是「地方」。我們要爭取「國際」承認，開拓外交領域，中共說兩岸分合是他的「內政」問題，要別國識相罷手。我們喊「一國兩府」，中共從根就否定我們是個「獨立政治實體」。我們想要爭個「兄弟」的名份，中共卻視爲叛逃的「逆子」，要抓回家管教。我們處處站在下風，目前還談甚麼「統一」（誰統誰）？談甚麼「一個中國」（誰在代表中國）？所謂統一，所謂一個中國（應是言論享自由，民權受保障，法律講公平，政治上軌道的未來中國），埋頭致力去進行尚可，掛在嘴邊當口號則不宜。在此刻、爲了避免尷尬，可否免談這些個詞兒呢？

兩岸都是中國人，探親旅遊，投資貿易，已然拉得很緊（奇怪的是：台獨份子，也回大陸尋根探祖），這樣發展下去，終久有合爲一體的一天，但這個時程很長。至於目前，中共還不願放棄共產制度，否則一黨獨裁的政權就垮了，統治者都得下台清算了。這攸關當權者的死活，不會鬆手。

但是，改革開放是擋不住的潮流，不得已，只好表面上說要推行適合中國國情的社會主義制度，用文字來掩飾一下。經濟上是寬鬆了，政治上還抓控得很牢。可是經濟一改革，必然會帶動政治改革，不變也不行，這就只有等老一輩的掌門人死掉之後，新一代接班，那時觀念和作法漸漸蛻變，有一天，黨禁廢了，思想通了，報禁開了，普選辦了，民主有了，經濟發了，一步步走近了自由制度，人民收入也多了，兩岸的差距接近了，這時（像筆者這一代也都過世了）再談合一，乃可水到渠成。

台灣本身就浮現出不少問題（下面分述），謀國者除要開誠佈公，努力克服外，主要的還須善用我們現在還算可以的影響力，促使大陸早日做到前面所述的和平轉變，所謂「心繫台灣，放眼大陸」，這才是偉大的政治家，留名青史（促使大陸自己由量變到質變，不是台灣去接管）。

老實說：兩岸都在競賽，我們已稍有成就，大陸也在猛進（吸毒黑槍等亂象，大陸比我們好多了。台灣最嚴重的國家認同問題，大陸一直認爲不可思議）。台灣近年也確是特權横行，黑金掛帥，貪污之名，上了國際金榜，這些惡風不根治，等到病入膏肓，魚腐而肉爛，抵抗力沒有了，就會被大陸自然吃掉，國際間也不會有誰講話，這乃是反面的和平轉變，不是大陸強過我們，而是自己把小攤子砸掉了。

台獨是條絕路

和「統一」相對的，便是主張台灣獨立。「台獨」也好，「獨台」也好，有些人便想掛出這塊招牌，開一爿小店。除了一小部分妄人另有企圖，想藉這個幌子便於圖謀一黨一己的私利之外，恐怕也眞有一部分本省人不悅服外省人，這就値得當政者虛心檢討了。是不是警察稅吏法官這些和人民直接接觸發生利害關係時的措施不當，以致人民受害而引起反感呢？這是要拿出誠意來化解的。如果警政稅法擾民，那只是身體內盲腸發炎，可用小手術切除。如果是無理由要執行「變性」的大手術，便當愼重考慮，台灣是禁不起變性的大手術的。

我們毋須自我膨脹，要認清台灣只是個小島，在世界地圖上僅是一顆芝麻，本身缺少資源，今天的一點成就，乃是全民勤奮苦幹而累積的成果（只算是淺碟經濟，而勤奮早已褪色），根基欠厚，一遇風浪侵襲，就可能翻船。若妄想以小朝廷獨立稱國，不但行不通，而且後果很慘。爲甚麼？第一，沒有任何一個國家會承認你，比保持原來的名義還有幾個國際小朋友交往的情況更糟糕，試問一下鄰近的日韓菲越泰新馬諸國，現在已無邦交，來日會贊同認可嗎？更不必去探詢美英德法意澳諸大邦了。第二，中共必然動武。他們早就一再說過：即使是前仆後繼，也在所不惜。有人說這是危言恫嚇，此話謬矣！因爲台獨是犯了中共的大忌。將心比心，如果澎湖要鬧獨立，脫離台灣，我們能接受嗎？能容忍嗎？在大陸上，別的不談，其愛國心的昂揚，國家觀念的強烈，倒是値得贊許的。中共如果允許台灣獨立而不加打壓，那怎麼去制止西藏獨立呢？新疆內蒙鬧獨立又怎樣處置呢？如果港澳要求比照獨立建國又怎樣對付呢？大陸要允許台灣耍花樣，其他都可容忍，唯有台灣搞獨立，絕對不會坐視。

這些倡言台獨的人（他們昌言不是中國人，不認同中國，那麼孔夫子也該是外國人了，依此推論，那台北的孔廟，和賜匾懸爲「全台首學」的台南孔廟，都該推倒了吧），倘若弄得兩岸動武，使台灣血流成河，把兩千萬人民送上絕路，他們的算盤是怎樣敲的？本文前面提過，中共動武，得不償失，那是指常態。如搞獨立，路已走到極端，動武是逼著他幹的。究其實，中共不須登陸攻堅（耗費太大），不須放原子彈（死的同是中國人），他只要在基高港外，隨意佈上幾排水雷（海上封鎖），台灣就會窒息而死，神仙也救不了。

這一點，我這笨瓜都懂，對岸不會不知，而那些台獨者更不可能不見的。

這些倡言台獨的人，若到外國如伊索披亞去組織台獨政府，策劃台灣獨立，我們管不著，這才是好漢，小民會尊重他們的自由選擇。但如今竟然有這一批人，在國內又作官又當民代，攀佔的都是政府裡崇高的職位，領取的是中華民國優厚的俸祿，享受的是中華民國的資源，而從事的卻是顛覆中華民國的動作，是不是「舉著紅旗反紅旗」？居然不受良心的譴責，實在不懂這是哪一門子做人的歪理。

我們要珍惜這個寶島，要熱愛斯土斯民。我們既不要急統，也反對獨立。統一不是由我們害單相思就可獲致的，未來還有許多逆流和暗礁，一時克服不了，留給下一代去致力吧！至於獨立，實在看不出較之現況有何益處！是斷送你我的安全和福祉，萬不可行。

還有一點，是小民所憂的：由於台獨分散了我們的力量，內部意見既矛盾不和，對外的砲口便不一致。至於大陸的作法，則從上到下是一條鞭，目的是恆定不移的。這一優劣對比，只恐因我們的內部意向無法整合，在兩岸關係上定會吃虧。即使辜汪會談在戰術上爭到了表面的平等，但戰略上的游移不定，將會被中共牽著跑。此所以海基會連續折損了兩位秘書長，第三位也大嘆心力交疲，不如歸去，應請三思。

茲尚有進一步的闡述：依據地理政論家的說法，未來的世界強國，一定是土地廣大，人口衆多，方具備強盛的本錢。小國寡民，雖可稱盛於一時，終難長久。此所以十八世紀西班牙葡萄牙荷蘭稱霸海洋，卻是曇花一現。十九世紀英國爲日不落國，一經二次世界大戰，即不支而縮回本島。這些小型國家，將來僅能扮演二流角色。放眼未來在國際舞台上能叱咤風雲的，只剩美國和大陸。蘇聯已經解體分裂而無論矣，加拿大位居北寒，難有作爲；印度面向南方，澳洲偏處南半球，都隔離在主要舞台之外；其餘德奥法意日，其疆土僅等於大陸的一省，都只配跑龍套而已。

基於上述理由，附帶還應插一句話：台北市的轄區太小了。作爲一個大都會，雖不敢和一流來比，看看北京市有5800平方公里，台北市可憐，只有271平方公里。十足的小兒科、小格局，氣勢形象太不夠看了。

我們要盱衡世界，不宜心胸偏狹，鼠目寸光，欲在海隅孤島，鎖閉稱王，豈能成爲氣候？唯有結合兩岸（不是現在的共產體制），協創新局，才是遠圖。因此，但願中共的掌門人，翻然醒悟（一味打壓台灣，便是助長台獨），改走自由民主正路，我們也幫他走上正路。以台灣的政經模式與實績，配合大陸的人力土地與資源，讓黃帝子孫，共同建立大中華民族聯邦，來日強大後，濟弱扶傾，興滅繼絕，中華民族未來的表現，必將勝過自大狂的美國，讓世人刮目相看。二十一世紀，無疑是中國人的世紀！

進入聯合國非當務之急

有人迫切強調要進入聯合國（United Naions），立院質詢、堂皇提議、媒體討論、民意調查、總統招待記者、院長議會答覆、部長赴美演說，好不熱鬧。

有這麼急嗎？請聽聽另一種聲音：美國前駐聯合國大使柯克派翠克五月間在台北直率地回答記者說：「台灣現在一點機會也沒有。」「不管用任何名稱或任何方式，都不可能進入聯合國。」她還說：「進入『聯合國』或『國際貨幣基金』或『世界銀行』，所花下的金錢是非常『實際』的，但所獲得的卻只是非常『象徵性』的。」

美國前國防部國際安全事務助理部長李潔明也認同柯克派翠克的意見。

美國前國防部長錢尼同在台北，也指出：「台灣要加入聯合國，勢必面臨來自會員國的阻力，成功的可能性不大。台灣現有的政治籌碼有限。而且即使加入了，對台灣也沒有實質上的利益。」（按錢尼今已是副總統了）

柯克派翠克做過多年的美國駐聯合國大使，她是基於下述的理由：

㈠依她對聯合國運作過程的實際了解，新會員國入會，一定要通過安理會這一關，而中共一定會否決。

㈡別的國家知道一定會否決時，都不會願意提出這一議案。

㈢以往蘇聯對波蘭便是如此。各國都知道應該制裁蘇聯，但因蘇聯有否決權，便沒人爲此而提案了。

㈣中共因有否決權，即使要修改憲章，放寬限制，也得通過中共這一關。因此台灣要想加入，一點機會也沒有。

美國朋友來台作客，按理說，不必講主人不愛聽的直話，但他們仍一一坦誠建言（我們每年花巨額金錢請美國公關公司大力遊說），不容不予深思。

本文前面說過：我們想建一新外交，買一新武器，中共都要百般阻止，儘力破壞，像進入聯合國這個最高國際組織的大事，中共會有半步放鬆的可能嗎？他如稍存善意，就等於承認我們是另一個對等國家，那便是一台（台灣）一中（大陸）了。西藏也可以比照申請進入聯合國了。

高官大人說：「中華民國不能加入聯合國，對國際社會是一種損失（李登輝的話）。」不錯，台灣有的是錢，冤枉錢捨得花，聯合國會費也繳得起，對窮困國家的金錢援助也夠大方爽快。反過來說：沒有加入，就不能對國際社會伸出援手嗎？就是國際社會的損失嗎？恐怕也不盡然。

錢復說：「如在聯合國一八一個會員國中，爭取到一三〇票，就可破解中共的反對。」這話說來容易做來難。我們對接辦個第三屆（一九九七）東亞運動會（一屆一九九三上海，二屆一九九五平壤）這種非政治性的體育比賽都沒有膽量而拒辦了，遑論重返聯合國？此外，還有一個基本條件要弄清楚，那便是必須以「國家」的身分提出申請來加入。也就是要爭取別人承認我們是個國家。爭取小國已經不簡單，爭取大國承認更是辦不到。如不能爭取到大國，那是徒勞。如要湊到一百三十個，那已是廣結天下英豪，成了橫跨五大洲的孟嘗君，進不進聯合國已不緊要了。

這事很矛盾：前面不是說要「統一」嗎？如果進入聯合國成功，各擁一個席位，豈不是背離了統一，開倒車了？前面不是說只要「一個中國」嗎？既是一個，就該只佔一個席位。以前是我們有而中共不得進入，後來（一九七二）是中共取代而我們退出。如果將來有那末一天，我們吞下了中共，自會由我們代替中共的席位。現在中共穩坐安理會之席，我們喊要加入，這「雙胞胎」誰能化解呢？

所謂聯合國，只是個耍嘴皮的會場，對大國利多，對小國益少。它制裁伊拉克，拯救科威特，表面上在伸張國際正義，骨子裡卻是替大國保護石油生產。伊拉克強人海珊並未被打垮，他還嘲笑說：「美國總統布希（George Bush）要趕我下台，至今我仍穩如泰山，而布希你卻自身難保，先我下台了。」美國爲德不卒，功過自有公評。我們加入，是有助於兩岸合一呢？是有利於台灣獨立呢？是求得中共不敢武力犯台的保證呢？又現在的時機是否恰當呢？成功的可能性有多少呢？付出的和得到的佔到多少便宜呢？

無怪有人解釋說：「進入聯合國，困難仍多，這只是『希望重於現實』吧了。」可是、當前台灣一年有三千億台幣流入大陸，不出幾年，台灣就會失血死掉，這太嚴重了，火燒眉毛不救，卻想去水中撈月。疑問是：對外關係要做的事很多，釣魚台的歸屬、南沙島的爭端、漁區的欠保障、貿易的不平衡、僑民的受歧視、在國外華文教學的困難、泰緬邊境難民的救助，都該重視而亟待解決。至於進入聯合國，行有餘力去進行，提醒國際間重視台灣，是可以的，沒有必要特別強調它的優先急迫性，這是當前國家大政的首要嗎？

小民並非反對進入。如要摘一顆天上的星星給我，不會不喜歡。問題是可不可以到手（用膝蓋去想都知道不可能）？費多少時間到手（中共費時廿二年）？花多少經費到手？目前是否有要政勝過摘星呢？

政治體制要確立

政府的結構，是依據憲法而來。我國的憲法，究竟是總統制？還是內閣制？誰是最高行政首長？混淆不清。至於立法部門，由於國民大會一心擴權，與立法院形成爭奪，究竟是一院制、還是兩院制？也前途未卜，迄未定位。如此而要走上郅治，就很難了。

上次修憲，本是釐清制度的大好時機，也經過學者專家多年的集思廣益，提出了建議，但都被棄置，沒有討論。「國體是甚麼」這個基本問題沒有定出來，卻無端冒出一個總統應該如何產生的問題來，委選？直選？發展成一場風暴。這好比本來要建造一座房屋，先當決定該建成甚麼樣子？要採日本榻榻米式呢？要學美國鋼筋水泥式呢？還是中國的宮殿式呢？不料將這個大前提丟開不談，卻先急著要立個神主牌位——總統怎樣選出。其格格不入，自在意中（民進黨擁護「直選」，便是想一夜當上總統，豈不快哉）。

所謂總統制，那是一人抓權，所謂內閣制，則有立法院監督制衡。世界上實行總統制的國家，效果都不理想，只有美國還差強人意。中美國情相異，以我們的民族性，只怕學不來，也學不像。

如果是內閣制，那是行政院長為最高行政首長，由行政院長向立法院負責。如果施政違反民意，立法院有權倒閣。如果行政院認為立法院的議案不當，也可咨請覆議。互相制衡，使大政不致越軌。這時，總統只居虛位，怎樣產生，都不會動搖國本。

如果是總統制，則總統集政權軍權黨權於一身，未免太濫。我國五院之中，除了立法院長由立委自選之外，其他行政司法考試監察院長，全由總統提名出任，實權擴張太大了。其次、立法院只能質詢行政院長，如果院長說這是總統決定的，立法院無權質詢總統，便無法糾正（美國三權分立，國會與司法，都與總統平行，兩者都可有效監督總統，我國則都在總統督管之下）。其三、監察院本可彈劾總統，但監院院長及委員都是總統找來的，彈劾權自難伸張。其四、總統與行政院長職權分不清，究應聽誰的決定，法無明定，這是人治，而非法治，十分不妥。

國體的確定，是立國的大計，但總不能採用總統與內閣混合制，這是不倫不類。也不能讓總統無限的擴權，誰來監督？憲法是建國的大法，要垂之久遠，永矢咸遵的，不可和稀泥，也不是只管兩三任總統而已。現任的李登輝總統，固然大家都珍護他，萬一將來選出一個野心勃勃的袁世凱，竟然要做皇帝，誰能阻止？又今天李（總統）連（行政院長）兩人能合作無間，倘若各走極端，政務豈不僵住了，如何補救？（本文撰成時，某些妄人還盤踞高位。作者心存忠厚，措詞溫婉，語多保留，請體會言外之意）

這種危險性，是憲法有漏洞所造成。我們不希望在壞事發生後再匆忙補救，讓消防隊去滅火（恐怕沒法去救熄這種祅火），可行的是：我們要預先曲突徙薪，早日防制火災的發生。如今有權的不必負責，負責的無權施為，究竟誰是「掌櫃」的？說不上來。這種「雙元行政首長」與「一院或兩院國會」，將是來日禍亂之根，應非危言聳聽。看來將來朝總統制發展的可能性還較大，亟望能將國體和國會定位兩大問題，作百年大計的確定，進行第三階段修憲，這便是國民之福了。

速立陽光法案

首先必須聲明：有錢不是罪惡，而且希望人人有錢。如果沒有人去努力商貿，拓展外銷，台灣哪來的外匯累積？但不義或不法弄來的財富，那就可誅。錢多了要想買官，官大了又可搞錢。錢靠官來護盤，官要錢來助勢。當錢多到混身發癢時，給小費一出手便是五千，請吃飯要席開一千桌，選民意代表準備花四億元。官商勾結，已成風氣；金權橫行，愈演愈烈。

大凡一個人，從他花錢的方向，就可判斷他人品的高低，是庸俗？還是崇偉？這個觀點，準不會錯（錢財只是歸你「所用」，不是歸你「所有」）。我們想一想：錢太多了，也只是一堆數字，享受總有極限，死了也帶不走。如果想通了，那擁有三百億或上千億家財的人（大家都知道指的是誰），何不做一點造福他人有益社會的善事，花個九牛之一毛成立個公益基金會，並不會損傷元氣，換來心靈上的安慰，何樂而不爲呢？

爲防政商勾結，貪污不法，乃有「陽光法案」（財產申報法）的產生，其目的，僅只希望知道官員們在上任之初有多少財產，留待卸任之日來比對，或可防制貪瀆。

草案出來之後，馬上招來許多高官反對。其實、「徒法不足以自行」。假如我是高官，我會乖乖的率先將不動產全都公佈，爲甚麼？因爲地政所和稅捐處都有資料，瞞不住人，爲何不故示大方？至於我貪來的錢財（動產），那就筆筆滙入瑞士銀行，或百慕達銀行，台灣哪能查到？說不定到卸任時還是負數，其奈我何？中國人是世界上最聰明的民族，高官們的智商勝我百倍，戲法人人會變，各有巧妙不同而已，足見這個法案，仍未盡善。但他們太害怕了，反駁陽光之聲四起，想拖，想變，最好使它胎死腹中。

誰在阻撓陽光法案？那可不是一二人，而是一群。就是那些家財太多的公職人員和民意代表（法案要經他們同意才通過）。他們坐擁千百億家財，不願曝光在「陽光」之下，於是找些怪談歪論來反對，說那是侵害了「隱私權」「打擊面太大」「會被綁票」「陽光是烈燄」。總之不想讓它過關吧了。

守本份的好官，公佈財產正可以昭大信，只有那些心懷鬼胎的人，才害怕陽光。如果畏光，大可避開，將職位讓給別人，豈不就解結了。

最近「中華民國道德重整協會」聯合了二十一個民間社團，在五月間辦了一次立委對公佈財產的意願調查表，在一百六十一位立委之中，願意在立法之前公佈財產的，民進黨有五十一人（全部願意），國民黨有二十人（僅佔國民黨九十七人中的兩成）。其餘的國民黨立委，都在猶豫觀望。

我要對全體民進黨立委喝采，因爲他們全體都願意在立法之前公佈，因爲他們肯「爲天下倡」。更盼望他們在通過此案之前，增加一條「如拒不公佈，即予解職」的剛性條文。我看國民黨如不跟進，恐會失去人心，今年縣市長選舉，如何抵擋民進黨的攻勢？

當今的行政院長（這位大人物富可敵國）說：「公佈於法無據。等立法後，我會依法辦理。」看來他是站在不願公佈的那一邊了。須知法前公佈是主動，法後公佈是被動，立過了法之後再遵辦，那只是「守法」，守法有何希奇？那是國民該盡的最起碼的義務而已。我們是盼望他「爲民表率」「以身作則」，顯示「帶頭示範」取信於民的德操，那才是眞正的「政治家」。（錢庫雖飽滿，心靈卻空虛，並不會快樂）。

公佈了財產，就可杜絕貪污了嗎？恐怕未必。但立此一道關卡，有總比沒有的好。唯願那陽光早日出現，法案早日催生，也可以在表面上向國際間洗淡一些「貪污之國」的惡名吧！

附帶抄錄一段報導，提供給我們的「利」委作參證：韓國已於本年五月通過陽光法案，有七千名高官和議員必須公佈財產，三萬名低階官員則僅須登記財產而免公佈。金泳三作了總統，即大力肅貪，剷除金權，下令文武大員，都不得打高爾夫球。他自今年二月上台到五月，已有近千名高官、將領、商人，因貪而逮捕、解職、或懲戒。韓國說做就做到了，台灣要千呼萬喚還出不來嗎？

立院新廈不宜建

立委諸公，苛以待人，寬以律己。對政府預算，左砍右砍，好不過癮；對自身的福利，爭了又爭，好不風光。現在又要在華山車站區新建一座峻美高偉的嶄新立法院。據「民主基金會」的調查顯示，多數人都表反對。

因為第一、華山車站在松山機場的飛行航道上，若想要建成台北的地標，而興造三十多層一百多公尺的高樓，超出飛航安全標準一倍，勢將影響飛機起降的安全。第二、新廈建築費用高達三百四十億元，只是建一所房子，的確花費太大。第三、現址並非不可用，遷建實為「不急之務」。

畢竟濁浪中也有清流，無黨籍的立委林正杰說：「民主國家的尊嚴，在於國會優良的傳統，和議事不苟的品質，與硬體建築的華偉無關」「新大樓每位立委可以分到六十坪，此外還有游泳池（要游得身體健康才能開會呀），有卡拉ＯＫ（要唱得心情愉快才能問政呀）……等設施，實在太奢華了。」

立委關中則語帶譏諷地發表聲明：「立委的臀部不是特別大，立院也不打算開百貨公司，蓋三十多層的超高大樓，實無必要。」

另一位立委王建煊也爲文說：「新廈總預算三百四十億元，只是初期的表面的數字。實際上，該地原爲都市計畫中的住商混合區，爲了立院遷建，特意改劃爲機關用地，旁邊的土地則都已是商業區，寸土寸金，市價至少每坪二百萬元以上，因此遷建實際最少要花費七百億元以上。」

到底立委問政的品質怎麼樣呢？與房子的大小新舊有何關連呢？英國下議院那是何等的偪促擁擠，它卻是民主問政的模範。花三百四十億到七百億來建一個開會會場，我們要請問：值不值得？立委宜自省：配不配？

我們只看到立法院經常打架，立法修法的正事不肯幹，表現得比以前「老賊」在時還「菜」，眞可謂進步到了「全方位」（行政院長喊出的口號）的糜爛。

現在的院址有何不好？有何不便？如嫌它不夠用，小民倒有個絕好的主意：把立委名額從下屆起裁掉一半（如今阿貓阿狗都擠進了立法院，哪得不亂），豈不就寬鬆了？

飛航安全標準是國際公定的，爲了建高廈，爲了要當台北的地標，台灣可以片面修改而降低嗎（只恐民航單位會屈從）？立委諸公是坐飛機的常客，萬一飛機撞墜，則飛機內或大廈中遭禍的都是袞袞諸公，不禁千萬祈求要爲國珍重龍體才好。

今年選舉危言

國民黨十四全大會「當然代表」一口氣指定了七百人的風波，鬧得幾乎要分家，其內情不外是權力分配之爭。既是「代表」，便要依民主原則，由選舉產生，若出於欽定，既不合法，也不合黨章。幾經妥協，才獲得當然代表不減少而增加選舉代表的結論，以致全部代表暴漲到兩千一百人，另外尚有列席代表四二八人（如中評委），總人數超過兩千五百人以上，如此超級盛會，應可列入金氏紀錄以自傲。

十四全會八月中旬要開，十一月廿七日縣市長即將改選投票。多次「選情預測」，都不怎麼看好國民黨。由於上次立委選舉，國民黨未能撇開金牛及財閥，嚐到苦果，現在選期又迫近了，國民黨恐又將手忙腳亂了。

民進黨陳水扁五月間提出「三年三階段邁向執政之路」的藍圖，他說：「今年底縣市長選舉贏取半數，明年省市長攻取兩席，下屆立委跨過一半。」這似乎不是癡人說夢。我們要警惕這三次選舉，幾乎涵蓋了最主要的選舉，國民黨如果失敗，政權恐將拱手讓人。（只怕擋不住）。

兩年前，民進黨許信良表示：三年後民進黨要執政，大家覺得他言大而誇。這兩年來，國民黨不斷內鬥，使民進黨在上次立委選舉中大有斬獲，今年連澎湖縣也丟了。這不是民進黨眞有進步，眞得人心，而是國民黨大有退步，大失人心。民進黨的勝利，是國民黨奉送的。

上一屆縣市長選舉，尤清說：「早在四年以前，大家就知道我尤清要選台北縣長。直到投票前四個月，還不知道國民黨候選人是誰？」今年只剩六個月，又到了縣市長選舉之日。許信良表示：「今年縣市長選舉，民進黨要攻佔十一席，如果拿不到，我就辭職。」民進黨早就決定參選人了，國民黨還遲遲沒有動作，球賽馬上要開始了，選手還未派定，眞是兇多吉少。

萬一眞的被民進黨奪去半壁江山，明年省長選舉就很難料。省長選舉乃是總統大選的前哨戰，國父創建的中國國民黨這個「百年老店」（建黨到明歲滿一百年），豈不要在我們手裡宣告破產？倒閉？能不憂心？

小民的小願

小民也是個基層黨員，只是未悟大道，所見與大人物不盡相同，所求也十分平實。所謂貿易大國雖好，但一切專為賺錢，求財似非人生的唯一目的。經濟起飛雖好，但環境受到污染，豈不害了子孫？這些經貿掛帥的偏好都不必刻意追求，能過平安快樂的日子才是幸福。

唯願聽不到打與殺，看不到海洛因，人性不要貪婪，生命不受威脅；只希望河裡有魚，山上有樹，花間有蝴蝶，天上有飛鳥，這種生活，比高官厚爵好多了。因此，一願交通順暢，不要處處塞車。二願黑槍毒品絕跡。三願蔬菜水果沒有農藥。四願馬路平整沒有坑洞。五願人行道暢通，不須冒險行走快車道。六願斑馬線前的汽車不要亂衝。七願遊行時不打警察、丟石塊、燒汽車。八願一頓飯不要席開一千桌。九願鄰居的搖滾樂不要吵得太兇。十願色情按摩院黑色理髮廳關門大吉。十一願切斷銷贓之路減少偷盜。十二願教室燈光明亮，不把下一代盡變成四眼田雞。

這些都是芝麻綠豆的小事，但我們生活在這裡，此島是我安身立命的土地，子孫綿延的場所，不能不愛護珍惜。只祈盼我所關心的這些，大人物也請稍稍注意到。如果社會充滿暴戾之氣，聚衆圍廠，阻街示威，公權力都管不了，那不是逼著大家移民出走嗎？

國策顧問王玉雲今年五月決定去大陸投資，他說：「大陸一直在建設，在進步。台灣政經社會呈現甚麼樣的亂象，大家都看得很清楚。大陸很快就可超過台灣，台灣沒有了經濟優勢，那還剩下甚麼呢？」

——民國八十二年即公元一九九三年五月完稿於台北。文中用語坦率而誠懇，但沒有刊物願意刊登此一拙稿。時光荏苒，一轉眼又屆十年，情況不但未能轉好，黑道金權，糾結更甚。台灣體能已快耗光，小民之憂心迄未稍減，以致此篇舊文，仍然可以回味

一一六　你還想抽煙嗎

香煙裡的添加劑，共有一四二七種之多。

美國癌症協會說：添加物「吸」入有害。

你也許每天抽許多支香煙，可曾發覺有什麼味道？那究竟是一種怎樣的煙味？

吸煙的癮君子不可一日無煙，卻又擔憂尼古丁有損健康。許多人改吸含焦油成分少（low-tar）的香煙。這種香煙裡的化學香料添加物（chemical flavor additives）是否有害，又形成了新的問題。

多年來，經常用作香煙加味的材料不外乎天然提取的梅子汁和可可汁。即使是那長期以烈味標榜的美國駱駝牌（Camel）香煙，也是用可可和甘草汁來加味的。但逐漸地，因爲低焦油香煙在製造過程中，煙草的味道幾乎全失，煙草公司就依靠添加化學物以恢復煙味。這類添加劑和食物中的添加劑不同，在現行的法規中，對香煙裡的添加物，是欠缺明文管制的。

「假如在低度焦油和低度尼古丁（low-nicotine）的香煙裡不加任何香料的話，你吸起來就會覺得毫無味道。」這是美國費而頓國際公司（Felton International Inc.）的首席煙草化學師彼得密西期（Peter Micciche）說的。這家公司是專門提供煙草中調味料的供應商。他接著說：「那就好像在吸一張燒著的紙一樣無味。」

從炸鍋裡跳到煮鍋裡

這些添加的香料是些甚麼呢？祇有香煙公司和他們的供應商才知道，難怪那些與健康有關的機構和其他的人士們引以爲憂。「正如你從炸鍋裡跳出來又跳進煮鍋裡一樣，」在紐約的一位原料分析師珍・吉爾德（Jane Gilday）說：「有些添加劑可能比焦油還要壞。」

香煙製造業者表示這些香料添加劑乃是商業祕密。美國最大的雷勒德香煙公司（Reynolds Tobacco Co.）的發言人說：「我們不會將如何選用香料的機密公開與其他香煙公司共同分享。」局外的化學師企圖查明該公司香味添加劑的成份，此舉乃是徒勞無功。美國農業部煙草實驗室（Tobacco Laboratory）的首長卓主任（T. S. Tso）說：「在我們的分析過程中，發現煙草中含有四千到五千種化合物，如果你再添一點甚麼的東西加進去，其他的人根本就不可能知道。」

一般說來，在香煙製造過程的初步，先是添加那些濃縮物及甜味佐料，如可可、甘草、水果糖漿，蜂蜜、梅子汁、無花果汁、葡萄乾汁和各種香味佐料。最後，用一種稱爲「上等香精」的香料，噴灑在煙草上才出籠，目的在使香煙具有獨家特有的風味。

一四二七種化合物

過去五年以來，那些香料供應商和香煙公司曾以芳香族化學劑（aromatic chemicals）和天然濃汁（natural extracts）去蒸餾煙草。舉例而言，加入兩份氫氧基烷酸，就使香煙吸來有一種甜甜的、味似花生米的感受；又如用兩份甲基和兩份戊烷酸加入，就有一種微弱的澀口的味道和辛辣的香氣。有一家實業公司開出了其他類此的化合物單，共有一千四百二十七種之多。

可能吸入有害

那些香料公司堅持說：製煙公司所用的添加劑沒有任何一項不是經過「美國食物與藥品管理局」（Food and Drug administration）核准的。但其他與健康有關的機構，如美國癌症協會（American Cancer Society）及美國健康基金會（American Health Foundation）則另持反對意見：某一種添加物可能「吃」入無害，卻不可據以推斷它「吸」入無害。「特夫龍（teflon）這種東西對烹調而言是安全的，如將它燃燒而吸入人體，就可能致命。」這是瓊安黎・露托博士（Dr. Joanne Luoto），任職於公共健康服務處的吸煙與健康部門的醫官說的。她說，她這一機構計畫要求製煙公司祕密提供那些添加劑的名稱，如此政府就可能測試那些添加劑對畸形的變化和致癌的因果等特徵。

引起突變的屬性

美國健康基金會的霍夫曼博士（Dr. Dietrich Hoffmann）說：他的研究工作，已發現有些香煙裡的香料有引起突變的屬性，雖然尚無任何證據足以斷定這些突變的原因是由這些添加劑而產生的。他補充表示：至少有一兩家大的香煙公司已經試驗出他們自己的添加劑有這種屬性。他聲稱：「製造香煙的人不見得沒有愧疚。如果他們加入的添加劑確實有害，他們可能在不久會被控訴。」

樂瑞娜德牌香煙（Lorillard）是諾若斯公司中的一個部門，它的一位女發言人說：「如果我們認定是有害的東西，我們就不會添加進去，因爲我們已經有夠多的問題了。」

同時，香料供應公司表示，已經有人要求他們，要他們研究製造有香味的濾嘴（flavored filters）和香煙紙。但是有味濾嘴的製造是一個問題，它每每導致濾嘴褪色，而消費者就聯想到可能是因爲含有高度焦油的緣故。

癮君子是否仍想繼續抽煙呢？

——譯自 1980.7.22 華爾街日報（Wall Street Journal），作者爲詹蘋特・高茵（Janet Guyon）。中文譯文刊登於《綜合月刊》（Scooper Monthly）第一四二期一四五頁。民國六十九年（一九八〇）九月台北出版。

一一七　君子小人都用智

扣軍糧、留屍體，偷石榴，歪法見效；
脫衣裳，剖鼠屎，逞詭辯，急智解疑。

㈠小秤發米殺糧官

曹操（一五五—二二〇）、死後尊爲魏武帝。有一次，他統率大軍遠征作戰，時日一久，軍中存糧不多，眼看補充的軍糧不能及時趕到。於是他密喚那管糧的庫長來，問有甚麼方法，可以度過缺糧的困境。

這位心多詭計的庫長低聲說道：「存糧的確不多，運補也要時日，目前只有用小秤發糧，才可應付過去。」曹操點頭同意，輕聲回道：「不要張揚，照這樣幹好了！」如此過不多久，士兵們發現米量比從前少了，吃不飽，便傳言說主帥曹操用小秤發米，欺騙他們，讓大家挨餓，不滿的情緒播散開來，軍心浮動，戰力大受影響。

曹操一看不妙，即刻把軍糧庫長召來，對他說：「今天要借你身上一件東西，以平衆怨。」不容對方分辯，下令將庫長馬上推出斬首，宣佈罪狀說：「軍糧庫長，膽大妄爲，竟敢用小秤發糧，剋扣官米，罪當斬首，以平衆怒。」

全軍都敬服曹操能即時查辦舞弊的罪人，而且快刀斬亂麻，登時正法，是個精明果斷的好統帥，欠糧不再追算，不平之氣也消除了。（增廣智囊・雜智）

(二) 扣留屍體索高價

春秋時代，鄭國有位鄧析，應是我國第一位有名的律師。他包攬訴訟，大官司收取長衣一件，小官司收短褲一條，他歪主意很多，有時還公然與鄭國宰相子產作對。

鄭國境內有一條洧水，發源於河南登封縣，流經新鄭縣，雨季漲水時，水流很大。有位富人，不小心在洧水中溺死了。旁人撈起了屍體，富人家屬想將遺體領回安葬，這打撈屍體的人索求巨額金錢作酬勞。雙方沒有談成，僵持不下。富家就備了厚禮，向鄧析（元前五四五—前五〇一）求教，請他出個主意。

鄧析收了禮，安慰他說：「不要急嘛，你放心等著好了。你想想看：這具遺體，既是你家的，如今雖在他手上，他畢竟沒法把死屍賣給別人呀！」

那個撈起屍體的人，眼見高價沒有成交，而對方又久無動靜，耽心不能善後，著急了，也帶著禮物，向鄧析求教，請他出個主意。

鄧析收下禮，也同樣安慰他說：「不要慌嘛，你放心等著好了。你想想看：這具屍體，既是他家的，如今卻在你手上，他必定不可能到別處買得到的呀！」（呂氏春秋）

㈢ 偷石榴秦檜砍樹

南宋秦檜（一〇九〇—一一五五），作了宰相，害死了岳飛（一一〇三—一一四二），居然穩坐相位十九年。他的宰相府左面廳堂廊屋前院裡，有一株石榴樹，每年石榴結果成熟時，秦檜就暗地裡數一數，在心底記下果實的個數。

有一天，他偶然再點數一遍，發現少了兩個石榴，不知是府中誰個偷摘了？他本來就工於心計，也不說破，只傳令叫隨從人員準備車馬，將要外出公幹，還要府中上下人等，一同集合，聽候差遣。

人員都來到了前院裡，等候相爺。秦檜似乎臨時想起一個念頭，對大家說：「左院裡這顆石榴樹，礙了陽光，不好。園丁張旺去拿把斧頭來，今天就把它砍倒吧！」

旁邊一位管衣帽服飾的小吏溜口說道：「啓稟相爺，這顆樹結的石榴，味道非常好，砍掉了多可惜呀！」

秦檜露出奸笑，問道：「你怎麼知道石榴味道好？偷摘石榴的人，就是你嗎？」小吏大驚，只好認罪受罰。車馬不用了，以後府裡沒人再敢作弊了。（龍文鞭影）

㈣ 脫衣裳陳平免災

西漢陳平，原在項羽軍中作都尉，因受讒言誣陷，害怕被殺，便封金掛印，帶著寶劍，獨身私自逃亡。他避開官道，專走小路，去另謀發展，後來做了漢朝宰相。

哪知這條小路的盡頭處，乃是直達大河河邊，前路受到橫阻。這是一處幽曠野渡，不見渡船。他尋到一條小漁舟，央請船夫行善，渡他過河。船夫允了，他上了船，船小，僅載他一人。那船夫一面划槳，一面打量陳平，見他帶劍獨身急著趕路，猜度他是逃亡的軍官，身上定藏有珠寶財物，眼睛盯著他溜來溜去，想要在河中急流處溺殺劫財。

陳平察知了危險，在搖晃的小船上無法保命。急中生智，他自動脫掉衣裳，只剩內衣內褲，拿根篙子，幫忙撐船。表面上讓船快點過河，實則顯示身無長物。

船夫見了，知他並無財寶，就收起謀殺之心了。（史記・陳丞相世家）

(五) 蜂蜜何來老鼠屎

三國時代，吳主孫亮在位（孫權之子，公元二五二年登基）。有一天，他在皇宮中吃生梅子，想醮些蜂蜜，便叫黃門官到大內御庫裡去取。

整罐蜂蜜取來，開罐一看，蜜裡竟然有一粒老鼠屎。孫亮召來掌管倉儲的庫官，查問因由。那庫官一時哪能有理由解釋，只是一味叩頭，請求恕罪。因爲食物要進入胃腸的，這種過錯可輕可重，皇帝一不高興，也能殺頭。

吳主孫亮覺得事有蹊蹺。他在宮中長大，知曉一些陰暗面。念頭一閃，問庫官道：「黃門官以前有否私下向你要過蜂蜜？」

庫官答：「以前他確曾要過多回。我因管庫有責，不敢私下拿官物給他。」

此時黃門官也在一旁，急著分辯說從來不曾要過。

孫亮命令屬員，將那顆老鼠屎粒小心的自中腰對半切開，只見裡層仍是乾燥的。孫亮猜知了底蘊，結果正如所料，他環視左右，說道：「如果老鼠屎早在蜜裡，應當內外全濕。現今只有外層潮濕，內層仍然乾燥，顯示放入不久。必定是這多次討不到蜂蜜的黃門官，有心栽贓害人，臨時故意放進去的。」

一經盤問，黃門官只好招認。（資治通鑑）

㈥ 詭辯大師打官司

詭辯大師收了一個學生，雙方簽訂「契約」：等學生幫別人打官司獲勝後再付學費。但是這位學生久久不幫人打官司，學費久欠不交。老師急了，到法院遞狀告了他。

老師說：「若我官司勝了，你應依『判決』付我學費。若我官司敗了，你當依『契約』付我學費。所以我不論勝敗，你都得付我學費。」

但學生狡辯答道：「不見得吧！老師如果勝了，我照『契約』不須付學費。老師如果敗了，我照『判決』不須付學費。所以不論勝敗，我都不須付學費呀！」

這位高材學生，已免費學到了詭辯的眞傳，而且青出於藍了。（吳俊升：理則學）

一八　大陸探親瑣談

國家分配工作，十一億人談何容易？
實施鳥籠經濟，不讓鳥兒飛出籠外。

年少逃家老賦歸（弱冠出門，六十過了回鄉）
堂傾人散事皆非（老屋拆了，家人分爲三處）
災餘弟妹情猶篤（骨肉情深，雖久離而彌厚）
劫後河山貌已非（帶領親人，出遊京川湘桂）
四十年中酸苦過（父母弟妹，受黑五類之累）
三千里外海天違（隔海遙念，奈何天各一方）
何當大地風雷動（時勢所趨，將會大幅改變）
掃盡污雲樂煦輝（陽光普照，共享安康生活）

——探親歸來有感，遙寄弟妹。

返鄉探親的很多，回來寫文章的不少。我也在民國七十八年（一九八九）夏秋之交去了五十一天。澳門進，香港回，歷經湘潭益陽長沙北京長城成都重慶三峽宜昌張家界索溪峪桂林陽朔和韶山（毛澤東故居）。秋末歸來，編者約稿，自知禿筆無文，不敢放言高論，只好隨記一些零星瑣事，奉達垂覽之諸君子。

一、鈔票大小不一——大陸鈔票，最大額是百元，最小是一分。也有二分、五分、一角、二角的，大小不一（美鈔不論票值都是一樣大，臺幣也差不多）。我初次買東西，找回來一堆大小揉皺的鈔紙，很難清點，只好順手交給胞妹。她很熟練，三下兩下整理，說是對了。以後旅遊，我就請她做我的財政部長，從此我落得清閒。

二、外幣兌換人民幣——官價一百美元兌三百六十元人民幣，黑市則近六百，高出很多，大家都找黑市。我一到廣州，就須換人民幣，因請旅行社介紹買主相見，對方遞來名片，印有地址電話，應屬可靠。談好價錢後，我引他進入我的房間，有我的同伴監陪，先請他交出人民幣，我點數後收起，再給他美金。價錢雖低一點，安全完成交易。而且我是把鈔票攤平來點數，不是折疊著數，如此才不致有誤。返程經廣州，也是這樣做，由舍弟妹相陪。

三、換錢受騙——一樁實例：我乘京廣線軟臥回湘潭，對床有一位臺胞抱怨說：「我換了人民幣，當時數過不錯，事後再點，卻少了四百元，實在想不通，很懊惱。」我勸他說：「黑市換錢，要提防三種不利情況：第一種是請你先拿出美金看看之際，他一把搶去跑掉了。這是違法交易，你也不敢找警察。第二種是交易進行中，對方說他是便衣公安官員，你觸犯了外匯管制大法，請到局裡去問話，這就十分嚴重。第三種是對方玩手法，將鈔票雙摺夾在中間，一張就數成兩張。你是屬於第三種，乃是最輕微的損失，財退人安樂，算了吧。」

四、吃得便宜——大陸物價便宜，即使在北京吃普通早點，包括豆漿、豆花、肉包、油炸餅等，每人不超過兩元人民幣（臺幣十元不到）。但如在廣州吃早茶碟點，則花費高數倍，自當別論。

北京烤鴨，按人數計算，每客二十元、三十元、四十元不等，看附加的炒菜若干而定。大陸上館子，都是先買票，後用餐。若是個體戶，就可事後算帳付款。

長江三峽的遊輪上，我們五人捨普通大餐廳而進貴賓餐廳，五人專開一桌，飯都盛添擺好了，一共只要五十元。轉盤桌，軟靠椅，雅潔滿意。

抵家第三天，包車到父母墳上拜祭，湘潭長沙益陽的姑母弟妹姪兒姪孫都到齊了。由我邀請，當天在大姪家的廳舍團聚會餐。敦請廚師俞師父做菜。我提供在澳門帶來的法國白蘭地酒，筵開兩桌，端上甲魚、田雞、紅燒全魚、牛肺、羊肉、海參、鱔魚、腰花、毛肚、當歸鴨、板栗雞等，雖非珍饈，但內容紮實，碗盤滿桌，菜錢共僅人民幣二百元（合臺幣約一千元），堪稱經濟實惠。

吾弟任職單位的主管，爲表示歡迎臺胞，在湘潭雅園餐廳闢室設宴請我，我以小禮物回贈，賓主盡歡，一桌十多人大約百幾十元，菜餚沒吃完。（他們羅漢請觀音，可以報公帳，題目是對台胞進行思想改造）。

桂林到陽朔遊艇上，我們五人在船艙用餐，加點了漓江鮮魚、螺肉，算是名菜，現撈現做，也不過四十多元，可謂價廉味美。

五、吃餃子吃多少兩——去大陸南北各地，無論吃餃子、包子、豆漿、米飯，都問你要吃多少兩？以便先行開票收錢（有的地方收糧票）。我這臺胞，卻茫然不知所答。幸而是多人旅遊，有妹妹擔任總管，她爽俐精當，吃得稱意又不浪費，使此行十分愉快。

六、免洗筷子要錢買——一路旅遊，由於怕傳染，用餐時要免洗筷子。在臺灣，筷子免費，大可隨意拿取。大陸卻要花錢買，兩分錢一雙。有的食堂，如要調羹，還得先交押金，餐後歸還退款，怕你帶走。買菜或購物，不給塑膠袋盛裝，如要就另外算錢。

七、火車超載——鐵路旅途中，我曾與同乘軟臥而任職鐵道部的一位高幹閒聊，他告訴我說：「鐵路年年虧損，無錢添購新車，因此，顧不得是否會刺激物價上漲，自今（一九八九）年九月起，調高票價百分之一百二十。」但仍一票難求。

火車軟臥，只限由處級以上的高幹才有資格買票（臺胞夠格）。硬臥雖無限制，但票少，而且男女不分室；夏天天熱，沒有空氣調節，致常有赤膊乘客，見怪請不要怪。硬座則更糟，未漲價前，走道及廁所都擠滿了人，動彈不得。漲價後，一部份人轉搭汽車，但還是擠。他們如能求到一張票，可以到達目的地，就心滿意足了，有座無座，那是次要。晚上隨處打個盹也就算了，夫復何求？

乘務員（服務員）提醒我說：「不要在靠窗小桌上放置小包裹或照相機，窗戶不可開得太高，以防停車時，竊賊由窗外攀跳上來搶走。」據乘客說，確有此慮。因此軟臥車廂，在夜裡十點以後，兩端車門上鎖，以策安全。

八、北京地鐵甚佳——我們一行八人在北京留了七天，正值中共建國四十週年國慶慶祝期間，天安門廣場上的鮮花五彩大牌樓在陽光中輝映。但仍在戒嚴期中。我們費力辦了特別通行證，經過三道崗警人墻的檢查，才得進入天安門廣場。北京應是國際大都市了，秋風雖爽，市容及住民似乎沒有一股奮發進取的朝氣，也欠缺泱泱大國民的風度。唯獨北京地下捷運系統，車廂內外及車站都非常整潔，勝過芝加哥，倒是值得誇贊的。

九、公車兩節車廂相連——大陸公共汽車，多是兩節連結爲一體（單節車也有，如桂林湘潭）。每節一位售票員，坐在小櫃檯後賣票。沒有上車投幣入箱制度，也沒有預售車票上車剪洞制度。車票近的一角，遠的一角五，下車不驗票。車前有路線牌，但無燈光透照，晚上看不到。北京重慶廣州有無軌公共電車，票價相同。

十、個體戶中巴搶生意——私人也經營中型巴士載客，一車乘坐十餘人到廿餘人，路線與公車相同。招手即停，隨處下車，搶走公車乘客。但公車只一角，中巴要五角。我包租過幾次中巴，拜墳的一次，連等候及往返約需半日，只要二十元。

以長沙市東塘地區爲例，五叉圓環路口常停有私人中巴四五輛，各用喊話喇叭吆喝叫客。我曾與湖南省政府交通局負責人談及，他說：「長沙個體戶中巴已經太多，妨礙交通，噪音擾人，將予取締減少。」另一熟人告訴我：「三年前跑中巴，一年就可還本，以後全是淨賺。但如今中巴增加太多，沒有搞頭，有的要想賣掉不幹了。」

十一、長途汽車價廉——空運水運鐵路都漲了，獨有汽車還未跟進。例如湘潭到長沙只要一元五角，湘潭到益陽四元半，長沙到益陽二元八，益陽到慈利七元七，慈利到張家界（國家公園）四元八，都太便宜。

由於路況並不很好，乘客的素質也並不很高，長途客車內外都「很」髒。車身外滿是泥塵，從後窗看不到外景。車廂內則花生殼橘子皮滿地都是。

我順便向弟妹提到：臺灣長途客車車上設有廁所，高級客車還舖著地毯，他們大表驚異，認是珍聞。這不能怪他們個人，只能怪國家沒有進步。

十二、乘坐飛機——我們向中國民航預購北京到重慶機票五張，此一航線因列為鼓勵觀光旅遊線，票價未漲，但要憑身分證及由服務單位出具公函才能買票（公函在離湘前就要他們準備好了。但搭機要公函，也許是世界奇聞吧）。每票連手續費人民幣二九六元（已是一般人三個月的工資了）。我是臺胞，須付外匯券。我只好去銀行用美金以官價兌來，飛機票值幾乎貴了一倍。

北京的首都機場並不新穎，重慶白市驛機場也舊，兩地都沒有「空橋」。飛機倒是美製的波音七三七，機上也供應午餐。到重慶上空時，卻因霧大不能落地，改降成都。玩了兩小時，又登機再飛重慶。弟妹們說：「第一次搭乘飛機，一張票坐了兩趟。」都很得意過癮。

十三、三峽壯觀——我們到重慶的目的，是訂位乘遊覽客輪順長江東下，觀賞三峽風光。船遊兩天，得償夙願。但不曾有酈道元水經注裡所說的層巒疊嶂，隱天蔽日，不到中午，看不到太陽；也沒有李白所詠兩岸猿聲啼不住的感受。我在臺北，就聽說三峽要新建大壩（在已建的葛州壩上游），李鵬極力支持，還要新劃一個三峽省，故我們決意在建壩之前一遊。

十四、桂林山水——漓江綠水盈盈，未經污染。船行款款，水清見底。夾岸群山聳峙，風光如畫。擴音器中介紹的美景拂面緩緩迎來，其川巒之秀麗與三峽之雄渾，各擅形勝。至於桂林岩洞的鐘乳石奇觀，則當與索溪峪黃龍洞爭輝。

十五、一般生活情況——

燒飯多用蜂窩煤球，叫藕煤。有的機關配給瓦斯，叫液化氣，要自己把鋼筒扛去扛回。

電力不足，因將各個工廠的休息天錯開，有的「週休」是星期三，有的「週休」是星期五。耗電特多的，改爲夜班工作，白天停爐。家庭都用小光燈泡，照明不夠亮。

雖有紗門紗窗，但蚊蟲難免，晚上常須掛蚊帳。

公共廁所無門，除極少數收費的較潔外，餘都很髒。家裡廁所都是蹲式（沒有坐式），但裝有水管，可扳動把手沖洗。

我洗澡是將鉛桶裝滿水，用瓢澆著淋身，再擦肥皂，然後澆水沖淨。如廁和沐浴兩事，是不便之處。但此行是探親，而非去享福，不必苛求。想去的要有心理準備。

房荒嚴重，適婚男女因無房子，只好將婚期拖延，或者在婚後仍分住各人的單身宿舍。私人租屋不是找不到，但每月租金五、六十元，佔工資的大半，負擔不起。分配到眷房的，每月僅交租金幾元錢，等於免費。

戶口管制嚴密，沒有遷徙自由。在農村落戶的，禁止搬入城市，形成子承父業，世代下田。由於工作是國家分配的，十一億人，談何容易，因此產生了「抵職」的做法：當父親退休出缺時，他家中兒女一人可以去頂缺，並不是佔空下來的職位，只是退一人進一人，也不管有沒有事，需不需要，作用是消化「待業」青年。如此又形成挖煤的世代做礦工，伐木的世代入林班。除非進了大學，才可按專長分發為白領階級。

十六、近三年來漸獲改善——我家是收租的剝削階級，又是臺屬，判為黑五類。父母罰去掃街，羞勞折磨致死。弟妹苦熬倖而存活。如今弟弟是廠長，大妹是醫生，幼妹是工程師，每月收入，除日用外，漸有節餘，我心甚慰。

但內弟因住鄉下，屬於農戶，沒有配給，沒有電燈自來水。他們鄉居已慣，我看來實在艱困。

大陸金飾難買。價錢貴（以克計算），顏色淡，手工粗，故多喜歡臺灣金飾。附此一提。

十七、盼望——大陸一黨專政，經濟略有起色，但由政治掛帥。陳雲說過：大陸只准實施「鳥籠經濟」。鳥兒在籠裡准它自由飛翔，但絕不准飛出籠外。試看香港新加坡臺灣不都是中國人？爲何這三處與韓國（大陸稱南朝鮮）被譽爲亞洲四小龍，經濟競相起飛，而唯獨大陸貧窮落後？大陸人民都是我們同胞，聰明才智都是一樣的，四十年了，制度如不改，老百姓何日才會翻身？

共產專制應是個死胡同，走不通的。柏林圍墻拆了，匈牙利改爲共和國，捷克組織了聯合政府，波蘭讓工聯上臺，拉脫維亞、愛沙尼亞、立陶宛要脫離蘇聯獨立，凡此都證明共產主義的沒落，尤其不適於中國。唯願大陸當政者爲萬代中華子孫著想，看清時勢，順應潮流，早日走向開明民主的大道。

——刊登《湖南文獻》第十八卷第一期，總號第六十九期。民國七十九年（一九九〇）一月台北出版。

一一九　摘除蜜蜂窩

夜裡我厚衣厚褲，戴頭罩手套，帶齊麻繩剪刀鋸子，

我登上了野餐桌，爬上人字梯，用大口袋去套蜂窩。

「媽、你看，這樹上結了個大木瓜呀！」最小的外孫發現了奇蹟似的嚷了起來。

我們住在美國賓州費城西郊，佔地頗大，圍籬之內，四周有樹木和草坪。後院露天大陽台的旁邊，也有一棵粗可合抱的大楓樹，大幹小枝互出，一根拇指粗的枒杈，向下斜伸到了陽台上空，下端竟然結出了一個排球大的圓球。由於枝繁葉茂，一向都沒人留意。這時大家才抬頭細看，他媽媽叫道：

「這哪是甚麼木瓜！楓樹上怎麼會結瓜？這是個蜜蜂窩呀！小心不要讓毒蜂螫到了！」

平常日子，我們坐在後陽台休憩，偶爾也吃吃露天野餐，常有三五蜜蜂，在附近飛來繞去，沒覺得有什麼不對勁。如今發現蜜蜂居然在屋邊做窩，想取得永久居留權，未免過於放肆。而且、它也著實太靠近了。將來蜂窩愈變愈大，蜂群愈聚愈多，實在不安心，爲了弭患於未萌，應當想個方法驅除才好。

外孫們年紀小，加以美語及中文功課兩忙。他們的媽媽既要上班，又要顧家，都沒有

時間向蜂窩挑戰，這項任務，便落在我的身上。

驅蜂的辦法有好多種，可以用火攻來燒它，也可以用長桿鐮刀把枝幹鋸掉。但兩者都必定會驚擾蜂群，它們會傾巢而出，恣意猛螫，後果很不妙，這些都非上策。

我端詳這個蜂窩，群蜂飛進飛出，有些則在附近繞圈盤旋。窩口的外側，更總是有二三蜜蜂停在門口把關，像是專職負責警衛似的。想要接近它，那還眞不容易。只有在夜深時，蜂兒全部入窩，這才沒有動靜了。

孫子兵法說：「知彼知己，百戰不殆」。我幾經考慮，最後終於想出一個「用袋套捉」的方法，自己認爲是上上之計：先準備兩個大號垃圾袋，長寬是四呎乘三呎，套成雙層備用；再把野餐桌抬到陽台靠緊欄杆邊擺好，這就正在蜂窩枝椏的下方，桌上架起人字鋁梯，看看高度，算是搆得著了。然後我穿上厚棉夾克，把拉鍊拉到頸部；又加穿一條厚呢長褲，將褲腳罩住大皮鞋。再利用童子軍露營的罩頭蚊帳，戴在我的帽子上，蚊帳內縫上棉繩，結在頷下繫牢。把蚊帳四周的紗網都圍垂在前胸後背遮滿。這樣蜜蜂就沒法來偷襲我了。至於雙手，雖要工作，仍須加以保護。除了戴上工作手套之外，又加套了一雙手心是皮質，手背則是棉線的大型手套，如此雙層周密防衛，該萬無一失了吧？

在一個月黑風停寂靜無聲的夜裡，我把屋角上的遠照燈開亮，視線已夠清晰；叫家人都退避到屋子裡，他們從玻璃門內仍可清楚地看到外面。我左褲袋塞著麻繩，右褲袋裡插著剪刀，腰間皮帶上掛著小鋸子。除蜂雖是小事一樁，卻也須設想週到，裝備齊全才成。

我右手提著大塑膠袋，踏著凳子，登上野餐桌；左手扶著人字梯，慢慢輕輕地一步一步向上攀高，動作緩和，蜜蜂全未驚覺。然後兩腿跨緊，夾住人字梯，騰出雙手，撐開那塑膠製的雙層垃圾袋口，對準蜂窩由下方緩緩地往上徐套。進行到一半時，也許是擾動了靜止的空氣，也許是蜂窩洞口內仍有少許未曾入眠的工蜂守著，我似乎聽到微細的嗡嗡之聲，想必是有少數蜜蜂驚覺到不尋常了。我趕忙快速的把袋子套過蜂窩頂端，準備把袋口收紮起來，這時就有一些蜜蜂在袋中亂飛亂竄，竟也有幾隻狂蜂，居然從袋口隙縫裡衝了出來，向我這突來的敵人一再攻擊。它們衝撞我的面罩，進攻我的胸背，但都無法得逞。我趕緊用麻繩紮牢袋口，再把樹枝鋸開一半，用力一折，就全斷了。然後安然步下梯子，慶幸大功終於告成。

那知我在綁紮口袋之際，需時較久，只覺得左手由於要捏緊袋口，不能移動，那中指和無名指好像被叮了一下似的。心想有雙層厚手套包著，應該沒有什麼問題，當時也沒有在意。我把包住蜂窩的大袋子，放入垃圾大桶中，把桶蓋扣牢，卸下一身裝備，脫下手套去洗手，此時才覺得左手兩指的上節有些不自然，過了一會兒，那兩指紅腫了起來，還有脹痛之感，伸縮都有些不自如，才領教到毒蜂螫人的厲害。

手指腫脹總不是好事，卻還沒有嚴重到要上醫院的程度，這該如何救治呢？外孫他媽，也就是我的女兒，靈機一動，想起她經常爲本區童子軍「岱文第50團」（Boy Scout Devon 50）做義工服務，深知童子軍常在野外露營，對蜂咬蛇傷這方面的救護常識必然豐富，當夜就打電話請教熟識的那位老童軍教練。不巧教練未在家，是他夫人接聽的。我女兒說明了事情的經過，問道：

「現在應該怎樣處置才對呢？」

教練太太說：「這時已近半夜，你也不必緊張，你先用烘焙粉（Baking Soda）泡水洗手，多洗幾次看看，也許就可以了。」

我馬上依法洗手，還把手泡在粉液的小盆裡。大概這種粉劑含有鹼性，而蜂毒或許是酸性，兩者可以中和，洗泡之後，竟然舒服多了。

事後一想，雙層手套雖厚，但線織品必然還有縫隙，毒針碰巧就能刺進去。不過由於手套夠厚的了，只有蜂針的尖端才能觸到皮膚，也僅是表皮受毒，故而為害不重。經過兩天之後，腫退脹消，完全好了。俗話說：「不經一事，不長一智」。這次我可學到教訓，下回若重作馮婦，一定非戴全皮手套不可。

蜂窩密封在袋裡，再裝入桶中，悶了三天，已全死了。那漏網的三五隻逃蜂，起初還戀戀地繞著原處匝飛了一兩天，一直找不到棲身之所，此地既然無法再行居留，猜想它們必已移民到別國去了。

——刊登於一九九七年六月號大費城明德文教基金會發行之《明德季刊》，美國賓州費城（main Line）出版。

一二〇 要斬曾國藩之妾

大帥有瑕疵，仗劍搜衙何急切，
小紅無過失，驚魂逃禍太倉皇。

曾國藩（一八一一—一八七三）平定了太平天國，維繫了滿清國祚，之後任兩江總督，轄治蘇皖贛諸省。總督府設在金陵，即今南京。

他隻身赴任，公務繁忙。摯友見他家眷沒有同來，飲食起居，多有不便，就特意物色了一名秦淮歌女名叫小紅的獻給他，以便隨身服侍。

曾國藩起初有意不受，及至小紅盈盈拜見時，溫柔宛妙，頗生好感，乃姑且讓她暫留。那小紅細心體貼，遇事每能先意承旨，衣食寒溫，晨昏作息等貼身私務，也都照料得細密妥帖，不但曾侯不必操心，而且漸加倚重。如此日久，生活上竟然沒有一天少得了這位身邊的小美人了。

曾國藩

他的學生彭玉麟（一八一六—一八九〇，後官兵部尚書，謚剛直）號雪琴，助曾國藩剿太平天國，督領水師，先後轉戰長江流域各地，其中以江西安徽接壤處之小孤山一役，大顯威名，留傳有「彭郎奪得小姑回」之豪語。太平天國亂平之後，他又奏定長江水師營制。此時正乘船沿長江巡察軍務，一路順流將抵南京。曾國藩既是他的恩師，又欽命在南京開府，於公於私，依禮都必當謁府叩見。

彭玉麟一近金陵，就聽說曾師竟然納了小妾，名節有虧，十分震怒，聲言「必將小紅殺掉，以保全老師的令譽」。船一靠岸，他便身佩寶劍，逕向總督府進發。

彭的屬僚，自有受過曾國藩之惠的人，趕忙從小路飛奔急報曾爺。說：「彭宮保（即東宮太子少保。這是虛銜，並非眞的做太子的老師）一腔怒火，帶著寶劍，要來親斬小紅，即時就要到了！」

曾國藩一聽，臉上變了顏色，心想這場災禍可不能鬧開了。連忙命隨員準備小轎，要小紅立刻上轎由督署後門溜出逃避。

事起倉促，小紅哪能料到，一時急得哭了。她仍想要曾爺曲予挽回，撲通跪下，哀訴道：「大人威名赫赫，位尊權高，難道今天要保護一個弱小的女孩兒都不能嗎？」

曾國藩說：「你哪會知道彭宮保的厲害？他性格剛猛。我所有的學生中，唯獨他的眼睛裡容不得一粒砂子，連我都怕他三分。你若不趕快離開，只恐一下子碰了面時，他火爆脾氣一發，你的小命都沒有了！」

小紅無奈，只得勉強遵命，她剛從後衙離去，彭玉麟也正氣沖沖地由前面正門入衙。

他逕奔大廳，高聲喊道：「哪裡來的妖女，膽敢破壞我老師的名節？」

曾國藩輕聲的解釋說：「雪琴（彭的別號），你別聽錯了，我一直都是獨身的呀！」

彭玉麟哪會聽信這句空話，提著寶劍，在府衙裡上下各室搜尋，始終沒有發現小紅的蹤跡，也只好罷了。這才回到正廳，再以學生及舊屬的身分，重新向老師曾國藩叩頭，補行見師之禮。

叩拜方畢，不等曾國藩開口，彭玉麟嚴正的稟告說：「老師待玉麟恩深義重，我也屢思盡力報效。恩師一世功勳，久爲天下人所共仰，全國上下，都知道老師律己以嚴，大家都奉爲模範。如今外面傳說你收了小妾，想必不是無風起浪吧？但願老師以德操晚節爲重，使做學生的我也同享榮耀。玉麟今天魯莽，願領責罰！」

風暴已息，兩不再提，師生重新敘舊，情誼仍然篤好。

從這天以後，曾國藩也就不敢要小紅回來了，而學生對老師，像彭玉麟這樣當面直諫的，也是古今少有的了。

——刊載一九九八年七月十五日美國世界日報，紐約出版。

一二　中國神話故事——八仙

王母八千歲生辰，諸神慶壽，
八仙飄洋過溟海，各顯神通。

中國神話傳說：王母娘娘乃是衆仙之王，住在西天。當她八千歲生辰之日，諸神都去西王母皇宮祝壽，八仙也受邀赴宴。中國元朝時代起，有一齣戲劇，名叫「八仙慶壽」，就是演出這個故事。另一神話說：八仙過海，各顯神通，不要舟船，同登彼岸。因此，這八仙之名，及八仙故事，普遍爲中國民間所傳誦。

八位仙人的名字

東方西方都有「仙」的稱謂。天空中星宿的名字有「仙王座」「仙女座」及「仙后座」。傳說仙后是仙王的妻子，是仙女的母親，這是西洋的神仙故事。

中國古籍中，也有神仙的記載。漢代劉向有《列仙傳》，收錄了古仙七十一人。晉代葛洪撰《神仙傳》，敍記了八十四人。八仙的故事從唐代起就已流傳，但姓名各說不一。

直到明代吳元泰《八仙出處東遊記傳》才確定了八仙的姓名次序如下：

一、漢鍾離——美髯俊目，手拿蒲扇，自號正陽帝君。

二、張果老——年紀最老，倒騎驢，唐玄宗尊他爲通玄先生。

三、韓湘子——吹笛子，能變酒不竭，植蓮頃刻開花。

四、李鐵拐——一足跛，西王母送他鐵拐杖走路。

五、呂洞賓——配寶劍，穿道士裝，仙跡故事最多。

六、曹國舅——穿官服，喜靜修，養道有得。

七、藍采和——破長衫，一腳穿鞋，一腳赤足。夏穿厚袍不知熱，冬臥冰雪不知寒。

八、何仙姑——唯一女性，能預知禍福，故叫仙姑。

八仙個別故事

一、漢鍾離，是中國古代仙人，《集仙傳》中記述了他的故事。《續通考》則說他歷仕漢、魏、晉各朝，享壽長久。另有稗史則說：漢鍾離是唐代人，身長六尺，美髯俊目，在正陽洞中修煉成仙，自號「正陽帝君」，他能飛劍殺虎除害，又能點鐵成金濟人，入住崆峒山。曹國舅及呂洞賓都受過他的度化。（他本姓鍾離，名權，見《訂譌雜錄》）

二、張果老，居中條山，自稱生於中國帝堯時代，已有三千多歲，年齡最老，鬚眉皆白。唐朝女皇帝武則天召他覲見，張果老假裝死了，不能奉詔。後來唐玄宗以禮迎之，乃

（八仙壁畫）

The Eight Immortals crossing a sea (mural, Yung Lo Shrine)

進入京都長安，被尊爲「通玄先生」。他常倒騎驢背，雲遊天下。當他休憩之時，就命驢臥倒，將驢折摺，好像折紙一樣，收入囊中。如要再騎，攤開紙驢，吹一口氣，驢就復活了（見《明皇雜錄》）。

三、韓湘子，中國唐朝人，相傳是大文豪韓愈的姪兒。《酉陽雜俎前集》有他的故事。自小就學道，遇到呂洞賓度化他成仙。他有一個直徑一寸的小葫蘆，盛著酒，遍酌滿堂賓客，而酒一直不竭。他又能在熾紅的火盆中栽入蓮子，要它在頃刻之間抽莖長葉開花（見《太平廣記》：韓湘能開頃刻花）。以上兩事，並稱之爲「能造逡巡酒，能開頃刻花。」另外據《韓仙傳》說：這兩事都是顯異給他叔父韓愈看的。花上還有詩曰：「雲橫秦嶺家何在，雪擁藍關馬不前。」韓愈後來貶官降調潮州，途經藍關時，正逢大雪，馬不能行，韓愈才警覺說：「前時的話，如今都應驗了。」

四、李鐵拐，原本是個魁梧的讀書士人，早歲就已精通道術。有一天，他奉到道教之祖太上老君之命，邀往華山。他囑咐徒弟說：「我的魂將要遠離，但我的魄會留在這裡（左傳昭七年注：附氣之神曰魂，附形之靈爲魄。這是說人的精氣，其中屬陽而能脫離形體存在的爲魂，屬陰而依附形體存在的叫魄）。如果我的魂到第七天還不見回來，才可以焚化我的魄體。你要謹慎的保護它。」訓誡完，就遠去了。到了第六日，這徒弟家中的老母親突生急病，催促他趕速回家。這徒兒情急，想一想師父的限期只差一天，就把遺體焚化了，遽歸探母。到第七日，李鐵拐的魂返回，遍覓身體不見，孤魂四處飄游，發現路旁有一剛死的乞丐，匆忙附入丐身而活。殊不知這乞丐相貌奇醜，而且一腳跛足。《山堂肆考》說：西王母聞之，點化李鐵拐爲仙，並賜他鐵拐杖一根，並封他爲「東華教主」，因此又名鐵拐李。

五、呂洞賓，中國唐代京兆（長安）人氏，自號純陽子。他兩舉進士不第，時年已六十四歲，故不再應試，而浪遊江湖。當他雲遊天下時，不期而遇漢鍾離。漢的道術高深，且能點鐵成金，願意傳授呂洞賓點金之術。呂洞賓問道：「鐵能變金，將來會不會仍舊還原成鐵？」漢鍾離答：「五百年後，才會還原。」呂說：「既然如此，則五百年後，那持有黃金之人，必受其害。我不願學，免得將來貽害他人。」漢鍾離喜曰：「你有這番好心，眞是善士。憑此一番慈念，已增一千善緣，足具入仙資格，我可度你。」呂洞賓因而修習成仙。此外，漢鍾離還教他延命之術，呂洞賓習之，雖百餘歲而童顏，雲遊四方，人莫能識。有關他的神話故事不少，如「三醉岳陽樓」，「三戲白牡丹」，後世道教中人，尊稱他爲「呂祖」。

六、曹國舅，據說是中國宋代曹太后之弟，故稱爲國舅。他好靜修，不慕浮華，隱跡於仙岩，修眞養性。一日，恰逢漢鍾離和呂洞賓一同雲遊而相遇。呂洞賓問他：「所養何事？」曹答曰：「養道。」呂洞賓又問：「道安在？」國舅指天。呂洞賓再問：「天安在？」國舅轉指己心。漢鍾離笑曰：「心即天，天即道。汝已識本來面目矣。」遂引曹國舅修入仙班。

七、藍采和，是位逸士，生於唐朝。他的舉止異於常人。依據《太平廣記》所述，他常穿破舊藍布長衫，一腳穿鞋，另一赤足。他在夏天穿厚絮袍而不覺熱，冬天倒臥雪上也不怕寒。有人說：「我以前在小時候見過藍采和，如今再次見到他，他的容貌仍舊像七十年前一樣。」藍采和住在長安市，赴酒樓飲酒時，常有五色彩雲聚覆在天上。有一天，他醉了，竟然乘鶴飛天，升空不見。

八、何仙姑，有一傳奇故事說：何仙姑是唐代零陵縣女子，住在雲母溪。她十五歲時，夢一神人，教導她食用雲母粉，身體轉健。後來又遇一異人，給她一顆大桃子吃了，從此就不覺得饑餓，以後，何仙姑往來於山頂之間，行走如飛，毫不費力。她能預知禍福，故人們稱她為仙姑。由於她自幼為何道人所收養，故以何為姓，唐中宗時修煉成仙，《零陵縣志》中有記載。但另按《道譜源流圖》傳奇則說：何仙姑本是男兒身，名叫徐聖臣。有一次，他出定，那是說肉體沒有知覺，靈魂出竅翱遊。家人誤以為他死了，將他埋葬。及徐聖臣靈魂返回時，已無原身可附。適其時，同村有何氏女兒剛死，魂遂附焉，乃成女兒身，以何為姓。後來，何仙姑得度，成為八仙中唯一的女仙。

——一九九七年九月十五日在美國賓州格賴狄維爾郡（Gradyville）、艾知蒙鎮（Edgement）向阿契哈欽協會（Okehocking Heritage Society）為介紹中國八仙故事而作的淺近演講。又於一九九八年五月二十六日在賓州柏文鎮向康賴斯拓佳高中（Conestoga High School at Berwyn PA）用同樣題目再作演講。兩處都同時展示中華文物，包括國畫山水、楷書中堂、文房四寶、印泥玉印、算盤寶劍、及錢幣紙鈔之介紹。此篇是該淺易英語講詞的中文翻譯。

一二二 行萬里路

多看世界，就不會坐井觀天，夜郎自大；
增加識見，可免除小小鼻子，淺淺眼光。

「讀萬卷書，不如行萬里路。」旅遊可以擴大視野，增長見聞。「朝辭白帝彩雲間，千里江陵一日還」，這是快意的旅遊。「即從巴峽穿巫峽，便下襄陽到洛陽」，這是狂喜的旅遊。「忽聞春盡強登山」、「杖藜扶我過橋東」，這是不服老而還要強行出去旅遊，都是寫實。

我出生在湖南省，對日抗戰時，家鄉陷敵，乃由湖南經廣西過貴州到雲南昆明定居兩年，遍遊滇池、大觀樓、翠湖、黑龍潭、金馬碧雞坊、西山溫泉等地。

後來到四川出產瀘州大麯酒的瀘縣二年，曾去成都遊少成公園、瞻仰武侯祠，吃賴湯圓，嚐麻婆豆腐。返鄉探親時，去重慶，降落白市驛機場，自朝天碼頭順流遊長江三峽經葛洲壩水閘到宜昌上岸。

又住雲南下關一年，遊大理古城，登點蒼山賞雪。續從滇緬公路到緬甸邊界遊畹町及臘戍。再住貴陽，在花溪划船，赴黃果樹看瀑布。到漢口住日租界，每天由江漢大道往王家墩飛機場上班。調職到上海住江灣，後由虬江碼頭乘海輪到台灣。

往返美國十一次，住過匹資堡（Pittsburgh）芝加哥（Chicago）舊金山（San Francisco）及費城（Philadelphia）。也曾到夏威夷（Hawaii）看珍珠港（Pearl harbor）向阿利桑那號沉艦（Arizona Warship）獻花，到威基基海灘（Waikiki Beach）游泳。訪洛杉磯（Los Angeles）及聖地牙哥（San Diago）。往拉斯維加賭城（Las Vegas）住兩晚，去雷諾賭城（Reno）輸錢，大西洋賭城（Atlantic City）由於近便而專車往訪多次。

在愛阿華州（Iowa State）乘密西西比美女號遊輪（Mississippi Belle）溯河二百哩。往大峽谷（Great Canyon）空中地面雙遊。到南達科塔（South Dakota）的怒詩魔盎山（Mount Rushmore）近看四位總統摩崖石雕像。在蒙太那（Montana）的畢林斯市（Billings）住宿及理髮。

遊歷黃石公園（Yellowstone National Park）兩次都住宿園內，要死沒地公園（Yosemite National Park）、長木公園（Longwood Garden）各二次。四次去紐約市（New York City）參觀聯合國總部（United Nations）、自由女神像（Statue of Liberty）、帝國大廈（Empire Building）、及世貿中心（Would Trade Center）。去年（二〇〇一）九一一被飛機撞倒時，我正住在費城，從電視上即時看到這場世貿雙塔倒塌的慘禍。四次逛華府（Washington D. C.），及兩度進出白宮（White House）二樓參觀。

以家長身分，曾參加西北大學（Northwestern Univ.）、喬治城大學（Georgetown

Univ.）及芝加哥大學（Univ. of Chicago）的學生畢業典禮。及參加普林斯頓大學（Princeton Univ.）的家長週末懇親會（Parents Weekend）。

此外爬登柏克萊加州大學（Univ.of Calif. at Berkley）的鐘樓（Bell Tower）眺望全校。在密西根大學（Michigan State Univ. at Ann Arbor）圖書館及華府國會圖書館（Congress Library）借書影印。在哥倫比亞大學（Univ. of Columbia）開會。參觀紐約州立大學（New York State Univ. at Buffalo）及史丹佛大學（Stanford Univ.）。去康耐爾大學（Cornell Univ. at Ithaca）及賓州大學（Pennsylvania Univ.）先後看橄欖球賽（因我外孫是每次比賽上場的球員，故不嫌路遠，越州開車趕去加油鼓勵）。

從美國往南，到過墨西哥（Mexico）境內的迪瓦納（Tijuana）購物。往北去加拿大（Canada）的多倫多（Toronto）訪友住宿。再往東北遊渥太華（Ottawa）、蒙特婁（Montreal）、及講法語的魁北克（Quebec）。折回京斯頓（Kingston）遊聖勞倫斯河（St. Lawrance River）千島（Thousand Islands）。以及從加拿大正面觀賞美國尼加拉大瀑布（Niagara Falls）三次。

又從美國東飛歐洲（Europe）遊西班牙（Spain）的馬德里（Madrid）、格蘭拉達（Granada）、塞維爾（Seville）。乘車沿地中海（Mediterranean Sea）到西端咽喉的英國屬地直布羅陀要塞（Gibralta）海灘游泳及登山看砲臺。直布羅陀很有趣，全境只有紐約中央公園兩倍大，但仍有個飛機場。由於土地太小，從西班牙通往直布羅陀的公路，必須橫穿飛機場的跑道，由紅綠燈管制交通，成爲全世界的特例。這趟歐洲遊程共十一天（隨護外孫去西班牙各地演奏大提琴）。

也返回大陸探親旅遊四次，或經香港，或經澳門。遊北京，登長城。西安看華清池，洛陽遊少林寺。入秦始皇陵寢，觀兵馬俑。赴鄭州，委託護照簽證。去重慶，遊三峽。往桂林遊漓江陽朔，訪國家公園張家界，登南嶽衡山最高點上封古寺照相。

又南赴新加坡（Singapore）觀魚尾獅，乘高空跨海纜車去聖陶沙島（Santosa Island）看海底世界。再去印尼（Indonesia）的巴丹島（Batam Island）享受全身指壓按摩。至於馬尼拉（Manila）及東京（Tokyo）則過境多次，尚未住宿週遊。

在我的有生之年，還想再去歐洲（Europe），瞧瞧巴黎（Paris）的羅浮宮博物館（Louvre），柏林（Berlin）看圍墻（Berliner Mauer，原長四十二公里，今保留八百公尺，觀光客在墻上塗鴉，中文字也有），倫敦（London）的皇家格林威治天文台（Royal Greenwich Observatory），羅馬（Rome）的噴泉（Fountain），梵蒂岡（Vatican City）的教皇殿（Vatican Palace），莫斯科（Moscow）的紅場（Rad Square），埃及的金字塔（Pyramids）。

至於亞洲，心嚮往之的只有兩地：南爲新加坡（Singapore），治安交通整潔第一，已經領教過了，多可借鏡。北則爲日本（Japan），應視之爲敵，也應佩服其團結精進，希望能親往觀看了解。這些都是我的綺夢，希望能一一實現。

明代徐宏祖有《徐霞客遊記》，他花了三十多年遍遊南北。清代劉鶚有《老殘遊記》，雖含諷刺之文，仍是遊觀所得之記，其言其行，都值得一學。我們如能多看看世界，不再夜郎自大，坐井觀天，心胸開闊了，以後對人對事的判斷，也就不會老是小鼻子小眼睛了。

一二三　烹調名目何其多

「吃道」講求色香味聲光，酸甜苦辣鹹，生鮮香臭爛。
「烹調」方法有六十五種。陳果夫獨創：天下第一菜。

㈠「食」道的藝術

食是人生四大需要之首。它的原始目的，本在維持生命。文明進化之後，漸漸變成一種享受，一種文化，一種藝術了。

「吃道」既是一門藝術，烹調就有人特別講求。除了色香味聲光（另一說叫色香味形觸）之外，更進一層的是要掌握住菜餚的鮮度熟度。身爲名廚者，要計算何時起鍋才恰當？要考慮從廚房到餐廳的距離有多遠？當這一道珍饈送上餐桌，放置妥當，揭開盤蓋，香味四溢，挑動食欲，衆吃客舉箸夾菜，送入嘴中品嚐之際，此時才正是鮮熟合度、恰到好處之時。賓主盡歡，廚師也該大獲誇讚。

烹調的境界，無止無涯。「酸、甜、苦、辣、鹹」，「生、鮮、香、臭、爛」，都是美味。至於材料，有鮫魚的背鰭，稱爲魚翅；海燕的窠巢，因叫燕窩。以至海參熊掌，象鼻鹿鞭，蛇膽猴腦，無奇不有。名稱更求極雅，豪邁的叫龍虎會、三蛇羹。香艷的叫美人肝、西施舌。堂皇的謂之富貴雞、金銀蹄，菜以名傳，名以菜著，更增添了想像上的饜足。而《群書拾唾》更列出龍肝、鳳髓、豹胎、鯉尾、鴞炙、猩唇、熊掌、酥蟬等八種希世名肴，列爲「八珍」，恐怕誰都未能一一嚐遍。

西方國家用刀叉，近乎蠻夷；落後民族用手抓，難脫原始。我們用筷子，文化畢竟已經高出一籌了。

而且，西餐是整塊素淨的牛排豬排待客，必須自加調味料，必須自己切割。而按照西禮，還只能一次切下一二片，吃完再切，刀叉在手中換來換去，不勝其煩。中菜則全部由廚師處理妥當，夾起來就入口，爽俐多矣。

中國菜世界聞名，中國餐館遍佈全球，華洋食客交讚，單說烹調方法，便是洋洋灑灑，名目繁多，眞是夠瞧的了。諸如：

㈠炒──將油入鍋燒熱，倒入菜餚，用鍋鏟不停撥拌到熟叫炒，是最常用的方法。如炒三鮮。

㈡炸──把食物投入多量的沸油裡，在高溫油中炸到熟脆就出鍋，叫炸。如油炸乳鴿。

㈢炙──《詩經小雅》說：「燔之炙之」。疏曰：「以物貫之（如用鐵籤穿起），舉於火上以炙之」。如叉燒肉。

㈣炖──炖的條件是火小湯多時間久，目的在求其爛熟。如清炖排骨。

㈤炮——裹物燒之使熟。《周禮地官》曰「毛炮之豚」，注解說以整個乳豬，先用熱水或火去其毛，再全部包起來炙熟。《禮．禮運》也說「以炮以燔」。因有「炮鳳烹龍」之饌名。

㈥炰——音庖。《詩大雅》曰「炰鼈鮮魚」，以火熟之。《漢書楊惲傳》有「烹羊炰羔」之菜。

㈦烘——用火的輻射熱燎之使熟。如烘糕。

㈧烤——生料入爐，用火炙之使熟。如掛爐烤鴨。

㈨烙——以火灼之。如烙餅。

㈩炰——音缶，以火熟之。《玉篇》說「熝煮曰炰」。陸游詩有「炰粥」。

⑾焄——音熏。以火熏炙使熟。《史記楊僕傳》中有「焄法」。

⑿烹——就是煮。《老子》：「治大國若烹小鮮」。因有烹調、烹飪等名詞。

⒀焙——用火烘烤，使水份去掉。如火焙乾魚。

⒁煎——熬也。《說文段注》：「凡有汁而用火熬乾謂之煎」。其法用弱火熱鍋，少油少水。如煎荷包蛋。

⒂煮——煮是多水或多湯，費時久，使之熟爛。曹植有「煮豆燃萁」之詩。

⒃焗——生肉或半生材料，鹽漬後，陰乾，包起來，埋入熱鹽或熱砂中焗熱。廣東菜用此法。如鹽焗雞。

(十七)熗—放進滾油裡，或滾湯裡，數沸即出鍋，叫熗。如熗肚片。

(十八)煸—乾炒。如乾煸四季豆。

(十九)煨—埋在熾熱的爐灰中，不直接接觸明火，而利用餘燼的高溫，使食物變熟。《六書故》說：「煨、灰火中熟物也。」如煨山芋、煨酒。

(二十)煠—以食物投入滾油或沸湯中，一沸而出，叫煠。蘇軾十二時偈：「百滾油湯裡，悉把心肝煠。」

(廿一)煲—讀如保。用緩火小火慢煮熟煮，廣東菜常用之，如羊肉煲。

(廿二)㷓—埋入熱灰中令熟，作法同煨。《說文通訓定聲》說：「熱灰謂之㷓煨。」陸羽《茶經》說：「貯㷓煨火，令熅熅然。」

(廿三)熏—用松柴香木燃燒時所產生的熱煙來熏灼使熟，有特殊的風味，分生熏與熟熏。如熏肉熏魚。

(廿四)熬—乾煎也。用慢火煎物使乾。《周禮地官舍人》：「共飯米、熬穀」。又煮海水以製鹽曰熬波。又是用慢火久煮久燉之意。如熬粥，熬骨頭湯。

(廿五)燉—和湯煮物，使它爛熟曰燉。《老殘遊記十二》：「用口磨燉肥雞。」

(廿六)燙—用熱水溫物，如燙酒。

(廿七)燒—以文火慢煮，酌加醬油酒醋，使味入透，如紅燒蹄膀。又以火炙熟，如道口燒雞。

(廿八)燜—用有蓋的容器，盛食物，加作料、水、酒、醬油，蓋密蓋子，不讓漏氣，用文火久煮，叫燜。如紅燜牛肉。

(廿九)燴—調和食物，稍煮即熟叫燴。又將多樣菜合煮在一起也叫燴。如燴飯、雜燴。

(卅)燻—同熏。用火氣熏物叫燻。

(卅一)爆—用強火高溫速炸，使食物受高熱而爆裂叫爆。如爆米花、油爆肚。

(卅二)炊—用火燒飯煮菜叫炊。《公羊傳》「析骸而炊之」。《莊子》「數米而炊」。又成語「炊沙成飯」是比喻徒勞無益，因煮沙終久不可能變成飯也。

(卅三)燂—音談。燒爛、烤爛、炙爛也。《周禮・考工記・弓人》「撟角欲熟於火而無燂。」

(卅四)燖—音尋。將肉類放於沸湯中使半熟也。《集韻》「燖、於湯中爚肉也」。《夢溪筆談・三》「祭禮：有腥、燖、熟三獻。」

(卅五)熝—音鹿。熬也、煉也。《全唐傳載》：「有士人平生好食熝牛頭。」

(卅六)爊—音敖，煨也。《齊民要術・脯腊》說：「將魚草裹泥封，塘灰中爊之。去泥草，白如珂雪，味又絕倫。」就是用泥土包了去燒烤，「叫化雞」的做法近似。

(卅七)蒸—食物放在蒸籠裡、或蒸缽裡，以蒸氣間接加熱令熟。如粉蒸排骨、清蒸鱈魚。

(卅八)滷—以鹹汁（就是濃濃的滷水）調治食物曰滷，浸久乃可食之，如滷牛肉、滷肫肝、滷蛋。

㈣泡—用滷水久漬，如泡菜。用沸湯沖熱或煮令熟，如泡飯。

㈣漬—浸漬、醃泡之意。《禮記・內則》：「漬取牛肉，必新殺者」。後漢徐穉有炙雞酒漬的典故。

㈣溜—以食物入鍋微煮即起鍋。如醋溜魚。

㈣浸—生鮮的食品，在滷水中久浸變熟。如醋浸藕片。

㈣淋—如油淋雞。

㈣涮—將生切的薄肉片，放入翻滾的沸湯中，因肉片薄，燙幾燙就熟了，即時夾出，醮著作料，入口香軟。如羊肉涮鍋。

㈣糟—以酒或酒糟漬物曰糟。《晉書・孔愉傳》：「肉糟淹，更堪久」。如糟魚。

㈣腊—摸上鹽酒（加味）、八角（加香）、硝（防腐）風乾後，再用松枝冷煙烌熟，就成腊肉，湖南名產。

㈣腌—用鹽漬之，令熟，又可防腐。如腌魚。

㈣貼—油煎一面成焦香，另一面較爲鬆軟，叫貼。如鍋貼。

㈣汆—把生的食物投入沸水，略煮，就連湯盛起，叫汆。汆音ㄊㄨㄣ，讀竄、陰平。

㈤川—烹飪時，用滾水煮物，汆熱湯，如川丸子。如汆湯。

㈤塡—把作料塡塞入內，使有特殊風味。如塡鴨。

(五三)扣—或許是使肉片連成一束不令散脫叫扣。如扣肉。
(五三)扒—用強力脫除，如扒皮。有八珍扒鴨。
(五四)拼—湊合在一起叫拼。如拼盤。
(五五)搶—大火急炒即起鍋。如搶鍋麵、搶蟹。
(五六)拌—數味勻合一盤叫拌，加佐料，分熱拌冷拌。如拌三絲。
(五七)餾—食物之已熟者又蒸之使熱叫餾。《說文通訓定聲》：「再蒸曰餾。」
(五八)餞—用糖、蜜浸漬而成的食品叫餞。如蜜餞。
(五九)酥—食物和油製成，如酥油餅。因此凡是鬆脆可口的都稱酥。如香酥鴨。
(六十)醃—用鹽漬物都叫醃（就是腌）。如醃雞。
(六一)醬—將食物搗爛如泥狀，用以和味，如蝦醬。又生菜浸入醬中泡熟，如醬黃瓜。
(六二)醉—以酒浸漬食物，讓酒滲透後再取食。《閒情偶寄・肉食》：「甕中取醉蟹」。
又如醉蝦。
(六三)釀—如釀豆腐。
(六四)風—掛在陰涼乾爽通風之處，讓風將食物吹乾。如風肉。
(六五)凍—熬成濃湯，連肉帶汁凍爲整塊，切片上席，如羊肉凍。
(六六)……（容待增補）
除了上述的烹調方法之外，從菜牌上的名稱，也可顯示各種烹調花樣，諸如北京名菜

「灌」羊腸，正定名菜「崩」干絲，武昌名菜肉湯「澆」豆絲，熱河朝陽「擲」黃菜，河南開封「搿」打瓜，山東孔府金鉤「掛」銀條，新疆伊犂手「抓」飯，浙江諸暨「剁」豆腐，江西生「擠」蝦仁，山東「嗆」麵條，安徽「刮」魚片、「霉」豆腐，河北黃沙「窖」鴨梨，潮州紅「炆」魚翅，台灣台中市「臭」浸桂花魚。傅培梅食譜有鹽「擦」雞，糯米「封」全鴨，宮保魷魚「捲」。至於歷史上記載的「武后翅」，是武則天皇后愛吃的魚翅。「壽王妃鮑」是楊貴妃初名壽王妃，她獨愛鮑魚。「海龍妃參」是西施又稱小龍女，喜吃海參。「虞姬嫩蒓」是楚霸王項羽寵姬叫虞姬最想吃的。名目之多，眞是「族繁不及備載」。唐代郇國公韋陟，是著名的美食家，菜肴十分精美，烹調獨步古今，吃過的都贊不絕口，這就是「飽飫郇廚」成語的由來。

我國烹調之法，可能還不止此，尚待續補。

最後推介一道菜名作結。前江蘇省主席陳果夫，曾創一味叫「天下第一菜」。做法是雞湯煮沸，加入番茄、蝦米、油炸鍋粑。其中番茄色艷，雞與蝦味鮮，鍋粑酥香，油炸鍋粑入湯時滋滋發響，這就是色香味聲四美齊備（現今把大龍蝦的眼睛裝上小電燈泡發「光」，則已增爲五美；如再添上菜「雕」，乃是用瓜果根塊，挖切成裝飾品，襯舖盤中，也甚賞心悅目，且非高手莫辦。則六藝齊備矣），也使眼耳鼻口舌都得到了大享受。陳果夫有「天下第一菜」歌，其詞曰：

「是名天下第一菜，色聲香味皆齊備，

宴客原非專爲口，自應兼娛眼耳鼻。
此菜滋補價不貴，可代燕耳及魚翅，
番茄鍋粑雞與蝦，不獨味美更健胃。
燥兮溫兮動與植，中外水陸品類萃，
勇能赴敵屈能伸，因物又可激志氣。
我今鄭重作宣傳，每飯不忘願同嗜。」

(二) 普「吃」的文化

「吃」之一事，本是「吞」入肚裡，卻常「吐」露在言談上。國人因受吃的文化之薰陶，以致凡事都和吃搭上了關係，例如：

事情急迫叫吃緊，受嚇害怕叫吃驚，勞累謀生叫吃苦，小笑不止叫吃吃，還要使力叫吃勁，自甘讓步叫吃虧，到處碰壁叫吃癟，入營當兵叫吃糧，行船載重叫吃水，大家歡迎叫吃香，將軍抽車叫吃子，麻將上張叫吃牌，心有不甘叫吃味，超過能耐叫吃力，贏錢給賞叫吃紅，妒心太重叫吃醋，竊案故意不列紀錄叫吃案。

再者：告到法院叫吃官司，無故遭殃叫吃悶棍，投球被擋叫吃火鍋，男要女養叫吃軟飯，無力承受叫吃不消，能夠撐持叫吃得住，左右逢源叫吃得開，乾拿薪水叫吃閒飯，戲謔女生叫吃豆腐，強征豪門叫吃大戶，上司罵我叫吃排頭，考試零分叫吃鴨蛋，和尚化緣叫吃十方，戰爭輸了叫吃敗仗，四處揩油叫吃白食，受人掌摑叫吃耳光，私吞利益叫吃獨食，只花不賺叫吃老本，判他槍斃叫吃子彈。

還有：對方不願見面叫吃閉門羹，就任政府官職叫吃公家飯，當面受辱叫吃眼前虧，安坐享受叫吃現成飯，老師上課叫吃粉筆灰，受苦不願說叫吃啞吧虧，因職務之便而撈錢叫靠山吃山，凡事都挑最好的叫吃香喝辣，獨吞一點不剩叫吃乾抹淨，宴會完了還領贈品叫有吃有拿，漸入順境叫倒吃甘蔗，老滑頭兩面要錢叫吃裡扒外。

至於不幹以前職務叫不吃回頭草，不在近鄰作案叫不吃窩邊草，我盡了力但對方不領情叫吃力不討好，順弱抗強叫吃軟不吃硬，電動賭具叫吃角子老虎，下手太狠叫吃人不吐骨頭，禁受不起叫吃不了兜著走。

甚至說：諾言不肯兌現叫食言而肥，讀書不知變通叫食古不化，兒女太多叫食指浩繁，掙錢謀生叫自食其力；恨透壞人，巴不得「食」其肉而寢其皮；欲圖報恩，要做到「食」其祿而忠其事。

這眞是大小通吃，不墜泱泱「吃」國之風。

一二四　寫字的杞憂

現今中國熱最時髦，西方人士，都想學寫中國字，我們自己反而忽視，輕言放棄，這是説不過去的。

中國文字，用毛筆書寫，已歷兩千多年了。筆墨硯紙，譽爲文房四寶，讀書人都十分珍視，也流傳不少有趣的故事，大可激發我們思古之幽情。

寫字的雅事

晉代王羲之，官拜右軍將軍，別人稱之爲王右軍。他最擅寫字，書法博採衆長，自成一家，冠絕古今，尊爲「書聖」。

王羲之愛鵝。他聽說會稽地方有個老婆婆養了一隻好鵝，便邀約友人一齊去賞鵝。那老婆婆聽說王右軍大官人要大駕光臨，大喜。家中別無好菜，就殺了這唯一的鵝來款待貴客。羲之到時，鵝肉上桌了。王羲之因愛鵝而欲「賞鵝」，老婆婆因敬客而致「烹鵝」，讓王羲之難過了好多天。

另有一事：王羲之得知山陰有位道士，養了一群好鵝。羲之坐著小船前往，想要買回來。道士說：「鵝是不賣的，但如你能幫我手寫一部老子道德經，我願將這整群愛鵝相贈。」羲之大喜，小住時日，書寫完了，用竹籠把鵝群載歸。《二王書論》有此記載，這是「籠鵝而歸」的故事（但《白孔六帖》則說是抄寫「黃庭經」）。

唐太宗酷好王羲之寫的蘭亭集序，世稱「蘭亭帖」（文章也是他作的），是用鼠鬚筆在繭紙上寫就的。文中有重複的字，例如「之」字就有十九個，每個之字都改變一種姿態寫出，各有不同的神韻，可謂遒媚勁健，絕代所無。唐太宗得到眞跡，貯以玉匣，死後陪葬於昭陵。

東漢有位張芝，字伯英，精於書法，旣長於作一筆飛白書，尤善寫草書，筆力飛動，神變無極，王羲之也極推崇他。人稱張芝爲「草聖」。

漢末魏初，有位鍾繇，做過侍中尚書僕射等官職，精於書法，別人評爲「隸行入神，八分（另種字體）入妙」。他坐時就畫地作書，睡時就用手畫被褥學書。

唐朝有位張旭，擅長草書。喜喝酒，每在大醉後才寫字，人呼爲「張顚」。他觀看公孫大娘舞劍而得寫字之神韻，人稱「草聖」。《新唐書．李白傳》中有記。

其他如顏眞卿、柳公權、米芾、以至近代的于右任，都是名世的書法大家。

文房四寶的故事

與「筆」有關的故事很多。唐代李白在少年時，夢見他寫字的筆頭上生花，以後便詩文泉湧，名聞天下。《開元天寶遺事》中有此段記述，這是「夢筆生花」的故事。

南北朝時，有位江淹，有文名，人稱江郎。年少時，夢見有人給他一枝五采筆，以後寫文章就得心應手，這是另一「夢筆」之典。

江淹晚年，有一次在冶亭夜宿，夢見一偉丈夫自稱郭璞，對他說：「我有一枝筆，借你好多年了，現在該還我吧！」江淹從懷中探出一物，乃是一枝五色好筆，隨手歸還。從此江淹爲文，倍感艱澀，後人稱之爲「江郎才盡」。

唐朝有個和尚，名叫懷素，他是唐玄奘的弟子，草書寫得極好，他自己說已得草書三昧，以狂草出名，世稱「顚張狂素」（張是張旭，見上頁）。他把寫壞的毛筆，堆集在一起，埋葬入土，替這些心愛的筆造了一座墳墓，號爲「筆塚」。

漢朝有位班超，家貧，爲官傭書，就是官府雇用他來抄寫文書，報酬少，工作繁，前途無望。一天，他把筆桿一丟，發誓說：「男子漢大丈夫，應當效法張騫，立功西域，以取公侯之位。哪能每天同這筆桿子作伴呢？」漢明帝知他志大，便派他出使西域。他降鄯善，服于闐，通疏勒，臣莎車，走龜茲，斬焉耆王，使西域五十多國都來中國納貢，封定遠侯。這就是「投筆從戎」的由來。

柳公權是書法大家。唐穆宗有一次問他：「運筆的要領如何才得盡善？」柳公權答道：「用筆在心，心正則筆正。」借寫字運筆來規勸皇帝要走正路，史稱「筆諫」。

五代史中，有位史弘肇，幫助後周太祖劉知遠治國，當時世局紛亂，他對著手中的筆歎道：「安朝廷，定禍亂，直須長槍大劍，像這『毛錐子』有何用？」毛筆別名毛錐子從他開始。以後凡稱棄文就武，除了用上述「投筆從戎」之外，也可借用史弘肇的話叫「安用毛錐」。

宋代歐陽修，文起八代之衰。他四歲喪父，母親鄭氏親自教他。因家貧，買不起筆和紙，就削荻代筆（一種瘦長的植物桿莖），在地上畫字學書，終成曠代文豪，這是「畫荻」的典故。

《法書要錄．晉衛夫人．筆陣圖》說：「善筆力者多骨，不善筆力者多肉。多骨微肉者謂之筋書，多肉微骨者謂之墨豬（墨豬是比喻毛筆字肥腫而無力）。」這該是用筆寫字之精要了。

推翻滿清的開國元勳黃克強先生（黃興）在兩湖書院時，撰有《筆銘》，銘曰：

朝作書，暮作書，
雕蟲篆刻胡為乎？
投筆方為大丈夫！

寫字要用「墨」，引伸之，字寫得好而可貴者叫「墨寶」。用黑墨畫的竹子叫「墨竹」。會寫文章的人叫「墨客騷人」。文字粗疏的人叫「胸無點墨」。晉代王羲之在浙江永嘉做官，臨池習字，在水池裡洗硯洗筆，日子久了，池水盡黑，宋代米芾為寫「墨池」兩個大字作命名，曾鞏為此寫了一篇「墨池記」。

明末做過兵部尙書的阮大鋮，他的傳奇劇本《燕子箋・偕征》寫道：「可恨墨水全無，只是這之乎者也矣焉哉，字字不通一竅。」這是借來譏笑學問知識欠缺。引申之，到外國留學就叫「喝洋墨水」。

黃克強先生文武雙全，他撰有《墨銘》云：

墨磨日短，人磨日老；

寸陰是競，尺壁非寶。

「硯」是磨墨工具。文人靠它以筆耕爲生時別喻「硯田」。五代時，有位桑維翰文士屢次參加考試，主考官厭惡他的姓，認爲桑與喪同音，觸主考官的霉頭，不予錄取。他回家寫了一篇《日出扶桑賦》以述志。又鑄了一個鐵硯，發誓說：「如果此硯磨穿而學尙未成，就改業不做文士了。」之後終於登上進士，官任樞密使，這就是「磨穿鐵硯」的掌故。

湖南瀏陽出產菊花石，石含天然紋理，形似菊花，製成工藝品曾榮獲一九一五年巴拿馬博覽會金質獎。菊花硯更馳名中外。淸末唐才常有一菊花硯贈給梁啓超，由譚嗣同爲此硯作《硯銘》，並由光緒進士江標鐫刻，後爲熊希齡所收藏。《硯銘》曰：

我思故園，西風振壑；

花氣微醒，秋心零落；

郭索郭索，墨聲如昨！

「紙」是寫字的，紙有限而文意未盡叫「紙短情長」。戰國時代，趙括跟他父親趙奢談論兵法，頭頭是道，趙奢講不過他，以後趙括統兵抗秦，輕敵，被秦將白起打得大敗，阬卒四十萬人，趙括也死了。因此凡是空談而誤事的，都叫「紙上談兵」。

晉代有位左思，要寫一篇「三都賦」，就是歌頌三國時代的三處都城。他特意移居到洛陽，以便親自體驗其山川之美。構思十年，賦成，當時人人競相抄寫傳播，洛陽市的紙都因搶購而價格高漲，這就是「洛陽紙貴」的出處。

《世說新語》說：庾仲初作「揚都賦」，以呈庾亮，亮大贊賞，說：可三「二京」（可與張衡的二京賦鼎足爲三），四「三都」（可與左思的三都賦齊名，增加一都爲第四都的佳賦）。於是人人競相傳寫，京都的紙都漲價了。劉禹錫有《和留守令狐相公答白賓客》詩曰：

君來不用飛書報，
萬户先從紙貴知。

文房四寶，各有講究。「筆」有狼毫雞毫兔毫羊毫，「墨」有松煙桐煙油煙，「硯」有端硯歙硯洮硯，「紙」有單宣夾貢。「工欲善其事，必須利其器」。昔時文士，對這四寶十分珍視，如今欲覓知者愛者，恐怕已寥寥無幾了。

以前都是手抄書

從前印刷術不發達，書籍及文字的流佈多賴「傳抄」。傳抄就是我借你的「寫本」來抄，他又借我抄好的「寫本」去抄。這親手抄書有兩樁益處：一是既然抄來當範本，就不敢潦草，增益習字的基本工夫。二是手抄一遍之後，對內容已有八分印象，進而熟曉不難。例如一部《四庫全書》，就是清代乾隆皇帝下詔開館來「繕錄」的。分爲經史子集四部，故叫四庫。歷時十八年，共七萬九千三百三十九卷，全部由館臣親手恭抄。而且每一卷都要同樣照抄八份，故共有八套。其中四套分別藏存在北京大內之文淵閣、瀋陽之文溯閣、北京圓明園內之文源閣、和熱河之文津閣，都在北方，故稱北四閣。另三套則藏存於鎮江之文宗閣、揚州之文匯閣、和杭州之文瀾閣，都在南方，故稱南三閣。另一套藏於翰林院，供翰林們研讀之用。這八套書中，以文淵閣這一套抄得最爲精緻工整，因爲是獻給乾隆皇帝八十聖壽用的。其餘也幾乎和刻版一樣。如今書籍交印刷出版，寫字有電腦代勞了。本文仍引用這些往事，乃在提醒你我，重溫故實，緬想他們那時寫字是如何的敬謹莊肅，與目下相比，能不起「今不如昔」之歎嗎？

寫字的杞憂

從前每一文人，都是書法家，現在則筆重千鈞，能提起毛筆寫出一頁看得過去的字體的人士已日漸稀有，文房四寶已經沒人重視了。

我們將會察覺有下面幾個憂心的現象：

——現代家庭中，備有硯台者有幾？備有墨錠者有幾？

——毛筆大概只爲練習國字書法的人才備有吧？

——若干年之後，能提得起毛筆的人將少得可憐，毛筆會不會滅失呢？

——再若干年之後，能寫毛筆字的人由於太少，都將算作藝術家，與畫家、雕刻家、建築家同列了。

一筆之差落榜

前人參加考試，文卷都用毛筆楷寫，書法的工拙，也是錄取與否的因素之一。相傳有一應考秀才的考生，試卷字跡工整，議論磅礴，但主考官把它歸入落第卷堆中，副典試官偶然清理落卷，見此卷文意及字體都還不錯，檢出請求復閱。主考官說：「本該錄取。但卷中寫到生員一詞，員字上截應從『口』，他寫成『厶』，厶音思，即古寫的私字，就因此字有誤，故不可取。」副典試官說：「這僅是小節，似可通融嘛。」主考官問道：「如口可改爲厶，那末『勾』與『句』、『吉』與『去』、『私』與『和』、『台』與『呂』，是否可以互通互換呢？」副典試官無言以對。主考官硃筆批曰：「勾句私和，各不相和；呂台吉去，秀才革去。」一筆之差，竟然落第。

可見寫字時應當一筆不苟。如果平時隨便慣了，遇到重要關頭，仍會依然故我，說不定抱憾終生。寫字如是，其他一切也莫不如是。

亂創字體

文字源於六書，有其演進的過程。如果任由己意去胡亂發揮，悖離文字源流，私創獨家寫法，都難免逸出正軌。

例如根本的本，是木下加一，代表樹木的根。有人改寫為夲，從大從十。殊不知那是另外一字，讀如滔。是迅、快的意思。本字屬於木部，夲字卻屬大部，兩字音義部首全不同，不宜代替。

又如才藝的藝，有人只留取上下兩部份，丟掉中間，簡寫為芸，錯了。芸是另外一字，音雲，是芸香、芸窗、芸芸衆生的芸，音義全非。

又如豐富的豐，有人寫成豊，也錯了。豊音禮，是一種器皿。街市上有些以豐取名的店名，招牌字也有錯寫為豊的，遺人笑柄。

又如關切的切，有人寫成土旁，不對。切不屬於土部，而是從刀從七，屬刀部。刀為形，七為聲，是個形聲字。

又如苗下從田，笛下從由。不木本都無鉤，步賓馱閏都無點，寬寃都有點，染軌之九都無點。再如多一點是野兔白兔之兔，少一點是免職免官的免。至於博協都從十，屬十部，寫為心旁是錯的，小不同而大異。

寫字不可改變原有的結構。例如護字，左旁從言，右旁從蒦，音沃，持也。其結構是

「吅」的形狀。左右各佔一半。若把艸頭提上去，寫成護字，便不對了。不但把字的結構，變爲「田」的形狀，而且既爲艸所覆蓋，則原屬言部的字就要變屬草部了，實則在艸部中是查不到這個字的。同型式的擭、獲、矱、穫、蠖、鑊、臒、韄、𩏂等字，其理都同。

寫字先求正確，再求美好

筆者有位好友，任職主管，處事認眞，屬下有三個單位三十多人。他審核文件時，首要條件就是寫字清楚。他宣佈說：「我不要求寫字應如何秀美，那是書法大師的事。我只要求每個字都寫得清楚，筆劃該長的不要縮短，部位該小的不要變大。應該有的筆劃都要寫出來，沒有的筆劃也不要加進去。」他眞的這麼行通了。起初還有人潦草塞責，筆走龍蛇，他不客氣的退還重繕，把亂寫的不良習慣革掉了。

《小柴桑・喃喃錄》記曰：「昔有人以己意信筆作草書（任由自己隨意創造胡寫一篇潦草的文字），寫畢付姪謄錄。姪不能讀（姪兒看不懂，不認識），輒指字請問（屢次指著某字請問究是何字）。其人盯視良久，恚曰（發怒生氣的說）：『何不早問？』所謂熱寫冷不識，皆可笑也。」這豈不是寫了等於白寫嗎？

由於文字的功能是傳達思想，應當讓別人易於辨識，一看就懂，不要使對方在認字上太花時間。即令你寫的是擲地有聲的宏文，如果寫字信手塗鴉，滿紙龍飛蛇舞，讓閱者心煩意怠，那就不得不逼使他忍痛割愛而不看了，吃虧的恐怕還是你自己呢。

寫字潦草，作事馬虎

常言道：「字無百日功。」是說習字並不難，學上一百天，就會寫得很好。又說：「字是敲門磚。」是說字寫好了，別人看到這一手漂亮的好字，就喜歡你這個人，樂於接納你，等於用書法敲開了對方的大門。

寫字端正，正是代表一個人的莊敬品格。《舊唐書》列傳第一百四十記載：席豫、進士及第，在唐玄宗時擔任吏部侍郎六年，凡是寫信給晚輩，或在吏部衙門對屬下文稿的批示，下筆絕不潦草，字跡點劃都不苟且。他說：「不尊重別人，就是不尊重自己。細處都不恭謹，大事就不要談了。」

《北齊書》列傳第三十也說：趙彥深之子趙仲將，學問廣博，經史諸子都通，尤其長於草書。但寫信與衆多弟弟時，寫的都是正楷。他說：「草書不可不認識，但若用草體寫字給別人，那就太輕漫了，既不恭敬，也欠負責，爲人不可如此。」

歸納來說：寫字潦潦草草的人，做事也可能馬馬虎虎。誰家老闆會喜歡這種伙計？唯個首長會喜歡這種部屬？

寫姓名像畫符

每人都有姓名，是父母所賜，一經戶籍錄載，就成了註冊商標。

有的父母，也許爲炫耀自己的博學，找一些冷僻古怪的字來命名，連康熙字典裡也查不到，別人更不會唸。有的父母，也許迷信五行相生相剋，認爲兒女缺水缺金，便在原有名字上硬加水旁金旁，創個新字。

凡是取了怪名的人，你要勸他千萬不要競選。因爲別人不會唸，準定落選，可謂受父母之累。爲人父母者，請不要貽害兒女才好。

我問一位老師，新學生上課點名時，遇到不識的名字，怎麼辦？他說：「我當然不會傻得在課堂上問學生這字怎麼讀？我會跳過去，然後問誰未點到名？再問他叫甚麼名字？他一說，我就記住了。」這一著，倒不失爲偷巧的妙招。

我們一生中隨時都有機會書寫自己的姓名，有的人隨意信手一揮。有的人故意寫爲連體字，三個字一筆呵成，好似一道鬼符。他以爲自己已經寫過千萬遍了，誰箇不認識？遺憾的是，唯有姓名的字沒法猜，也沒法從上下文中推斷究是何字。既然認不出，就湊個近似的別字，或乾脆讓它留個空白吧。

這種作法妥當嗎？自己的姓名何等莊嚴，何等神聖，爲何自己不尊重？爲何不寫規矩一點？他對自己都不尊重，天下還有何事令他尊重呢？

尾聲

有人預測：隨著時髦的「中國熱」在全球方興未艾，行見中文漢字在五十年後，會更加普及到全世界。那時連地球村裡的外國人都會以能寫中國字爲榮，我們自己反而忽視或輕言放棄是說不過去的。

筆者幼時，曾由祖父教用毛筆習字，要領是筆桿要垂直，手指要握緊，掌心中空，空處猶如握著一個雞蛋，這是標準的執筆法。時下不少年輕人，沒有學到這些要訣。只要看他們對圓珠筆的握法，把食指的中節跨壓在拇指之上，就可猜知他們寫字費的勁很大卻沒法把字寫好的原因了。

這大概也是時代所釀成的。如今進入了工業社會，要學的東西太多。上學時，英數理化是熱門，誰有時間來習字？以前的入學考試，「作文」是重頭戲，題目如「學而時習之，試申其義。」（這是《論語》裡的第一句話，見《學而》章）或「舜爲天子，皐陶爲士，瞽叟殺人，則如之何？試申論之。」（這是《孟子．盡心上》的一章。孟子學生桃應問道：舜是賢君，也是孝子，他父親瞽叟殺了人，舜能以私害公，庇護他父親免受法律制裁嗎？皐陶的職務是法官，公正方直，他能夠不顧君臣情誼，狠心判天子之父的死刑嗎？這個假設很刁皮，還眞難以解答）。從書法寫字的優或劣，以及行文立論措詞的暢或澀，就可知道考生的實力有多少，憑這一篇文章就足以決定錄取與否了。現在則因「作文」評分難於客觀，改用是非題選擇題來測驗，由電腦來閱卷，考生考中文不必寫半個中文字（只要在答案紙上塡格子），這究是好是壞？是得是失？有誰來抱這杞人之憂呢？

一二五 淺介竹雕

竹刻對聯有三原則：一為楷草隸篆字體佳妙，二為對聯詞句寓有雅意，三為寫字者是書法界之名家。

我有一位朋友，刻竹成癖。他的作品有竹聯：竹筒、竹塊、竹根、短匾諸類，悉皆精妙。而成品以竹聯爲多，收集極爲豐富。字體含正、草、隸、篆、鐘鼎、甲骨等均齊，朝代自漢、魏、晉、唐以迄今人俱備。若無恒心毅力，何能臻此？

竹之性狀，也最適于製聯，選取一段勁直好竹，截平頭尾，縱剖爲二；由于竹節雙雙弧凸，已有天然立體之美，正是一幅上好聯材。配合雕鏤的巧技，刻以俊逸之文詞，染成素樸之顏色。懸之堂廈，乃使陋壁生輝，雅俗共賞。比那紙裱的對聯，凝重溫莊多矣。

竹刻技藝之興起，源自唐宋。宋高宗時，安徽吳晞安，工于竹上鏤刻宮殿山水人物，世號皖派。明代金陵李文甫，善刻花鳥虫獸，有金陵派之稱。其後嘉興張希黃，改創陽文留青，爲浙派之所自起。蕭山蔡容莊，創刻人物山水，乃稱蕭山派。嘉定朱松鄰改用深刀，遂成嘉定派。清代道光，湯碩年更兼皖金浙三派而合成一家。可見竹刻之藝，代有高人，因癖愛而操刀立名者，踵接相繼也。

我的朋友選聯，訂有三項原則：其一、字體當求佳妙，劣者不取。其二、聯句寓有意義，可助勵品修身。其三、寫字者爲書界所熟知，而非碌碌之輩。依此三念，愼揀精挑，數竟逾百。觀其窮蒐廣索，深夜挑燈，樂此而不疲，若非堅守湖南人之執著性情，何能數年如一日？去秋於台北舉行個展，普獲佳譽，洵屬實至名歸。

毛筆字原是中華國粹，日人仰慕而力學，以青勝藍，創爲「書道」。反觀國人，能挈提毛筆振臂作書者，已漸寥落，豈禮失而求諸野乎？余恐數代之後，或將斷失薪傳，何由爲繼？我的朋友選擇刻聯爲主題，宜爲正道。至盼更上層樓，游技於藝，則對中華文化之宏揚，應有多助也。

——這篇小文於一九九二年十二月刊登湖南長沙《甲子郵刊》九三期第一版

一二六　長壽與短命

「生」要有益於時──生命不在乎長短，而在乎要有價值。

「死」若無聞於後──即令與天地同壽，也只是糟蹋生命！

長壽是「三多」，《莊子天地篇》說：華封人有三祝：多福多壽多男子。昔人活到七十，就稱古來稀了。但今醫藥進步，營養講求，壽命已然延增，是不是還要專求高壽呢？或許該另有考慮吧。

如果深入一層來推究，僅僅祈求長壽自是不夠的，理由如下：對自己而言，長壽的前提應是健康；倘若某人連年重病，臥床不起，那豈不是活得愈久他自己受罪愈深，長壽何益？對社會而言，長壽的目的應是貢獻，倘若此人詐騙偷搶，一生不改，那豈不是活得愈久對別人傷害愈大，長壽豈不是禍？總結來看，單求長壽，不夠周延。

退一步說，即使我們一輩子沒生大病，也沒有害到別人，自己獨善其身的由壯而老，安享百歲遐齡，好不好？如若從整個社會群體的宏觀面來看，此人對生命交了白卷，徒然在世間消耗了一百年的糧食，其評價仍是負面的。

由此可以推知：「生命應不在乎長短，而在乎有無價值」。提倡愛惜分陰的陶侃曾說：

吾人若「生無益於時，死無聞於後，」即令與天地同壽，也只是糟蹋了生命（見通鑑晉紀）。換言之，生命的最高境界，應是國父揭櫫的「人生以服務爲目的。」高人之所見，語雖異而意卻相同。

前代志士仁人，他們認清了人生的目的，立下高志，義無反顧，犧牲小我，福益大群。生命雖不長，奉獻卻無量。讓個人發光發熱，使大我得救得安。他們活得充充實實，無愧於心，死得轟轟烈烈，有濟於世，不計較一己生命的長短，爲理想而捐身。這種偉大的卓行，眞令我們欽佩。

也另有一些傑出人士，他們的學問淵博，行爲高越，表現確然不同凡響，雖然生命不長，卻留下許多優良事蹟，大可作爲我們學習的榜樣。

他們是誰？史例如下：

汪踦，也作汪錡，春秋時代魯國的童子。魯哀公十一年（西元前四八三年），齊國攻打魯國，汪踦與齊師戰於郎（地名），汪踦陣亡了。魯國人不想用童子的簡單葬禮、而打算改用成人的隆重葬禮來治汪踦的喪事，去請教孔子（西元前五五一—前四七九年）。孔子贊同用成人禮營葬，他說：「能執干戈以衛社稷，雖欲勿殤也，不亦可乎？」（見《左傳．哀十一年》）孔子稱贊汪踦爲國犧牲，忠烈已等同於大人了。所謂殤，是指未成年人的夭折。汪踦的年齡，當在十九歲以下。

顏淵（公元前五二一—前四九〇）春秋魯人，孔子弟子。敏而好學，貧居陋巷，不改其樂，孔子稱贊他說：「賢哉回也」。他聞一知十，不遷怒，不貳過。德行列爲第一名，十哲他是首位，後世尊爲「復聖」，不幸早死，享年只三十二歲。

項羽（公元前二三二—前二〇二）秦末下相人。少有奇才，志向高大，身長八尺，力能扛鼎。帶兵入關，滅了秦朝，自稱西楚霸王。後與劉邦爭天下，垓下被圍，自謂八載縱橫，七十餘戰，未嘗敗北，願將頭顱贈予故人，好去領獎，便在烏江自刎，我們不宜以成敗論英雄，項羽仍是一代豪傑，但他享年只有三十歲。

周瑜（公元一七五—二一〇）三國時代吳人。吳主孫策封他爲建威中郎將，才二十四歲，故稱爲「周郎」。文才武略，又精音樂，有錯一聽便知，人謂：「曲有誤，周郎顧」。都督軍事，大敗曹操於赤壁。不幸病卒，年僅三十六歲。

龐統（公元一七九—二一四）三國時代蜀之襄陽人。司馬徽譽他是南州士人中的冠冕，一代俊傑，稱他爲鳳雛先生。劉備派他作耒陽縣長，他不管事，魯肅說：一個小縣官不足以展布他的才華，大材小用可惜了，諸葛亮也推薦他，因召爲軍師，協同與諸葛亮輔佐劉備，謀策甚多，都很允當。當初、顧邵問他道：我和你誰個爲佳？龐統說：與世浮沉，我不及你；爲王者劃策，應是我之所長。後爲流矢所中，不幸早死，年僅三十六歲。

王粲（公元一七七—二一七）三國魏高平人。博學多識，文詞敏贍。當時那手訂六經文字的大文學家蔡邕賓客盈門，聽到王粲來訪，急得倒穿鞋子親迎（這便是「倒屣迎賓」的典故），王粲年少，滿座賓客都驚異。蔡邕說：「這位王小兄確有異才，我們都比不上呀。」他是建安七子之一，著有詩、賦、論、議六十篇，三國志魏志有專傳，卒年四十。

王弼（公元二二六—二四九）三國魏山陽人。他注釋易經，不講象數而伸義理，糾正讖緯的缺失。又注老子，陸德明說他妙得虛無之旨，今都并行於世。當他年少時，往見吏部尚書何晏，何晏舉出經書裡的理論，問他能不能駁倒。王弼便將自己充當正反辯論的兩方，自問自答，都很深入且有道理，反覆列舉了許多條，陪坐的文士這才服氣。後遇癘疾亡身，享年僅有二十四。

王勃（公元六五〇—六七六）唐代龍門人。六歲能寫文章，及長，辭藻奇麗，爲初唐四傑之一。他父親作交趾令，王勃前往省親，路經南昌，正逢都督閻伯嶼宴客於滕王閣，王勃即席寫成「滕王閣序」（已列入《古文觀止》爲範文），序中有「落霞與孤鶩齊飛，秋水共長天一色」之名句，閻都督贊他是天才，不久卻溺水而死，年僅二十六歲。

岳飛（公元一一〇三—一一四二）南宋湯陰人。文才武略，官至太尉。二十四歲破金兵於滑州，有「撼山易、撼岳家軍難」之美譽。三十四歲大敗金兵於朱仙鎮。方欲北伐光復故土，爲丞相秦檜所忌，以莫須有之罪誣死，時年三十九。

鄭成功（一六二四—一六六二）福建南安人。明朝唐王賜他姓朱，人稱國姓爺。明朝亡後，鄭成功攻取台灣，作反清復明的基地。桂王封他爲延平郡王。以積勞而歿，惜乎年僅三十九。

陸皓東（一八六七—一八九五）廣東中山人。自幼與國父爲友伴。興中會創立，陸皓東變賣田地，傾資捐助。中日甲午之役清廷戰敗後，黨人密議攻取廣州，陸皓東設計青天白日旗，作爲起義旛幟，是爲國旗之由來。該次廣州起義，不幸事洩。陸皓東恐黨人名册落入清吏之手，返回焚燬，被捕後，嚴刑逼供，不吐一字，從容就義，爲民國革命犧牲之第一人，時年二十九歲。

朱執信（一八八五—一九〇二）浙江蕭山人。留學日本，拖著辮子參加革命，廣州起義，他親自參與。後隨國父組織中華革命黨。一九二〇年奉國父之命，前往策反廣州虎門守軍。降軍與黨人發生衝突，朱執信不計安危，隻身深入虎穴，爲亂軍槍彈所中殉難，年三十五歲。

鄒容（一八八四—一九〇五）四川巴縣人。十七歲，留學日本，大倡排滿論，著有《革命軍》一書，震撼人心。後返國，在上海加入「愛國學社」，不斷寫文刊登蘇報，攻詆滿清政府。租界當局受清廷之壓力，查封蘇報。鄒容投案。民前七年，鄒容瘐死獄中，得年僅二十歲。追贈爲大將軍。

秋瑾（一八七五—一九〇七）浙江紹興人。別號鑑湖女俠。留學日本，入同盟會。回國後在上海辦「中國女報」，鼓吹革命。在紹興辦「明道女學」，創設「體育會」，組織「光復軍」。因響應徐錫麟槍殺安徽巡撫恩銘被捕，刑前寫下「秋雨秋風愁煞人」之句，死後葬於西湖，只活三十二歲。

宋教仁（一八八二—一九一三）湖南桃源人。留學日本，爲同盟會的骨幹，多次參加武裝起義。民國成立後，他不懼惡勢力，力求中國實施憲政，遭袁世凱之忌，派人在上海暗殺他，享年三十二，一說二十八。

方聲洞（一八八六—一九一一）福建侯官人。膽識過人，留學日本，加入同盟會。一九一一年廣州三二九之役，回國參加革命，力戰身亡。臨行前，他抱必死決心，寫了一篇「別父絕命書」，字字血淚，情文並茂，傳誦一時，全文詳見《開國文獻》方聲洞傳。死年二十六歲。

林覺民（一八八六—一九一一）福建人。留學日本，同盟會員。參加三二九之役，因受傷而被捕。由兩廣總督張鳴岐與水師提督李準聯合審訊。林侃侃而談，張李特令解開鐐銬，奉上煙茶，給與紙筆，林在公堂上振筆揮寫數千言。又在堂前演說，勸清吏洗心革面，建造共和。後在獄中寫了「與妻訣別書」。李劍農教授所著《最近三十年中國政治史》錄其全文，贊爲「至高尙、至純潔、充滿柔情俠骨的信」。二十年代列入中學國文教材。殉難時年二十六歲。

黃興（一八七四—一九一六）湖南長沙人。曾赴日本留學，他組成華興會，後併入同盟會。他膽識過人，與國父齊名，被譽爲「孫氏理想，黃氏實行」。革命起義的欽廉之役雲南河口之役，他都率先衝鋒陷陣。廣州三二九之役，他率同志百多人，進攻廣州總督衙門，失敗，斷了兩指。辛亥起義，他是總司令，奪下武漢三鎭。民國成立，任陸軍總長。後因積勞病歿上海，享年四十二歲。

蔡鍔（一八八二—一九一六）湖南邵陽人，十二歲中秀才，十九歲赴日留學，卅一歲任雲南都督，袁世凱對他有戒心，召他到北京，暗中監視。後來袁世凱稱皇帝，蔡鍔潛返雲南起義討袁，袁羞愧而死。當誓師時，蔡鍔說：「成敗不可知，與其屈辱而生，不若取義而死。」又說：「如成則爲一旅興夏，如亡則效田橫五百完人。」壯哉斯語。惜乎因喉疾病逝於日本福岡，死年三十五歲。

高志航（一九〇八—一九三七）安東省通化人。空軍抗日英雄。十七歲赴法國學高級飛行，返國後，任空軍第四大隊大隊長。民國二十六年八月十三日日本攻上海，第二天八月十四日，高大隊長率隊在杭州筧橋上空擊落日本戰機十三架，因定該日爲空軍節。後駐蘭州，忽逢日機來襲，高志航冒險搶欲登機升空，未及起飛，不幸被敵彈擊中殉命，時年三十歲。

劉粹剛（一九一三—一九三八）遼北昌圖人。中央航校二期畢業，飛行技術特優，尤長射擊，任空軍第五大隊大隊長。對日抗戰期間，升空殺敵，每次戰果輝煌，先後擊落日機達十一架。最後於返航途中，在山西高平縣機油已罄，他想保全飛機而不願跳傘，不幸擦碰城樓殉難，年僅二十五歲。

閻海文（一九〇六—一九三七）遼寧北鎮人。航校六期畢業。民國二十六年八月十三日，日軍侵我上海。八月十七日，閻海文飛往虹口轟炸日軍陣地。不幸座機中彈，跳傘誤落敵軍陣內，被日兵團團圍住。閻先佯死臥地，覷得日兵接近時，猛起，用手槍連斃日軍多人，留最後一彈自盡殉國。日人為敬仰其壯烈，厚予殮葬，並立碑曰「支那空軍勇士之墓」。日文報紙撰文讚揚，日政府通令全國軍人以為楷模。得年三十一歲。

沈崇誨（一九一二—一九三八）江蘇江寧人。抗日戰起，任空軍第二大隊副隊長，出擊炸沉日軍巡洋艦一艘。歸途至白龍港上空，發現日本主力艦在此，苦無炸彈可擲，所駕之飛機業已受傷，不能高飛，乃加足馬力，對準敵艦猛衝，使日艦連續爆炸而沉沒，人機併殉。年僅二十六歲。

林添禎（一九三一—一九六四）台灣省台北縣人。是野柳風景區的小販。民國五十三年三月十八日下午，遊客大學生張國權在野柳仙履鞋岩礁處失足落海。林添禎以往就曾救起四位落海遊客，此時聞訊，就立即跳入海中施救，無奈風高浪急，兩人都溺斃了。林添禎尚有妻室及衆多兒女，義行傳開後，各方出錢出力，捐款作生活費，並為林家造一新屋叫「添禎樓」，及在海邊立一義行碑，又建一立姿銅像。而總統蔣經國也替他兒女安排就學。後來義行拍成電影，且編入國小課本中。他死時三十四歲。

尾聲

這類高人甚多，難以盡述。他們的壽年都有限（本篇只選錄生命短暫而事蹟芳烈的），但其瑰意琦行，卻可昭耀千秋，勝過一般老而不死的凡夫俗子萬倍，人人都是我們的榜樣。由此看來，長壽云乎哉？

記述有錯，用詞欠當，宗教不宜談，免説頹喪話，
身分不清，多處重覆，筆錄人姓名，忌列入正文。

一二七　三份遺囑

中華民國開國到今天，以國家領導人的身分，對國事留下遺囑而公之於世的有三人：一爲　國父、二爲總統蔣公中正、三爲蔣總統經國先生。遺囑內容，都在勗勉國人，實踐其未竟的遺志。它的重要性自不待言，當是歷史文獻，由國家敬謹典藏。

國父遺囑

國父孫中山先生，於民國十四年（一九二五）三月十二日上午九時三十分，在北平逝世。他的遺囑，是大家所熟知的。爲便於對照，謹錄原文如下（原稿無標點，如加算標點，計共一六七字）：

「余致力國民革命，凡四十年。其目的在求中國之自由平等。積四十年之經驗，深知欲達到此目的，必須喚起民衆，及聯合世界上以平等待我之民族，共同奮鬥。現在革命尚未成功，凡我同志，務須依照余所著：建國方略、建國大綱、三民主義、及第一次全國代表大會宣

言，繼續努力，以求貫徹。最近主張開國民會議，及廢除不平等條約，尤須於最短期間，促其實現，是所至囑。」（原稿請見附圖）

蔣公中正遺囑

先總統蔣公中正，逝於台北，時當民國六十四年（一九七五）四月五日晚十一時五十分，亦有遺囑如左（連標點爲三二〇字）：

「自余束髮以來，即追隨　總理革命，無時不以耶穌基督與　總理信徒自居，無日不爲掃除三民主義之障礙、建設民主憲政之國家、堅苦奮鬥。近二十餘年來，自由基地，日益精實壯大，並不斷對大陸共產邪惡，展開政治作戰。反共復國大業，方期日新月盛，全國軍民、絕不可因余之不起，而懷憂喪志。務望一致精誠團結，服膺本黨與政府領導，奉主義爲無形之　總理，以復國爲共同之目標，而中正之精神，自必與我同志同胞，長相左右。實踐三民主義、光復大陸國土、復興民族文化，堅守民主陣容，爲余畢生之志事，實亦即海內外軍民同胞一致的革命職志與戰鬥決心。惟願愈益堅此百忍，奮勵自強，非達成國民革命之責任，絕不中止。矢勤矢勇，毋怠毋忽。中華民國六十四年三月二十九日秦孝儀承命受記。」（原文見附圖）

經國先生遺囑

蔣故總統經國先生，民國七十七年（一九八八）元月十三日下午三時五十分，於台北辭世，公佈遺囑如次（連標點共一六六字）：

「經國受全體國民之付託，相與努力於以三民主義統一中國大業，為共同奮鬥之目標。萬一余為天年所限，務望我政府與民眾，堅守反共復國決策。並望始終一貫，積極推行民主憲政建設。全國軍民，在國父三民主義與　先總統遺訓指引之下，務須團結一致，奮鬥到底，加速光復大陸，完成以三民主義統一中國之大業，是所切囑。中華民國七十七年元月五日王家驊敬謹記述。」（請見文末附圖）

商榷

這三份遺囑，同是國之珍寶。除了　國父遺囑，久已為大家所常誦之外，其餘兩份遺囑，也將長遠流傳，列為謨訓。因略提淺見，謹就教於方家，兼請宥鑒：

第一，**遺囑最好用第一人稱開端**——遺囑不同於抒情文，第一個字就宜表明主格身分，確切宣告自己的主觀意見。第一及第三兩份遺囑都做到了。至於第二份蔣公遺囑，沒有必要從盤古開天說起，那太遠了。又這段短文中，既已使用第一人稱的「余」說了三次，忽又夾以「中正」自稱，用字有謙與直之不同，口吻似乎未能一致。

第二，**記述要符事實**——蔣公遺囑首句，謂「自余束髮以來，即追隨　總理革命，無時不以耶穌基督與　總理信徒自居」。此段中所謂「束髮」，考其本義，應是指古代幼孩成爲童子時，將散垂的頭髮梳理結紮起來，成爲髻子，就叫束髮（依穀梁傳和後漢書的注釋，約爲八到十五歲）。按蔣公中正生於民前二十五年，於民前四年廿二歲赴日本，加入同盟會，到民前三年在東京才初謁　國父；所謂「追隨　總理革命」，已是廿三歲了，並非束髮童年。又蔣公先慈王太夫人虔信佛教，蔣公到民國十六年十二月一日，在上海與宋美齡女士結婚時，才皈奉基督，此時已屆四十一歲了，也非自束髮童年就是教徒。短短一篇遺囑中，因何開端就出現兩段與事實不符的話，也許是信筆寫得順手，未加深究。但遺囑宣付國史，似難用粗疏二字就通融過去得了的。

第三，**祇要交代國政**——國事遺囑，除對國之大政作囑咐外，不必旁涉不相干的事。例如蔣公遺囑中提到的宗教信仰，與通篇前後毫無關連，毋須揷入，以免橫生枝節。宗教有排他性，如果讓非基督教友讀起來，心生拒斥，就很不好。尤其不宜將基督信徒加於總理信徒之上，偏離了主題，不知究是以「教」爲重，還是以「國」爲重。如非要不可，應當分寫第二遺囑（國父就另有家事遺囑）。

第四，**避免說喪氣的話**——老衰病滅，人之所同，感傷無益。遺囑既是黽勉大家繼承未竟的志業，就要鼓勵後人，要化悲憤爲力量。因之，凡是「不起」、「懷憂喪志」、以及「爲天年所限」一此類頹廢的話，乃是多餘的，有負面影響的，不但減弱生者士氣，並且有損逝者形象。

第五、**層次最好有輕重**——按中文的表達習慣，意輕的每在前，意重的常居後。國父遺囑中，很清暢的使用了「必須」「務須」「尤須」三詞，輕重層次分明，先後井然有序，確是佳構。無怪乎有人讚譽該遺囑筆記人汪精衛爲「三須」先生，似欲與「張三中」「張三影」媲美（僅就文字作評，不必因人廢言）。經國先生遺囑（原標題是此六字）中，首先提出「務望」，是強調務必如何如何，口吻唸來極重，下面接說「並望」，就顯得氣勢輕微而力道不足（實則用「望」組成的詞兒還眞不少，諸如切望、至望、亟望、誠望、尤望、祇望、實望、殷望、深望、渴望、甚望、必望、企望、寄望、盼望、唯望、祈望、還望等等）。後面又出現「務須」，難以判別哪一段（「反共復國」、「推行民主」、「光復大陸」）最爲緊要。（其實這些囑咐，都要齊頭並進，不宜分輕重先後）。

第六、**不犯重複**——蔣公遺囑中，「追隨 總理」，就是下句「 總理信徒」，用字雖不同，寓意當相類，「一致」就是「精誠團結」，「愈」「益」也是同義，不必連續疊用，以避重複。經國先生百餘字的遺囑中，「三民主義」說了三遍。又前有「努力於以三民主義統一中國大業」，後又有「完成以三民主義統一中國之大業」；前有「共同奮鬥」，後又有「奮鬥到底」，視覺上好像是三胞胎和雙胞胎的影子不斷顯現。

第七、**賓主要分清**——國家應當高於黨派，因之，蔣公遺囑中，「本黨」一詞，不宜凌駕在「政府」之上，「同志」一詞，也不宜加在「同胞」之上。再者，蔣公是以國家總統的身分立遺囑，不是以黨的總裁立遺囑（標題是「總統蔣公遺囑」）因此文中三見的「總理」一詞，似宜改稱「 國父」較妥。又「本黨」「全黨」「同志」等詞，都要刪除（如有必要，可另以總裁身分，別立黨務遺囑），免使大多數無黨籍國民及其他政黨黨員另有異說。倘若能讓全民普受，舉國咸遵，豈不更爲美滿。

第八，**必求簡鍊**——遺囑本以簡潔明曉爲尙。觀　國父遺囑，詞簡意賅，找不到贅字，自是不凡（三份手稿，都影附於後，供作比較）。蔣公遺囑中，「務望」一段，與「志事」一段，同是囑咐，可否合併？因爲「務望」說要奉「主義」和欲「復國」，而「志事」同樣說要實踐「主義」和光「復國」土，似乎辭費。經國先生遺囑中，從起首到「目標」三句實爲一句，開始一唸，就顯得冗長曲折累贅。其後，「務望」祇有一句囑咐，「並望」也祇一句囑咐，本都很好；但「務須」則是夾在六句話的中間，三者同是囑咐，繁簡有異，比重有差，體裁自欠勻稱。質言之，經國先生遺囑的全部含義，祇須用六個字，就可包容一切，那就是反共、民主、統一。或留用原文的三句話：「堅守反共決策、推行民主憲政、完成統一大業。」簡單明白，易懂易記，其餘就顯得重覆囉嗦。

第九，**用詞欠斟酌**——蔣公遺囑中，有「奉主義爲無形之　總理」一語，殊爲費解。蓋主義爲一種學說，總理爲一項職稱，學說如何可奉爲職稱？大費思考。或揣其原意：此處總理即　國父的代稱，然三民主義本爲　國父所創，奉　國父即服膺主義，奉主義即服膺　國父，信仰豈分有形無形？今囑大家要奉主義爲無形之　國父，意欲云何？此其一。蔣公身爲總統，延承正朔，應該堂堂正正地揭櫫「中華民國」國號，而文中卻以「自由基地」取代，基地是何物？自由基地指何處？今廢棄正式國號不用，而替以晦黯之代名詞，必也正名乎?此其二。全部遺囑重點，應祇四句話，即「實踐三民主義、光復大陸國土、復興民族文化、堅守民主陣容」。前兩句爲省篇幅不談，後兩句「復興文化」「堅守民主」，實不可也不能用「革命」「戰鬥」的手段去做到，此其三。至於上述堅守民主陣容的「陣容」一詞，和陣營屬於同類，本是作戰隊伍的陣勢布置，引伸也指爲了共同的利益和目標而聯合起來的政治集團之謂。但民主國家的代表如英美加法日等國，早都與中共建立邦交，這個民主陣容已經陣腳錯亂，紅白難分，而且對我排拒，我們怎能一廂情願的想要「堅守」在這陣容裡的哪一邊呢?如果說堅守民主法治，可；說堅守民主體制，也可，至於「陣容」一詞，恐怕不行，此其四。遺囑末段，有「非達成國民革命之責任，絕不中止」的話，依常理說，「責任」是要「負起」「挑起」來的，「任務」才是要去「達成」「完成」的，這話有語病，雖是小疵，亦有微憾，此其五。

第十，**受記與記述不同**——所謂「受記」是依照原意，據以筆錄，不作改變。所謂「記述」是本其大意，自己撰述，可以發揮。一字之差，眞實程度可能有別了。（不知道當初情況屬於何種）。

第十一，**筆錄者的姓名不應列入正文**——依據我國民法一一九四條「代筆遺囑」及一一九五條「口授遺囑」的法律規定，都是指明要由遺囑見證人中一人來作筆錄的。汪精衛是見證人兼筆記者，故應留名。他是簽於正文之外，日期之後，另寫一行，那本是見證人的簽名處，與正文不連屬，自很洽當。至於蔣公中正與經國總統兩遺囑的記錄者並非見證人，實不宜將自己的大名嵌入正文中，充其量只可旁註在見證人之後，或紙盡之末行，甚至退註在框格的外邊，以示謙敬（中樞首長，才夠資格作見證人。請看第三遺囑，蔣孝勇簽名在紙末框格之外，這叫「署紙尾」，就很恰當）。列名的用意，僅供查考，於斯而已。今納入正文以攀附驥尾而藉此流傳千古，並且事後屢經中央元首在正式集會中一字不漏，全文朗讀，恐怕非常欠妥呢。

尾　聲

遺囑但求眞實簡練，不是大文章。除非執筆人事先全無考慮，沒有心理準備；而又是臨危受命，被迫拉夫，權充捉刀人；並且當場坐催，必須限時交卷；否則執事者職責所在，應該早有默識，先期暗思，預儲腹稿（該當如此，否則失職），握筆之時，也還會有推敲的餘裕（蔣公遺囑記於三月廿九日，逝於四月五日，相隔七天；經國先生遺囑記於元月五日，逝於元月十三日，相隔八天）。要寫一段一百到三百餘字樸實明順的遺言，應該不是太難的事吧。

——民國七十七（一九八八）年一月廿三日（經國先生逝世後十日）完稿，曾試送幾個刊物，都回覆說不方便刊載，因暫置於舊橐中，亦未多加理會。豈料一晃眼，已歷半世。如今人事皆非，情境俱變，此文亦已褪色矣。姑附印於此，以留鴻爪、供回憶吧。

國父遺囑

余致力國民革命，凡四十年，其目的在求中國之自由平等。積四十年之經驗，深知欲達到此目的，必須喚起民眾及聯合世界上以平等待我之民族，共同奮鬥。

現在革命尚未成功，凡我同志，務須依照余所著建國方略、建國大綱、三民主義及第一次全國代表大會宣言，繼續努力，以求貫徹。最近主張開國民會議及廢除不平等條約，尤須於最短期間促其實現。是所至囑！

孫文 三月十一日補簽

中華民國十四年二月二十四日

筆記者 汪精衛

證明者 宋子文 孫科 孔祥熙 邵元沖 戴恩賽 吳敬恆 何香凝 戴傳賢 鄒魯

總統蔣公遺囑

總統蔣公遺囑

自余束髮以來，即追隨總理革命，無時不以耶穌基督與總理信徒自居，無日不為掃除三民主義之障礙，建設民主憲政之國家，堅苦奮鬥。近二十餘年來，自由基地日益精實壯大，並不斷對大陸共產邪惡，展開政治作戰；反攻復國大業，方期日新月盛；全國軍民、全黨同志，絕不可因余之不起，而懷憂喪志！務望一致精誠團結，服膺本黨與政府領導，奉主義為無形之總理，以復國為共同之目標。而中正之精神，自必與我同志同胞，長相左右。實踐三民主義，光復大陸國土，復興民族文化，堅守民主陣容，為余畢生之志事，實亦即海內外軍民同胞一致的革命職志與戰鬥決心。惟願愈益堅此百忍，奮勵自強，非達成國民革命之責任，絕不中止！矢勤矢勇，毋怠毋忽。

中華民國六十四年三月二十九日 秦孝儀承命受記

蔣宋美齡
嚴家淦
蔣經國
倪文亞
田炯錦
楊亮功
余俊賢

經國先生遺囑

經國先生遺囑

經國受全國國民之付託，相與努力於以三民主義統一中國大業，為共同奮鬥之目標。萬一余為天年所限，務望我政府與民眾堅守反共復國決策，並望始終一貫積極推行民主憲政建設。全國軍民，在國父三民主義與先總統遺訓指引之下，務須團結一致，奮鬥到底，加速光復大陸，完成以三民主義統一中國之大業，是所切囑。

中華民國七十七年元月五日 王家驊敬謹記述

李登輝
俞國華
倪文亞
林洋港
孔德成
黃尊秋
蔣孝勇

一二八　最豐厚的稿費

稿酬黃金一百斤，未寫先付。
每字台幣三萬元，該是天價。

大凡從事筆耕的人，似都很苦。左思要寫《三都賦》，依據《晉書．左思傳》說：爲了寫賦，門庭藩溷（藩是屏風，溷是廁所），各處都放置了紙筆，想到一二佳句，就隨處記下，他構思了十年才完成，可見他「痴」勁十足。

司馬光撰《資治通鑑》，是寫給皇帝御覽的，費時十九年。《宋史．司馬光傳》說他自謂「一生精力，盡瘁於斯。」這部大著，共兩百九十四卷，又目錄三十卷，考異三十卷。上起戰國，下及五代，前後涵蓋了一千三百六十二年。原稿堆積了兩屋，並無一字潦草，眞佩服昔賢用力之又勤又謹（今日看來，他似乎是太「痴」了吧）。

《紅樓夢》的作者曹雪芹，爲寫這部書竟「痴」心用功了十年，先後增删了五次。可是、書雖寫得好，卻無人欣賞。他困居北京，靠友朋接濟過日。有一天某友人往訪，曹雪芹感傷賦詩自況道：「滿徑蓬蒿老不華，舉家食粥酒常賒」，述及全家都在喝稀飯，好不慘然！他死後有「手鈔本」流傳，後來才有「刻本」行世，如今研讀此書者衆，竟然蔚爲

「紅學」，眞難以猜度他那十來年是怎樣熬過來的？

但也有因寫文章而獲得豐厚稿酬的，《樂府》中有篇《長門怨》，又叫《阿嬌怨》。這阿嬌是何許人呢？原來漢武帝小時候，他的姑媽館陶長公主抱著他坐在膝上，問他道：「你要不要娶個妃子？」隨又指著自己的女兒小阿嬌說：「阿嬌怎麼樣？她好不好？」

小武帝笑著回應道：「如果娶到阿嬌，我要用金屋來藏她。」後來眞的成婚了。漢武帝即位後，封阿嬌爲正宮皇后，這便是「金屋藏嬌」一語的由來，記載在《漢武故事》一書裡。

又梁朝昭明太子編的《昭明文選》，其中《司馬相如·長門賦序》原文說：「孝武皇帝陳皇后（孝武皇帝就是漢武帝，陳皇后就是阿嬌），別在長門宮（失寵，被廢），愁悶悲思。聞司馬相如（元前一七九－前一一七）工爲文（善於寫文章），奉黃金百斤，爲相如取酒（送上黃金作爲酒資，就是潤筆之費），爲撰解悲祛愁之辭。而相如爲作《長門賦》，以悟主上（讓皇帝醒悟），皇后復得幸（漢武帝與阿嬌又和好了）。」

這篇《長門賦》是怎樣寫的？請看下面原文（標點是後人加的，故只標在字旁，目的在便於斷句，但不佔字數）：

夫何一佳人兮，步逍遙以自虞。魂踰佚而不反兮，形枯槁而獨居。言我朝往而暮來兮，飲食樂而忘人。心慊移而不省故兮，交得意而相親。伊予志之慢愚兮，懷貞慤之歡心。願賜問而自進兮，得尚君之玉音。奉虛言而望誠兮，期城南之離宮。修薄具而自設兮，君曾不肯乎幸臨。廓獨潛而專精兮，天漂漂而疾風。登蘭臺而遙望兮，神怳怳而外淫。浮雲鬱而四塞兮，天窈窈而晝陰。雷殷殷而響起兮，聲象君之車音。飄風迴而起閏兮，舉帷幄之襜襜。桂樹交而相紛兮，芳酷烈之誾誾。孔雀集而相存兮，玄猿嘯而長吟。翡翠脅翼而來萃兮，鸞鳳翔而北南。心憑噫而不舒兮，邪氣壯而攻中。下蘭臺而周覽兮，步從容於深宮。正殿塊以造天兮，鬱並起而穹崇。閒徙倚於東廂兮，觀夫靡靡而無窮。擠玉戶以撼金鋪兮，聲噌吰而似鐘音。刻木蘭以為榱兮，飾文杏以為梁。羅豐茸之遊樹兮，離樓梧而相撐。施瑰木之欂櫨兮，委參差以槺梁。時仿佛以物類兮，象積石之將將。五色炫以相曜兮，爛燿燿而成光。緻錯石之瓴甓兮，象瑇瑁之文章。張羅綺之幔帷兮，垂楚組之連綱。撫柱楣以從容兮，覽曲臺之央央。白鶴噭以哀號兮，孤雌跱於枯楊。日黃昏而絕望兮，悵獨託於空堂。懸明月以自照兮，徂清夜於洞房。援雅琴以變調兮，奏愁思之不可長。案流徵以卻轉兮，聲幼妙而復揚。貫歷覽其中操兮，意慷慨而自卬。左右悲而垂淚兮，涕流離而從橫。舒息悒而增欷兮，蹝履起而彷徨。揄長袂以自翳兮，數昔日之愆殃。無面目之可顯兮，遂頹思而就牀。摶芬若以為枕兮，席荃蘭而茝香。忽寢寐而夢想兮，魄若君之在旁。惕寤覺而無見兮，魂迋迋若有亡。眾雞鳴而愁予兮，起視月之精光。觀眾星之行列兮，畢昴出於東方。望中庭之藹藹兮，若季秋之降霜。夜曼曼其若歲兮，懷鬱鬱其不可再更。澹偃蹇而待曙兮，荒亭亭而復明。妾人竊自悲兮，究年歲而不敢忘。

這篇賦，廣博閎麗，文情兼美。司馬相如先生特別擅長於借景抒情，對女人失寵後的心理狀態，刻繪得細膩入微。以後的詩人詞客，在描寫「宮怨」時，每每化用此賦中的一些名句，可見其文詞影響之深遠了。

《全唐詩》中，對此多有贊詠：例如李白《白頭吟》曰：「但願君恩顧妾深，豈惜黃金買詞賦」。張窈窕《寄故人》詩曰：「無金可買長門賦，有恨空吟團扇詩」。孫棨《贈福娘詩》，王福娘以詩回答《題孫棨詩後》曰：「雖然不及相如賦，也値黃金一二斤」。此外還有李頎、魏萬、羅隱《閒居早秋》詩曰：「六宮誰買相如賦，團扇恩情日日疏」。此外還有李頎、魏萬、杜牧、李群玉等詩家的作品，恕不多錄，降至宋代，南宋詞人辛棄疾有《摸魚兒》詞詠曰：「長門事，準擬佳期又誤。娥眉曾有人妒。千金縱買相如賦，脈脈此情誰訴？」的嗟歎。

稿酬爲黃金一百斤，未寫先付。若按今（二〇〇二）年六月十日台北聯合報財經版刊載的中央信託局公開掛牌的黃金條塊交易價格，賣出價爲每兩台幣一萬三千三百七十元，因此每斤爲二十一萬三千九百二十元，一百斤黃金高達台幣二千一百三十九萬元，眞算得是空前的天價了（二〇〇二年九月廿一日聯合報載：**黃金條塊售出牌價爲每台兩新台幣13,410元，已略爲漲高了**）。

如再以字數來分攤，這篇賦文實僅六百三十八字（古人寫文章沒有標點符號）。用二千萬元來算，**平均每字代價是台幣三萬三千八百元**。這難道不是最豐厚的稿費了嗎？

二二九　遊戲文字博一粲

二郎廟記　施氏食獅　醫生上弔　釣魚遇雨
夜夢不祥　問李鐵拐　岳飛換字　庸醫尚饗
喝酒給醋　終日昏昏　南無於戲　兩字對穩
回何敢死　卿卿旦旦　遊戲文章　博君一粲

㈠二郎廟記

已故東海大學曾校長約農說：「吾人爲文，當恪守四S：一簡（Simple），二短（Short），三誠（sincere），四力（strong）。」能夠四美俱臻的恐不多，違失的卻不少。我們常犯的毛病是：繁瑣、冗長、重複、堆砌、無病呻吟，原地打圈等等。有閒的文人，還故意寫出重複堆砌原地打圈的文章以供娛玩，今引《二郎廟》一文爲例：

「二郎神廟記

人生莫大於信道，信道莫大於修廟，修廟莫大於修二郎廟，斯乃我邦我鄉、至大至崇之善德，蓋莫可置疑者也。今爲播揚二郎之神威，兼以彰顯建廟之偉績，豈可不特爲撰銘作記，以昭告世人，而流芳萬載者也焉矣之乎哉？（開始立論便誇張牽強，理由並未說出來）

二郎廟者何？二郎廟者、係二郎信眾，集資爲二郎而建，供奉二郎神之廟也。二郎廟奉養二郎神，二郎神庇廕二郎廟。廟靠神來賺香油錢，神靠廟來享酒肉祭。廟與神相依，神與廟互濟，兩造蓋不可分離者也。（迴環說空話）

二郎者誰？二郎者、大郎之弟，三郎之兄，而老郎之子也。（浪費許多筆墨）二郎歿後爲神，故謂之二郎神；二郎神祀於此廟，故謂之二郎神廟也。夫木必有本，水必有源，二郎廟其來當亦有自。我輩凡人，未可以妄誹之也。（掉書袋來證明自己有理，卻也未必）

二郎廟建於二郎村，二郎村喜有二郎廟。二郎廟佑此二郎村，二郎村護此二郎廟。廟謂村取廟之名，村謂廟是村所造。廟說廟大於村，村說村大於廟。屬廟屬村，屬村屬廟，鬥則兩傷，合則兩好，雙方何必扯皮胡鬧？（和稀泥的主張）

二郎神廟爲正稱，二郎廟乃是簡稱；人們多喜簡而避正，故省稱爲二郎廟，良有以也。時勢流行者爲短與少，風尚所趨者爲簡和省，莫之能禦也（廢話一堆）

老子道德經首章曰：玄之又玄，眾「廟」之門：蓋謂如須參拜其他「眾」神之「廟」，須先經由此二郎廟「之」大「門」也。又諺語云：「廟」不可言：蓋謂此二郎「廟」之雄姿，「不」「可」能用「言」詞盡述也。俗俚又云：莫名其「廟」：是謂此「廟」爲天下第一，「莫」可「名」「其」狀也。由此以證，古人豈欺我哉？（強詞曲解）

噫嘻啊呢，喔咿嚅唏。吾人應知：道也者，有正邪之名。神也者，有眞妄之分。廟也者，有大小之別。而文也者，則有香臭之評。凡我二郎信徒，皆應守正而避邪，信眞而斥妄，喜大而避小，愛香而厭臭，如此乃能叨天之佑，功德修滿，與二郎同登正果焉（堆砌過分了）。須知此篇銘記之中，所信之二郎道，斯乃天下之正道也。所供之二郎神，斯乃天下之眞神也。所修之二郎廟，斯乃天下之大廟也。所撰之二郎文，斯乃天下至美至佳、至精至善、至優至雅、至好至香之鴻文也（翻覆臃贅多矣）。是豈一般三家村裡的憨學究、爛秀才、窮措大、陋夫子之流，所可望其項背者也矣乎哉？（天下文章，只認爲自己的最好）？

二郎廟施工既竣，殿宇巍峨；仰觀俯瞰，氣象萬千，斯爲天下第一巨廟焉，信不誣也。（自吹自擂，是否臉紅呢？）

廟有正殿，也有偏殿。正殿僅一，偏殿有二。正殿爲主殿，偏殿爲側殿。正殿位居中軸，偏殿左右輔翼。正殿被偏殿所銜，偏殿爲正殿所隔。正殿殿正而偏殿偏，偏殿殿偏而正殿敞。此所以符合尊卑昭穆之古制也。（不怕囉唆討厭嗎）

殿前有前廊，殿後有後廊。前廊在前，後廊在後。前廊面對瞻仰道，後廊連接練武場。前廊迎日得陽，後廊避日守陰。此所以區分南北向背也。（重覆又重覆）。

廟前有樹，樹後爲廟。人皆謂樹在廟前，吾獨謂廟在樹後。植樹所以護廟，建廟所以保樹。樹耶廟耶？廟耶樹耶？何得互爭前後賓主也耶？（廢話連篇寫不完）

二郎眞神，雄踞正廳。寶相莊嚴，靈威顯應。兩側廂廡，配鼓裝鐘。左懸巨鐘，右設大鼓。卻有信眾指責：謂如進殿參禮，則顯見左是大鼓，右爲巨鐘。方向錯置，罪過非輕。左鐘右鼓乎？左鼓右鐘乎？此蓋難以主觀而咬定其方位者也。（面朝裡或面朝外，左右必然易位。猶如狗咬自己尾巴，兀自轉圈而已）

每當黎明薄暮，朝夕晨昏（八個字僅是說早晚），鐘聲噹噹，鼓聲咚咚。或咚咚而噹噹，或噹噹而咚咚。鐘聲兮引發鼓聲，鼓聲兮伴奏鐘聲。擂鼓撞鐘，鐘鳴鼓應，蓋遠近而皆聞。（遠處聽得到，近處必定聽到，這有語病）。

此時香烟嬝嬝，燭光融融。融融兮靈威雙照，嬝嬝兮德善同臻。但見住持廟祝（住持就是廟祝），率眾迎神。他頭戴二郎冠，肩披二郎巾，手掐二郎訣，口唸二郎經。吽咪咦嗯，唄噶唵嗡。徐行跬步，向天請神。天靈靈，地靈靈，太上老君，急如律令。靈符焚化，雙手打恭。遙請仙駕，冉冉降臨。盂飯卮酒，半雞薄獻，保佑我境人畜同亨。（只有一碗飯一杯酒半隻雞，所供者太少而所求者太奢）此則二郎廟迎神之勝況。蓋自古至今，已歷百千年而未衰也。（言過其實，只怕未必）

嗚呼！二郎神之爲神久矣，二郎廟之爲廟亦久矣。（不知究有多久）既以二郎稱廟，即虔信「二郎」兩字足矣。（究是誰個）至若硜硜然硬要考證其名姓：或謂係趙昱（見常熟縣志），或謂係楊戩（見封神榜），或謂係李冰之次子（見朱子語錄），凡此皆異端邪說，治絲益棼。既屬俗儒之陋見，賢達者固不屑隨人起舞而多所究辯也！（其實是考證不出來）

詩經魯頌曰：敬愼威嚴，自求伊祜，蓋係美我二郎神也。竊以爲：二郎廟既有靈矣，二郎神既顯威矣。吾輩敬奉之不暇，豈可另生歪念，斗膽亂猜，查究眞名，妄敢冒瀆，以惹禍殃也乎哉？（打個馬虎眼收場了事爲妙）

余但恐後世之多事者，喋喋不休，囂囂不已，有褻吾神，將遭天譴。用申戒言，垂之百紀。刻石立碑，申爲法典（幸好只希一百年）。並爲銘曰：「天下大廟數我邦，我邦大廟數我鄉，我鄉大廟數二郎，二郎大廟我所倡。」（原來是要往自己臉上貼金）猗歟盛哉（猗是美好，盛是興旺），是爲銘記（總評：整篇都是濫文）。」

二郎神究竟何所指呢？《詞譜》說是一種詞牌之名，宋代徐伸便寫過一首《二郎神》詞云：「悶來彈雀，又攪碎一簾花影……盡日欄干倚徧，晝長人靜」（見《詞選》）。還另有「轉調二郎神」「二郎神慢」「二郎神曲」等名稱。此外，二郎神若指的是人，則有多起說法：《常熟縣志》說：隋代趙昱，死後平水患，顯靈破敵，蜀人建二郎神廟。又《朱子語錄》說：秦代李冰興修水利，因建有灌口二郎神廟奉祀。但《封神榜》書中的二郎神卻指的是楊戩，似乎相當混亂。我們不必去鑽牛角尖吧。

(二) 施氏食獅史

我國文字，全是單音字（mono-syllable）。字數雖有幾萬個，但只有 240 種相同的語音，所以同音字（homophone）特多，這是中文漢字的一大特色。

同一個字音的聲調，有四聲及五聲之別。例如「媽麻馬罵」，同是「ㄇㄚ」的音，分讀爲「一、二、三、四」四聲。若依《詩韻》，則有五聲，例如「幽尤友又囿」，同是「一ㄡ」的音，分讀爲「陰平、陽平、上、去、入」五聲，都是同音字。

語言學家運用同音字，竟然能綴成文章，用來敍述一位施姓人氏射獅吃獅的故事，寫成《施氏食獅史》趣文。據聞這是出自語言學大師趙元任的戲筆，甚顯巧思，是任何外國文字所做不到的，同時也像一篇「拗口令」，讓你的舌頭打結。請大家樂賞：

「石室詩士施氏，嗜獅，誓食十獅。氏時時適市視獅。十時，適十獅適市。是時，適施氏適市，氏視是十獅，恃矢勢，使是十獅逝世。氏拾是十獅屍，適石室。石室濕，氏使侍拭石室，石室拭，氏始試食是十獅屍。食時，始識是十獅屍，實十石獅屍，試釋是事。」

這個「尸」的同音字尚不止此，另有如失豕示弒師式軾史杮尸蝕屎弛什駛飾仕等字，因不能組綴成有意義的句子，故未予納入。讀者如有閒暇，不妨試看以下的譯文：

「住在『石室』的詩人施君，愛吃獅肉，發誓要吃十頭獅子肉。施君時時到市上察看獅子蹤跡。某天十點鐘，恰巧有十頭獅子出現在市上。那時正好施君也來到市上，他注視著那十頭獅子，仗著弓箭的優勢，把那十頭獅子射殺了。施君收拾起那十頭獅屍，搬往石室。但石室很潮濕，施君叫僕人擦拭，待石室弄乾淨後，施君便開始試吃那十頭獅子的肉了。那知吃的時候，才知道那十頭獅屍，其實是十具石頭的獅屍。請試著解說這件奇事。」

㈢ 姨媽死了醫生上弔

活用中國同音字寫文章，是高明學人的戲樂之作。今再舉另一篇「醫生自縊」奇文，講述某人的姨媽死後失財，懷疑是醫生幹的，以致醫生自縊的故事。原文如下：

「伊姨殪，遺億鎰。伊詣邑，意醫姨疫。一醫醫伊姨，翌，姨殪，億鎰遺，疑醫，以議醫。醫以伊疑，縊，以移伊疑。伊倚椅而憶，憶以億鎰遺，以議醫，亦縊。噫、亦異矣！」

仍再譯爲白話如下：

「他的姨媽死了，同時遺失了一億錢財。他去見縣官，認爲是醫生醫壞了姨媽的病。那位蹩腳醫生來醫姨媽的病，第二天，姨媽就死了，一億錢財也不見了，他懷疑是醫生弄的鬼，因此誹議那位醫生。醫生由於他的疑心，竟然上弔死了，用死來移除他的懷疑。他後來倚靠著椅子回憶檢討往事，記得是因爲一億錢財不見了因而誹議那位醫生，是錯誤的，他也上吊死了。唉呀！

這也眞是奇事一樁呀！」

㈣ 釣魚遇大雨

多久之後，又引起了另一位在美學人楊富森博士的興趣，他也用同音字戲作了一篇「釣魚遇雨」之文，敍述他朋友于瑜約他到渝江釣魚，但他先要賣掉一塊玉石給另一朋友俞禹。不料遇到大雨成災，淹沒房舍。等水退之後，才去釣魚。這段故事不須語譯，原文如下：

「余與于瑜欲漁遇雨：

余欲與于瑜漁於渝。于遇余於余寓，語余：『欲漁歟？與余漁於渝歟？』

余語于瑜：『余欲鬻玉，俞禹欲余玉，余欲遇俞禹於俞寓。』余與于瑜遇俞禹於俞寓，適俞隅，欲鬻玉與俞。遇雨，雨適俞宇。

余與于瑜禦雨於俞寓，余鬻玉與俞禹。雨愈，余與于瑜瑀瑀適俞宇，漁於渝。」

由以上看來，中國文字眞是豐富、優美、靈便、可愛，乃是無價之寶。但如今國人的觀念變了，大家漠視中文，甚至當衆說「兄弟的中文一直不好」而不見害臊；唸中文系的撈不到飯吃，認識幾個外國字的才吃香走運，爲甚麼大家都把和氏之璧，當成頑石瓦片看待呢？

(五) 夜夢不祥換僻字

有人寫文章喜歡用冷僻的字。收到信函，說是「魚雁」（晏幾道詞「關山魂夢長，魚雁音塵少」），說到鏡子，改叫「菱花」（宋祈詩「菱花照鬢感流年，始覺空名盡偶然」）。泥古而不化，有時還眞叫人不懂。

宋代的宋祁，做過龍圖閣學士和史館修撰，與歐陽修一同編撰過《新唐書》。宋祁好用古字入文，歐陽修認爲不必。有一天，歐陽修故意寫了一副門聯，貼在門上：

「宵寐匪禎，

札闥洪庥。」

宋祁看了半晌，猜不出是何含意，忍不住問歐陽修。歐笑說：「這就是學你撰修唐書改用古字的法兒呀！『宵寐匪禎』者，就是『夜夢不祥』也。『札闥洪庥』者，就是『書門大吉』也。我不過把夜改爲宵，把吉改爲庥，每個字都改一改而已呀！」

《小柴桑喃喃錄》也說：「元末閩人林釴寫文章好用奇字，人不能曉。稍久，他人或持書問林，林亦不自識也」。文章是給人看的，看不懂就失其本意，因此罕字僻字古董字還是少用爲妙。

(六) 戲題李鐵拐像詩

某一士人，家有水墨畫一幅，繪的是八仙中的李鐵拐像，背著葫蘆，拄著拐杖，他請某文士再加題跋，這位文士沉思一會，題詩一首云：

「葫蘆裡是甚麼藥？背來背去勞肩膊；
　個中如果有仙丹，何不先醫自己腳？」

跛腿已是久年痼疾，任何仙丹妙藥恐都無效吧！

(七) 換用僻字岳飛詩

郎瑛《七修類稿》說：虞子匡某天遞給我一首詩說：請看一看，好壞如何？我讀了三遍，仍然不知講的何事？虞子匡才說：這是我學別人把通用字換成罕用字的時下流行之法，戲將岳飛的《送張紫崖北伐》詩改字而成的呀！兩人看過，撫掌大笑云云。

今將虞子匡改寫的詩抄於上排，而將岳飛的原詩列在下排，以便兩相對照，每個字都改了：

誓律飆雷速　號令風霆迅
神威震坎隅　天聲動北陬
遐征逾趙地　長驅渡河洛

力戰越秦墟　直搗向燕幽
驝蹂匈奴頂　馬喋月氏血
戈殲韃靼軀　旗梟可汗頭
旋師謝彤闕　歸來報明主
再造故皇都　恢復舊神州

(八) 庸醫祭文

清・徐珂《清稗類鈔》說：清宣統辛亥年十一月，縣中某醫生死了，有人戲作祭文以嘲之曰：

「公少時，讀書，不成。改學劍，又不成。無奈而學醫，自謂成。行醫三年，無求診者。公忿，公疾，公自醫，公卒。嗚呼，公死矣！公竟死矣，公死而天下之人少死矣。爰爲之誄曰：

公之用方，如虎如狼。
公之習術，非岐非黃。
服公之藥，無病有病。
著公之手，不亡而亡。
嗚呼哀哉！伏維尚饗！

㈨　淑士國喝酒送來醋

李汝珍《鏡花緣》廿三回：林之洋、多九公、唐敖旅遊「淑士國」，進入酒店喝酒，發覺是醋，要換。旁桌有位老文士不悅，說了一大堆話。大意是：酒價低，醋價貴。酒味淡，故價低。醋味濃，故價高。今天酒保送錯了，佔了便宜。你們只須悶著喝就得了，不該說破。如果酒保聽到了，便會加價。你們加價，乃是自討，沒人管得著。我喝的與你相同，加價也會相同。我縱然和他爭辯，他哪會聽？如此勢必鬧架，鬧急了，我就只好跑掉。我這一走了之以後，看你們如何收拾殘局呢？原文每句都用上一個「之」字，是這樣的：

先生聽之！今以酒醋論之：

酒價賤之，醋價貴之。

因何賤之？爲甚貴之？其所分之，在其味之。

酒味淡之，故爾賤之。醋味厚之，所以貴之。

人皆買之，誰不知之？他今錯之，實無心之。

先生得之，樂何如之？第既飲之，不該言之。

不獨言之，而謂誤之。他若聞之，豈無語之。

苟如語之，價必增之。先生增之，乃自討之。

你自增之，誰來管之。但你飲之，即我飲之。

飲既類之，增應同之。向你討之，必我討之。

你既增之，我安免之？我縱辯之，他豈聽之？

他不聽之，勢必鬧之。倘鬧急之，我唯跑之。

跑之跑之，看你怎麼了之？

鏡花緣描寫的人或事，文筆常帶譏諷，像這位「淑士國」老人所講的，似也太「酸」「腐」了吧。

㈩ 終日昏昏醉夢間

元白珽《諶淵靜語》說：

莫子山暇日山行，遇一寺，頗有泉石之勝，因口誦唐人李涉《題鶴林寺僧舍》絕句以快喜之，詩曰：「終日昏昏醉夢間，忽聞春盡強登山；因過竹院逢僧話，又得生半日閒」。及與寺僧談話，卻是庸俗不堪之人，與之語格格不入。因將上面這首詩頭尾掉換唸道：「又得浮生半日閒，忽聞春盡強登山，因過竹院逢僧話，終日昏昏醉夢間。」詞句未變，只變動順序，但意思就完全相反了。

㈩㈠ 南無與於戲

有位秀才，自認滿腹詩書。有一天，到大佛寺中去瞻仰。

殿中有位和尚，正在唸經，把「南無阿彌陀佛」句中的「南無」唸成「納麼」。秀才一聽，認爲和尚唸了白字，錯了。（按：南無是梵語 namo 的音譯，唸納麼沒有錯）誦經完畢，秀才對和尚說：「明明是『南無』，你爲什麼唸『納麼』？錯了。」和尚回答道：「這個嘛，就正像你們儒生把《大學》一書裡的『於戲，前王不忘，君子賢其賢而親其親』這句中的『於戲』唸成『嗚呼』是一樣的呀！」

兩人辯來辯去，相持不下。

那和尚終究是個出家人，想要讓步，便自動解圍說道：「好了，好了，久爭何必呢？等你哪一天唸『於戲』本音的時候，我也就改唸『南無』本字好了！」

㈡ 最短對聯兩個字

清人筆記說：清代大學士阮元在督學浙江時，有一次在某個縣學主持童生考試。有位考童，年齡太小，阮元告訴他可以免考作文，以對對子代替。我出上聯，你對下聯，合格就算中式。阮出的上聯是：「伊尹」。

考童答：「老師」。阮元提醒說：你要對出下聯，不必稱呼我。考童仍舊說：「老師」。阮元感到不解，繼而仔細一想，不覺拍案稱贊道：「對得好，好極了！」原來考童對的是：「阮元」。

由於直接呼叫學台恩師的名諱，於禮爲大不敬，只能連稱「老師」以應。而言位考童竟能隨機取樣，即時拿眼前的大學士姓名作答，尤富捷智，不愧爲「神童」。

這個聯對的難處是：伊尹只有兩個字，伊是姓，尹是名，伊的一半是尹。而阮的一半正好是元，既切且妙，對仗工穩。又將阮元高捧與先賢伊尹相對應，暗中有揄揚之意，阮元哪能不喜呢？

（十三）天天喚卿卿

晉代王安豐（西元二三三—三〇五。就是王戎，字濬沖），是竹林七賢之一，做過司徒、尚書令。《晉書》中有「王戎傳」。

王安豐夫妻感情親密，他的妻子，天天用親昵的「卿」字來稱呼安豐。安豐說：「女人家喚丈夫爲『卿』，這在禮法上說是有欠莊敬的。以後最好不要這樣才好。」

他的愛妻回答說：「親卿愛卿，是以卿卿；我不卿卿，誰當卿卿？」

這「親卿愛卿」中的「卿」是代名詞，指王安豐。以下三句中連用的「卿卿」、上一個「卿」字是動詞，乃親你愛你之意。下一個「卿」字是代名詞，指王安豐。自此以後，卿卿兩字連用成爲習慣，就有韓偓詩曰：「小疊紅箋書恨字，與奴方便寄卿卿。」還有《世說・方正》庾子嵩對王衍說：「卿自君我，我自卿卿。」以及清末林覺民《與妻訣別書》也說：「意映卿卿如晤。」

王安豐之妻的四句半正經半戲謔的話本意是說：「因爲親暱你、喜愛你（親卿愛卿），所以才『卿』你（是以卿卿），我若不『卿』你（我不卿卿）？誰該來『卿』你呢（誰當卿卿）？」

說得也是滿有歪理的呀！王安豐沒法駁倒她，只好由她天天「卿卿」下去，久了也就習以爲常了。（世說．惑溺）

㈩ 子在回何敢死

隋代侯白州撰有《啓顏錄》說：侯白州考取了秀才之後，來到京師，辯才捷悟，無人能比。一次與越國公楊素並馬郊行，路旁有株槐樹，顦顇快要死了。楊素問道：「侯秀才聰敏過人，能使這槐樹轉活否？」侯答道：「能呀！」楊素問：「用甚麼可使它得活？」侯答：「拿槐樹子掛在樹枝上，就會自己轉活。」楊素問：「因何會活呢？」侯白州答道：「我們不是知道《論語》裡說：『子在、回何敢死？』（原文是顏回對孔子說：「老師夫子您還健在活著，我顏回做學生的，哪敢隨便先就輕生早死呢？」）這句話嗎？如果有槐樹子在（回槐同音），這槐樹哪敢死呢？」楊素聽了大笑。

這是特意戲借諧音字來博人一粲的。

一三〇　捷才紀曉嵐

孤城萬仞山，命爾行甘雨；
江天一覽寺，夫人之相與。

清代《四庫全書》總纂紀昀（一七二四—一八〇五），字曉嵐，性詼諧，不拘小節，才思捷敏，博覽百家，有《閱微草堂筆記》《紀文達公遺集》等傳世。稗官野史中記有他的若干逸事。

㈠　宣讀祭天求雨禱詞

某年大旱，乾隆皇帝禱求霖雨，親自祭天，儀式隆重。祭典進行中，乾隆帝從龍袍袖中取出一份摺好的禱文交給紀曉嵐，命他宣讀御製的禱詞。紀大人接來打開一看，全是空白，一個字也沒有。他不慌不忙，捧起那份禱文，臨時按照《書經》的格式，朗聲宣讀道：

「帝曰：咨爾龍，
　歲大旱，命爾行甘雨，
　爾其往。欽哉！」

(二) 漏字詩變為長短句

又一次，紀曉嵐陪侍乾隆於便殿中，乾隆命他寫個「扇面」，將賜給大臣。紀曉嵐當即寫了一首唐人王之渙的《出塞》七絕詩：

「黃河遠上白雲間，
一片孤城萬仞山；
羌笛何須怨楊柳，
春風不度玉門關。」

乾隆帝一看，笑道：「這回讓我抓到錯處了，你漏寫了一個白雲間的『間』字呀！」

紀曉嵐發覺果然漏了一字，但他卻解釋說：「微臣寫的不是詩，是一首長短句的詞，是這樣斷句的：

『黃河遠上，白雲一片，
孤城萬仞山。羌笛何須怨？
楊柳春風，不度玉門關！』」

紀曉嵐

(三) 題焦山憩亭匾額

某次紀大人隨乾隆皇帝下江南，蒞鎮江，登焦山。山頂有一新建之憩亭落成，縣紳恭請皇帝賜書一匾。乾隆帝一時想不出貼切的匾文，便拿筆假在手心裡寫了幾個字，叫紀曉嵐過去，將手掌攤開，問他道：「你看，這樣題字可好？」

紀曉嵐一瞧，哪裡有字，分明是讓他代為捉刀。他隨即說：「好極了，這『江天一覽』四字，確實道盡眼前風光。」現在那「江天一覽」亭，仍矗立在鎮江焦山之顛。

(四) 唸祭文

另有一次，乾隆帝悼祭一位大臣，典禮中由紀曉嵐宣讀祭文，當場才拿給他，要唸了，紀打開一看，哪知全是空白。此時不可遲疑，他就借用唐代王羲之《蘭亭集序》中的一段文字，以抑揚頓挫，傷感悼亡之調，亢聲唸道：

「夫人之相與，俯仰一世，或取諸懷抱，晤言一室之內；或因寄所託，放浪形骸之外。雖取捨萬殊，靜躁不同，當其欣於所遇，暫得於己，快然自足，曾不知老之將至。及其所之既倦，情隨事遷，感慨係之矣。向之所欣，俛仰之間，已為陳迹，猶不能不以之興懷。況修短隨化，終期於盡，古人云：『死生亦大矣！』豈不痛哉？」

紀曉嵐博學多才，經史百家無書不通。但伴君如伴虎，皇帝一怒，將他充軍遠戍烏魯木齊。後來釋回，擔任四庫全書總纂。他給每本書都親寫「提要」，印在書首，被稱為大手筆，八十二歲逝世。

一三一　秦宓論天

天有頭乎？乃眷西顧。天有耳乎？聲聞於天。
天有足乎？天步艱難。天有姓乎？天子姓劉。

上一篇贊捷才，怎樣才能敏捷反應？這就非要熟讀經史百家不可。書要讀得多，這是求其廣。要讀得透，這是求其精。更要讀得通，這是要把它消化後吸收成爲自己的營養，才可即時隨機，靈活運用。本篇另行記述《三國志・蜀志》中的秦宓先生，他也是個中另一形式的高手。請看他如何表演。

三國鼎立，蜀主劉備，與吳主孫權兩國結盟，合力抵抗曹操。吳國派尙書張溫作外交特使，專程回訪蜀國報聘通好。蜀國丞相諸葛亮安排宴會，代表蜀國作官式歡迎。百官都來齊了，獨有那秦宓（字子勑，四川綿竹人，任別駕中郎，後來做到大司農）還未到。諸葛亮幾次派員去促駕，要等他來到才開宴。

張溫察覺到大家等候一個人，頗爲納悶，因問道：「這位秦宓先生是何許人也？」（這秦宓，《三國志・蜀志》有傳，常璩《華陽國志》以及梁孝元帝《金樓子》都有志記。史書說他自比巢父、許由、商山四皓。有人問他：「你滿腹經綸，爲甚麼不露一露你的才學？」秦宓答道：「我認爲『文不能盡言，言不能盡意』，有甚麼好顯揚的呢？」）

諸葛亮向張溫解釋說：「他是我益州（蜀國主要根據地，即今四川）的飽學之士。」

秦宓終於來了，座位在張溫之旁，料必非等閒之輩。張溫想了解他，因便請教道：「秦先生是益州『學士』，想必『學有所恃』，唸過不少的書吧？」

秦宓隨口答道：「在這益州，所有小孩全都唸過書，我個人何能例外？」

張溫本也是個積學淵博之士，想趁機考一考這眼前的秦宓，說不定也可讓他出乖露醜，就笑問道：「秦先生既然飽學，一定經史子集，無所不讀，聖賢典籍，無所不覽，下知地理，上通天文。今且以天爲話題，請問天有頭乎？」

秦宓說：「有。」

張溫追問：「頭在何方？」

秦宓說：「《詩經》云：『乃眷西顧，此維與宅』（詩經大雅皇矣章中詩句）。由此推知，頭在西方。」

張溫問道：「天有耳嗎？」

秦宓說：「天位雖高，但聽覺靈敏。《詩經》云：『鶴鳴九皋，聲聞於天』（詩經小雅鶴鳴章中詩句）。如果皇天無耳，用甚麼來聽？又如何能聽得到？」

張溫又問：「天有脚嗎？」

秦宓說：「《詩經》云：『天步艱難，之子不猶』（詩經小雅白華章中詩句）如果天而無腳，怎麼走步？」

張溫再問：「天有姓嗎？」

「豈能無姓？」

「何姓？」

「姓劉！」

張溫詰問：「你怎麼知道是姓劉？」

秦宓說：「當今蜀漢天子姓劉，這不就明白了？」（當時蜀魏吳三國鼎立，秦宓獨尊劉備，已佔上風）

他倆人一問一答，沒有斷間。問得奇怪，答得爽快。秦宓氣定心閒，老神在在。連破險招，毫無滯礙。我若考倒，不算好漢。而且意猶未盡，怡敏安泰。使張溫佩服之餘，大爲駭汗。

張溫

秦宓

一三一 巧運庖刀刻竹聯

品類包含竹聯竹筒橫片短匾之書法及圖畫；
刀法有凹雕凸雕平雕線雕浮雕嵌雕及穿雕。

竹刻是一種專門技巧，由於取材限於用竹，故祇能就竹根、竹頭、竹節來施工。短的可雕筆筒，或雕成小片，長的則縱剖爲兩個半片，便是雕刻對聯的好材料，具有古色古香、質樸雅緻之感。

寓居台北的李佑增先生，以刻竹爲樂。他的作品，包括竹聯、竹筒、橫片、短匾等，已達數百件之多。內容方面，大致以各體書法及圖畫爲主，而以對聯爲大宗。曾於今年九月，在台北新公園台灣省立博物館舉辦個展。參觀者絡繹不絕，普獲佳譽。

李君現服公職，卻醉心蒐集古今名人的墨寶，雕成對聯。而必求其辭意深長、書法遒勁、和文名出衆者，方能入選。以書法種類而言，已含楷、行、隸、篆、鐘鼎、甲骨各種字體。以朝代而言，自漢魏晉唐，以迄現代名人齊備，以楹聯數量而言，已完成了一百多位文人的塑刻。

李君自道：他多年浸淫於竹雕，到現在仍只是「學習」階段，還須力求精進，但願由

「技」而漸進於「藝」。這點小小成績，不敢自滿，除藉展覽的機會，聆取各界的批評之外，近期內打算編印成書，廣請高明指教。

他的刻竹方法，有凹雕、凸雕、平雕、線雕、浮雕、嵌雕、穿雕等多種。雖然竹材的寬度有限，但他的雕字，最大的竟高到十六公分，像水果盤那麼大；最小的爲零點五公分，祇有筷子尖端那麼小。

聯刻字數最多的爲單邊十五字，片刻字數最多的爲一五〇字，都能保持原跡的筆意和筆力，已臻神韻肖似之境。而圖畫的雕刻，更賴細工，必要纖毫畢顯。附圖兩幅，可以證明他的工力確有獨到之處（本書未附照相圖）。

刻竹的步驟比較繁多：先要選竹，擇那竹理細緻、竹節均匀、竹紋勁直、竹質壯厚之材，刨去竹青，匀剖爲二，經藥水浸煮，去除水份，保留藥效，以免蟲蛀。乾燥後，打磨光滑，準備雕刻。字體要經過縮放，以求尺寸合度。再排定間距，拓在竹面，然後悉心雕刻。由於竹面滑溜，竹紋堅硬，遇有斜筆或竹節隆起之處，很難施刀，如果粗心大意，捉刀不準，就會打滑、走刀，成了廢品。雕成之後，再要打磨拋光，然後著色，或刷保護漆，或噴亮光漆，然後鑽孔懸掛，才算完工。故非有恆心毅志，無法長久以赴。

記者因心有同好，得識李君，進而略知其竹雕過程。李君湘籍，有湖南人沉潛務實之個性，故能多年執著，以此自娛。

李君有詩自況云：

「偷閒勤刻竹，
漸老懶求名；
但適心中趣，
渾忘世外情。」

這正是他的寫照。

毛筆書法，本是我國國粹，如今都已式微，能夠提起毛筆寫字的人，已經漸漸少了。李君藉助竹刻，傳播書道，亦可謂在宏揚中華文化的大纛下，盡了一份心力，而且樂此不疲，也不愧爲擇善的俊彥之士了。

——本文刊登於民七十六（一九八七）年十一月十八日《台灣時報》台灣高雄出版

一三三　孔子學生群像

孔子有教無類，弟子三千，遍及春秋列國。
教化彌綸天下，空前絕後，大成至聖師尊。

《荀子・法行篇》：南郭惠子問子貢說：「孔子的門下，爲何這樣雜呢？」子貢答道：「凡是想來受教的，夫子都不拒絕。凡是想要離去的，夫子也不阻止。請你看一看：那術德高超的醫生，登門求診的病人不是男女老幼疑難雜症的人都有嗎？」

孔門學生，號稱弟子三千，確然是「有教無類《論語衛靈公》」「未嘗無誨《論語述而》」。其中學而有成的賢人多達七十二位（《家語》及《史記》則都說是七十七人）。門生中形形色色各類各型的人都有，下面分予記敘，首先按「復聖」「宗聖」「述聖」的順序，其後則概依《論語》所出現者爲序而略記其品貌之一斑。

(1)顏子（復聖）：顏淵名回，顏路之子，少孔子卅歲。《家語》說他廿九歲髮白，卅二歲卒。他聞一知十（公冶），德行稱第一（先進），好學不倦（雍也），孔子贊他簞食瓢飲，人不堪其憂，回也不改甚樂，賢哉回也（雍也）。列十哲，尊爲復聖。

(2)曾子（宗聖）：曾參，曾皙之子，少孔子四十六歲。事親至孝。著有《曾子》十八篇，作《孝經》。誠篤而踏實，能領悟孔子之道，一以貫之（里仁）。

⑶子思（述聖）：名孔伋，字子思。孔子之孫，孔鯉之子。受學於曾子，著有《中庸》以釋中正不變之道，及《子思子》以述父師之意。他不是孔子學生，但孔廟四配爲復聖顏子、宗聖曾子、述聖子思子，亞聖孟子，故列子思於此。

⑷有子：姓有名若（有姓是有巢氏之後），少孔子十三歲。他認爲孝悌爲仁之本（學而），信近於義，恭近於禮（學而）。他貌似孔子，孔子歿後，群弟子要立他爲師，事之如夫子，有若避之。

⑸子夏：姓卜名商字子夏，少孔子四十四歲。他擅長文學（先進），習於詩，爲魯詩毛詩之祖。《史記》說：孔子死後，子夏講學於西河，作魏文侯的老師。《禮．檀弓》說：他兒子死了，哭瞎了眼睛，故今稱子死叫「喪明之痛」。但他篤愼謹守，孔子說他「商也不及（先進）」。

⑹子禽：姓陳名亢字子禽。他問子貢：孔子怎樣得知政情？子貢說夫子溫良恭儉讓以得之（學而）。這段注解說：子禽是孔子弟子，又或曰是子貢弟子，有待考證。

孔子

⑺子貢：姓端木名賜字子貢，少孔子卅一歲。有口才，列言語科（先進）。善貨殖，億則屢中（先進）。家累千金（史記）。孔子稱他是瑚璉之器（公冶），贊他通達事理，可作政務官（雍也）。他的聲望很高，甚至多人說他賢於仲尼，子貢解說孔子有如日月，無人可以超踰（子張）。

⑻樊遲：名須，字子遲。少孔子三十六歲。曾爲孔子駕車（爲政）。他喜好發問，有樊遲問智、樊遲問仁（雍也）。以後又問仁問知，樊遲未達（顏淵）。後來又想學種五穀，又想學種菜蔬，孔子說不必勞心於細民之事（子路）。

⑼子游：姓言名偃，少孔子四十五歲。習於禮，長於文學（先進）。後來在魯國作官，爲武城城邑的首長，政聲不錯，孔子雖戲言他殺雞用牛刀，實是贊許他（陽貨）。

⑽子路：姓仲名由，亦字季路，少孔子九歲。剛直好勇（公冶）。可以治千乘之國（公冶）。行事果敢（雍也）。答允的事一定辦到，無宿諾（顏淵）。列名政事科（先進）。他是孝子，爲親揹米百里，列入廿四孝。後在衞國爲官，不避危險，馳赴國難，不幸遇害。

⑾子張：姓顓孫名師，少孔子四十八歲。子張才高氣傲，自智自賢，孔子評曰「師也辟」（先進）。子游說他「然而未仁」，曾子說他「難與並爲仁」（俱見子張篇）。孔子教誨他言要忠信，行要篤敬，子張受教，寫在腰帶上（衛靈）。

⑿冉有：姓冉名求。少孔子廿九歲，孔子說他才華出衆，「求也藝」宜乎從政（雍也）。因而列名政事科（先進）。他在魯國大夫季氏手下爲官，替季氏斂財，孔子責他「非

吾徒也」（先進）。孔子又說「求也退」（先進），希望他不要畏縮謙退，要學勇敢進取。

⒀宰我：名予字子我。年無考，當與顏淵子貢相次。他口才流利，是言語科的第一名（先進）。他白天睡覺，孔子責他是朽木不可雕也（公冶）。後在齊國任大夫官職。

⒁公冶長：字子長，年無考。他並非有罪，卻坐過牢。必有可取之處，孔子且把女兒許配他，成了女婿（公冶）。相傳他能懂鳥語。

⒂南容：字子容，又名南宮适（憲問），年無考。他謹於言行，故在治世時能見用，在亂世時能免禍，孔子將其兄之女嫁給他（公冶）。他每天三次誦守詩經白圭之篇，作爲言行之守則，孔子稱讚他能愼行謹言（先進）。他評論說后羿會射箭，但非善類，篡位又被殺，孔子因說他是君子，有尚德之心（憲問）。

⒃宓子賤：名不齊，少孔子四十九歲。著有《宓子》十六篇。他能尊賢敬友，以成其德，孔子讚說「君子哉若人」（公冶）。他力求上進，《家語》說接受他以父執輩禮敬的有三人，以兄長輩順事的有五人，以良友相交的有十一人。他友愛兄弟。《說苑》載：子賤爲單父邑宰，鳴琴而治，孔子說：惜哉！子賤有王佐之材，作縣長是大材小用了。

⒄仲弓：姓冉名雍，少孔子廿九歲。品端，列入德行科（先進）。他寬洪簡重，有帝王風度，孔子說「雍也可使南面」（雍也）。他重厚簡默，不用口辯應答，旁人稱他「仁而不佞」（公冶）。他父親卑賤而行惡，但無損於仲弓之善之賢（雍也）。

⒅漆雕開：字子開，亦字子若，少孔子十一歲。《家語》說他研習《書經》有心得。

孔子要他任官，他說自己的才德尚欠，孔子聽了很高興（公冶），實則他的能力已足，只是想再多學習，以備擔當大任也。

⒆公西華：姓公西名赤字子華，少孔子四十二歲。他長於外交禮賓，孔子說：「赤也、束帶立於朝，可使與賓客言也」（公冶）。他家況應不錯，「子華使於齊，乘肥馬，衣輕裘」（雍也）。至於「宗廟之事，如會同，願爲小相」（先進），這是他自信能夠主持諸侯相見之禮，已是志在宰輔了。

⒇申棖：《史記仲尼弟子傳》未列，《論語注解》說是孔子弟子，年無考。孔子說「棖也慾，焉得剛？（公冶）」心多嗜慾則難以堅強不屈也。

(21)原思：姓原名憲字子思，少孔子三十六歲。孔子爲魯國司寇時，原思也任職爲「宰」（雍也）。他品行佳，說「克（好勝）伐（自矜）怨（忿恨）欲（貪心）不行焉，可以爲仁矣」（憲問）。孔子教誨他：「邦有道（國政上軌道）穀（領著俸祿而無所爲），邦無道（國政紛亂）穀（領著俸祿而不能匡救），恥也（兩種都可恥）」（憲問）。又《史記》說：孔子死後，原憲隱居鄉間，守道樂貧。子貢率領車隊去訪他，見原憲破衣敝帽，說：你病了嗎？原憲說：無財叫貧，學道而不能施行叫病，我是貧而已，不是病呀。子貢慚愧告別，終生認爲講錯話了。

(22)閔子騫：姓閔名損，少孔子十五歲。孔子贊說：「德行、閔子騫」（先進）。他態度和悅，有話直說：「閔子侍側，誾誾如也，子樂（孔子歡喜）」（先進）。他說話得體，孔子說他「夫人不言，言必有中」（先進）。孔子又說：「孝哉閔子騫」（先進），他是孝子，幼時受後母的虐待，他卻說：母在一子寒，母去三子單。列入《二十四孝》爲典範。

㉓伯牛：姓冉名耕，年無考。惜乎不壽。品端，孔子曰「德行冉伯牛」（先進）。他不幸患重病，孔子握著他手痛惜道：「亡之，命矣夫？斯人也，而有斯疾也？」（雍也）

㉔澹臺滅明：姓澹臺，字子羽，少孔子三十九歲。他立身不苟，子游讚他「行不由徑」（不肯走小路貪便捷），非有公事不見大官（雍也）。《史記・仲尼弟子傳》說：澹臺狀貌甚惡，但後來南游吳國，跟從的弟子有三百人，名聲傳播於諸侯。孔子聞之曰：「吾以言取人，失之宰予。以貌取人，失之子羽。」

㉕巫馬子期：姓巫馬名施字子期，少孔子三十歲。孔子說魯昭公知禮，陳司敗說孔子講錯了，巫馬將陳司敗的話轉告孔子，子曰：「丘也幸，苟有過，人必知之」（述而）。

㉖琴牢：姓琴名牢字子開，又稱琴張。《史記》未列，年無考。與孟之反爲友。琴牢轉述孔子的話云：「吾不試（孔子說我未爲世所用），故藝（因此能學習諸多藝事）。」（子罕）

㉗顏路：顏回之父，名繇，又作無繇，字路。少孔子六歲。父子在不同時期先後師事孔子。顏回早死，顏路請孔子捐出馬車賣掉來買外椁，孔子說：我的兒子孔鯉死時，也只有棺而沒有椁，我官居大夫之列，「不可徒行也」（先進）。

㉘伯魚：孔子之子，名鯉。鯉生時，魯昭公以鯉魚賜給孔子，因榮寵而名之曰鯉，字

伯魚，先孔子卒，墓在孔子墓之東，他受孔子的詩禮之教。孔子說：「不學詩，無以言。不學禮，無以立」（季氏）。這便是「詩禮趨庭」的典故。

(29)子羔：姓高名柴，亦作子皋。少孔子三十歲。身矮。《家語》說他足不履影，親喪泣血三年。性仁厚，了解己之不足，故孔子說他「柴也愚」（先進）。子路保舉子羔去任邑宰，孔子說「賊夫人之子」（謂子羔質美而學未完成，棄學從政，適足害之）。（先進）

(30)曾皙：曾參之父，名點。少孔子六歲。他悠然超脫，心胸無礙。在一次沒有拘束的「言志」談話中，曾皙說「浴乎沂，詠而歸。」孔子深許之曰：「吾與點也」（先進）。曾皙的境界，是要各得其所，各樂其樂，和孔子的理想相近。

(31)司馬牛：名耕字子牛，年無考。多言而躁。他問仁？孔子說「仁者其言也訒」。孔子解釋道：「爲之難，言之得無訒乎」（顏淵）？他又問君子？孔子說「君子不憂不懼」。孔子解釋道「內省不疚，夫何憂何懼」（顏淵）？他又憂心的說：「人皆有兄弟，我獨無」。子夏勸解道：「死生有命，富貴在天，四海之內，皆兄弟也」（顏淵）。

此外，依據《史記．仲尼弟子列傳》列名而《論語》無記載者，尚有下列弟子：

(32)公皙哀：字季次，齊人。孔子說他未嘗屈節爲官，有骨氣。（家語）

(33)商瞿：字子木，魯人，少孔子二十九歲。《史記》說孔子傳授易經於瞿，瞿傳於馯臂子弘，弘傳於矯子庸疵，疵傳周子家豎，豎傳光子乘羽，羽傳田子莊何，何傳王子中同，同傳楊何，楊何在漢武帝元朔年間以治易爲漢中大夫。

(34)公伯僚：字子周。《論語・憲問》有公伯寮一章，但古史考云：非孔子之弟子。
(35)梁鱣：字叔魚，少孔子廿九歲，齊人。
(36)顏幸：字子柳，少孔子四十六歲，魯人。
(37)冉孺：字子魯，少孔子五十歲，魯人。
(38)曹卹：字子循，少孔子五十歲。
(39)伯虔：字子析，或叫子晳，少孔子五十歲。
(40)公孫龍：字子石，少孔子五十三歲。楚人。但顧炎武說：不是孔子弟子。

《史記・仲尼弟子列傳》末段，尚列有冉季、公祖句茲、秦祖等另外四十二人，太史公在本篇文末也說年籍都無考，也不見於其他書傳。因只有姓名，本文未予錄引。

又柳詒徵撰《中國文化史》列出孔門弟子籍貫：魯國三十八人，衛國齊國各六人，楚三人，秦、陳、晉各二人，宋、吳各一人。其餘許多弟子都不著籍，不知道屬於何國？

當那春秋時代，列國眾多，各國分立。觀孔子教化之所被，學生南及江淮，西至山陝，眞是一位國際化的空前絕後的大成至聖師尊。

孔子太廣博了，他對每個學生的教誨都不一樣，這叫「問同答異」。例如《論語》中他解答「君子」有五十三義，解答「仁」有四十七義，解說「學」有四十四義，解說「禮」有二十五義，而解說「政」也有二十三義。隨地取譬，因材施教，宜乎《孟子・公孫丑上》說：「自生民以來，未有盛於孔子者也。」

一三四　河川不同名

我國幅員遼闊，河川無數，竟無同名者，真怪事也，少數卻仍同名，淑人提醒，請大家共賞，兼誌感焉。

自己所知不多時，最好不要亂發議論，以免丟人出洋相。

記得我年輕時，陪同友人們到一位楊姓長輩府上作客，氣氛很融洽。晚飯後，幾位平輩賓主，在客廳裡隨意聊天，我一時高興，提出了一段自己的見解。我說：

「我國河流很多，竟然沒有江河名稱相同的，這眞是太奇了。試從北到南看看：

黑龍江省：有松花江、嫩江、牡丹江、烏蘇里江、黑龍江、額木爾河、呼瑪河、訥謨爾河、七星河。

遼寧省：有鴨綠江、渾江、遼河、哨子河、大凌河、清河、秀水河、女兒河、柳河、碧流河。

吉林省：有圖門江、松花江、頭道江、二道江、東遼河、洮北河、輝發河、嘎呀河、飲馬河。

河北省：有永定河、子牙河、灤河、大清河、洋河、桑干河、滹沱河、漳河、滏陽河、清涼江。

河南省：有淇河、衛河、金堤河、惠濟河、渦河、賈魯河、穎河、北汝河、白河、伊河、淅水、丹水。

山西省：有汾河、沁河、聽水河、三川河、秋水河、嵐漪河、偏關河、牧馬河、濁漳河。

山東省：有大姑河、大沽河、膠河、濰河、大汶河、小清河、徒駭河、馬頰河、紅衛河、泗河、洙水河。

陝西省：有渭河、涇河、烏蘭木倫河、禿尾河、榆林河、大理河、無定河、延河、洛河、紅柳河。

甘肅省：有疏勒河、黨河、大夏河、石羊河、葫蘆河、庄浪河、洮河、祖歷河、湟水、西漢水、弱水、白龍江。

四川省：有岷江、沱江、嘉陵江、雅礱江、通江、綦江、烏江、安寧河、理塘河、大渡河、越西河。

湖北省：有漢水、大富水、溳水、澴水、灄水、舉水、蘄水、陸水、清江、漁洋河、沮漳河、堵河、金錢河。

湖南省：有湘江、資江、沅江、澧水、新墻河、汨羅江、撈刀河、瀏陽河、渌水、洣水、耒水、舂陵水、瀟水、蒸水、涓水、漣水、夷水、辰水、武水、酉水、猛洞河、漊水、渫水、涔水、桃花江、洪江。

江西省：有贛江、信江、修水、鄱江、昌江、樂安江、塔河、撫水、盱江、宜黃水、崇仁河、梅江、貢水、桃江、上猶江、弋陽江、遂川江、禾水、袁水、錦江、潦河。

安徽省：有皖河、徽水、秋浦河、池河、淮河、新濉河、唐河、沱河、澮河、渦河、潁河、杭埠河、淝水、灊水、青江、水陽江。

江蘇省：有秦淮河、沂河、沭河、灌河、六塘河、薔薇河、射陽河、東台河、吳淞江、黃浦江。

福建省：有閩江、九龍江、岱江、汀江、交溪、穆陽溪、西溪、九龍溪、富屯溪、南浦溪、松溪、建溪。

廣東省：有東江、北江、西江、合稱珠江、韓江、梅江、新興江、漠陽江、鑒江、綏江、連江、武水。

廣西省：有桂江、蒙江、柳江、融江、金城江、刁江、馱娘江、左江、明江、廉江、右江、邕江、郁江、漓江、紅水河、樂里河。

海南島省：有昌化江、南渡江、珠碧江、北門江、文瀾河、大塘河、萬泉河、龍滾河、後溪河、太陽河、陵水河、寧遠河、藤橋東河、望樓河、三亞河、通什河、海甸溪、春江水。

貴州省：有南明河、六沖河、潕陽河、鴨池河、貓跳河、赤水河、曹渡河、芙蓉江、北盤江、烏江、清水江、都柳江。

雲南省：有怒江、龍川江、瀾滄江、金沙江、漾濞江、南盤江、盤龍江、元江、阿墨江、把邊江、普渡河、大馬河。

臺灣省：有淡水河、基隆河、大安溪、大甲溪、大肚溪、濁水溪、清水溪、北港溪、東港溪、楓港溪、曾文溪、高屏溪、卑南溪、秀姑巒溪、花蓮溪、蘭陽溪、木瓜溪、立霧溪、楠梓仙溪、新店溪、頭前溪、後龍溪、烏溪、急水溪、八掌溪、林邊溪、太麻里溪、知本溪、卑南溪。

西北各省的河川，暫且從略。即此已夠複雜遼闊的了。但衆多河流命名雷同的居然沒有，請各位想一想，這豈不是十分神妙的奇蹟嗎？」

我這番高論，當場自也有衆多人附和與贊同。由於不是那晚談話的重點，一會兒便被別的主題岔開，歡愉嫌夜短，大家懷著快樂的心情告辭了。

楊姓長輩有位愛女，那晚，也跟我們同在一起聊天。後來我才知道她本是位教師，專長就是地理，而且是大學聯考招生命題的「入闈老師」。當天晚上，她沒有多表示意見。三數日之後，我接到她的一封短信，很禮貌的說：

「朱先生：前日你造訪我家，彼此交談愉快，深爲欣慰。

你提到我國居然沒有同名的河流，可見你對地理饒有興趣，且能提出心得，甚佩。大體上說，我國幅員遼闊，河川竟能不犯同名，確是難得。但依我這淺學者所知，仍有少許雷同，舉例如下：

㈠白河：

⑴在河北省，古稱「沽水」，從察哈爾（今稱內蒙自治區）發源，入河北省後，與「潮河」合流，稱「潮白河」，入渤海。

⑵在河南省，又稱「淯河」，南流入湖北省後，與「唐河」相會，稱「唐白河」，注入漢水。

㈡洪河：

⑴在河南省東南，爲淮水之支流。上流爲「賈河」，源自河南省伏牛山，經葉縣、舞陽、汝南（因又叫汝河）、新蔡，由「洪河口」注入淮河。

⑵在甘肅省東部。源出甘肅固原縣，即「後川水」，東流入鎮原縣（固原今已劃歸寧夏回族自治區），注入涇河。

㈢昌江：

⑴在江西省東北，又叫「大河」，流經景德鎮，至鄱陽縣入鄱陽湖。

⑵在海南省西南，發源於五指山，流經昌江縣（隋代昌江縣叫昌化縣，故昌江又叫「昌化江」），注入西太平洋之南海。

⑶昌水，在湖南省平江縣，發源於鄂湘邊境，流向西南入汨羅江。

㈣洛河：

⑴在河南省西部，流經盧氏、洛寧、洛陽（位在洛水之陽，故名洛陽）諸縣，會合「伊河」，入黃河，此爲「伊洛」之洛河。

⑵在陝西省中部，由北向南流，直貫陝省之巨川，亦稱北洛水，經洛川縣納葫蘆河，至黃陵縣納沮河，南入渭河，此爲「渭洛」之洛河。

㈤黔江：

⑴在廣西省，由西北流向東南，爲「西江」幹流之一。上游是「南盤江、北盤江、紅水河」，到貴平市合「邕江」而稱「潯江」，經梧州入廣東省後，稱「西江」。

⑵在貴州省，又名「烏江」，由貴州西部經中部折向東北部，經畢節、黔西、遵義、思南等縣流向四川省，由涪陵縣（因又名涪陵江）入長江。

㈥烏江：

⑴在貴州省，有「烏江渡」地名，又名「黔江」，爲貴州省最大河流。見上條㈤之⑵。

⑵在安徽省東部和縣，又名「烏江浦」，楚霸王項羽自刎於此。

㈦都江：

⑴發源於貴州獨山縣，經三都縣之都江鎮，由從江縣入廣西，會「融江」，爲「柳江」上游。

⑵在四川成都市西北之灌縣（又名都江堰市），是秦代李冰太守建造「都江堰」水利

堤壩處。

㈧黑河：

⑴在甘肅省張掖市，又叫「張掖河」，下游叫弱水、額濟納河，入內蒙自治區。

⑵在陝西省西南之勉縣（沔縣），流入漢水。

⑶在以前熱河省，今爲內蒙古自治區的林西縣，注入西拉木倫河。

⑷在今河北省沽源縣（原屬察哈爾）南流入密雲水庫。

（注：《辭海》《大辭典》中有名「黑水」者尚有多處，待查証）

㈨淇河：

⑴在河南省北端林州市（林縣）之南，流經新設之鶴壁市、淇縣之北。《詩經・衛風》「瞻彼『淇』奧，綠竹猗猗」，即咏此水。

⑵在河南省西南邊境盧氏縣之南，經桐樹店、西坪、孫堂莊，注入丹江。

㈩葫蘆河：

⑴在甘肅省東南之會寧縣，經莊浪縣、秦安縣、南流入渭河。

⑵在陝西省中部偏西之洛川縣，該河自甘肅省華池縣發源，流經洛川，注入洛水。

⑪瀘水：

⑴在江西省西部。源出安福縣，流向吉安市，入贛江。

⑵在雲南省南部。由石屏縣東流，經建水縣、開遠市，注入南盤江。

(3)在西康省東南（今已劃屬四川省）。《方輿紀要》說：「瀘水，其源爲『若水』（按若水即今鴉礱江），下流曰瀘水，入金沙江。」今冕寧縣有「瀘寧」「瀘沽」二鎮，諒係因瀘水而命名。此水即諸葛亮征南蠻時《出師表》所稱「五月渡瀘」之處。

(十一)灃水：

(1)在湖南省，源自桑植縣，流經大庸縣、慈利縣、灃縣、津市，入洞庭湖。

(2)在河南省中部，源自方城縣，向東流經葉縣、舞陽、郾城，注入沙河。

(3)在河南省南境，又名派水，源出桐柏縣西北之桐柏山，注入唐河。

(4)源出陝西省寧陝縣東北秦嶺，流經長安，納潏水，注入渭水。

以上乃是就我所知奉告，可能尚不止此，敬請參閱是幸。」

這位楊老師（筆者爲尊禮，故未直述芳名），學識涵養兩佳，她那晚未多發言，乃是顧慮到不要當衆損及我的面子。但我的見解有誤，身爲老師的，在習慣上又忍不住要予匡正，而這麼多的資料，口述是講不清楚的，因此用書面來表達，其思慮可謂既深且愼矣。

事過已五十年，我仍引以爲戒，記以誌念。

一三五　家鄉往事知多少

今日湘潭，已成摩登少婦；
往昔湘潭，猶是純樸村姑。

或許是我在前世積了一些陰德吧？閻王爺一時高興，就恩判我投胎到湘潭轉世爲人。只可惜我口中沒含銀湯匙，以致混到古稀過了，仍舊是「冒跌」（湘潭土話「沒有」之意）一點搞頭。

湘潭得天獨厚，地當湘水之曲，物阜民豐，素有「小上海」之譽。不過，上海人最拿手的白相白相功夫，湘潭人還冒（沒有）學「到功」（精通也），只夠屈居「小」位。

我自認不太笨，卻想不通：湘潭的「湘」指湘江沒錯吧？「潭」何所指？是昭山之下有個昭潭嗎？或是湘江灣曲處那個濱河的石嘴腦陡岩下有個漩渦潭嗎？巴不得（亟爲盼望）哪位鄉長惠予解惑。

挖苦湘潭人，有句話說：「長沙理手湘潭票」。抱歉，這裡面鐵定有「怕庵字」（就是有白字別字）。意思是說長沙人最會假充內行，而湘潭人最會耍嘴皮子。朋友，你「票」過嗎？

六十多年前，我還是個中學生，糊裡糊塗的考進了那時唯一的中學「潭中」，算是風車坪上新校址的新鮮人。紅磚砌的高樓，好不宏偉！前幾年回去再看，覺得不過爾爾，證明我已變成老油條了。

潭中有童子軍正課。學旗語，行三指禮。記得我校番號是中國童子軍第608團，按全國統一排名來說，資格滿老牌的。我們去南嶽山露營，那時沒汽車，大家抬著帳篷，扛著背包，七月間走路上山，挖個土灶，用紫銅鍋煮「悶飯」，我們都不懂火候，燒的飯下焦上不熟。不記得肚皮是怎麼撈飽的，只記得刮下那厚厚的焦黑鍋巴一籃子，到村子民家去兌（交換）來一大堆「慈固子」（荸薺），吃得好不愜意，每頓飯反而希望鍋巴愈多愈妙。（鍋巴餵豬是美食，荸薺是村民種的，當地不值錢）。

今日湘潭，已成摩登少婦：往日湘潭，則是純樸村姑。我倒是懷念從前。你想想看：「居仁」巷「由義」巷多麼正經馴雅，「梧桐」街「綠竹」街何等詩情畫意！

慚愧的是：在下這個正廠出品的湘潭人，卻不是「湘潭通」。我住過十六總和十三總，但「姨的」（為甚麼）叫「總」？一總到七總何以「冒跌」？「洗硯塘」誰在洗硯？「下攝司」所司何事？「黃龍巷」怎叫「溜子巷」？有誰能告訴我呢？

——這篇小文刊載於民八十八年二月二十三日《湘潭會訊》，由台北市湘潭同鄉會發行。作為旅台同鄉春節團拜摸彩唱歌聚餐時之分發資料，文字以簡短輕鬆活潑風趣為尚。

一三六 效顰大家抄

天下文章一大抄，剽襲葫蘆照樣描；
中國外國都如此，只怕將來會更糟。

效顰就是摹仿，也就是俗話說的依樣畫葫蘆。《東軒筆錄・一》說：「頗聞翰林草制（是說翰林學士替皇帝撰寫聖旨詔書時），皆檢前人舊本（都是找出以往的現成的詔書樣式），改換事語（把時地人事物的內容改動一下），此乃俗所謂依樣畫葫蘆也。」

這樣看來，摹仿豈不是太容易，卻也未必。請看：某人作詩摹仿李白，終生未見他變成詩仙李白；某人撰文摹仿韓愈，然畢其一生追不上韓文公。猜想他們在立志摹仿之初，一定都自命不凡，才敢邯鄲學步，跟著那些大師的腳印走。可是，婢學夫人，終究不像，反而受到譏評。顧炎武《日知錄・二一》便說：「近代文章之病，全在摹仿。即使逼肖古人，已非極詣。」

「效顰」的典故出自《莊子・天運》，原文說：「西子病心而矉（矉音貧。矉是古字，現代字是顰，心胸愁痛而皺眉之意）。其里之醜女，歸亦捧心而效其矉（醜女也摸著心窩，摹仿著皺眉）。里人見之，閉門而不出。」注疏解釋說：越國美女西施，容貌姣好。有一回害了心病，只見她緊皺眉頭，強忍愁苦，由於眉蹙，更增嫵媚，大家對她益加愛憐了。此時東鄰有個醜女，名叫東施，她本來沒有心病，卻故意摹仿西施，也撫著胸口，同樣把雙眉皺將起來，反而更醜了云云。這便是「東施效顰」的故事。

雅言之，叫效顰；淺白言之，就是學樣。用在文字方面，就是抄襲（也叫剽竊、剽襲）。《紅樓夢．八四回》賈政說：「早些年我出過『唯士爲能』這個文題（舉辦國家考試的作文題目）。那些應考生員都讀過前人這篇，不能自出心裁，多是抄襲。」這是說照抄他人的文句，作爲自己的文章是也。

首先，有自己抄襲自己的。

漢代司馬遷《史記》中有兩處記述「一飛沖天」的典故：一在卷四十《世家第十．楚》，另一在卷一百二十六《滑稽列傳》。兩篇人名雖有異，敍事卻相同，想係司馬公因卷帙太多，以致自己重複了自己的文章吧？

宋代晏殊一首《浣溪沙》詞，中有「無可奈何花落去，似曾相識燕歸來，小園香徑獨徘徊」名句，至今傳誦不衰（見《珠玉詞》）。但他卻是重複抄用自己以前的《示張寺丞王校勘》的七律（張寺丞是張先，王校勘是王琪。見《宋詩三百首》長沙岳麓書社印行），詩曰：「元巳清明假未開，小園幽徑獨徘徊；春寒不定斑斑雨，宿醉難禁灩灩杯；無可奈何花落去，似曾相識燕歸來；遊梁賦客多風味，莫惜青錢萬選才。」前面那首「詞」中的三句，乃是從「詩」中搬過去的，抄用了二十個字相同，只改換了一個字。《詞林紀事．

卷三》說他犯了重複。《四庫全書總目提要》更露骨的評曰：「此詩腹聯，今復塡入『詞』中，豈自愛其詞語之工，故不嫌複用耶？」

白居易《入直西省》七絕末二句云：「獨坐黃昏誰是伴，紫薇花對紫薇郎。」他在朝廷裡中書省値夜，院中紫薇飄香，而中書省原有紫薇省之稱，他便是紫薇郎了。後來他又有《韻語陽秋》詩曰：「紫薇花對紫薇翁，名自相同貌不同……」。看來白居易對紫薇情有獨愛，故而自己重複抄來詠歎。

唐代詩人許渾，有《丁卯集》。他的「京口閒居寄京洛友人」七律云：「吳門煙月昔同遊，楓葉蘆花並客舟；聚散有期雲北去，浮沉無計水東流。一樽酒盡青山暮，千里書來碧樹秋；何處相思不相見，鳳凰城闕楚江樓」（此詩見《金聖歎選批唐詩》）。被宋代晏殊《珠玉詞》評曰：「詩中『一樽酒盡青山暮，千里書來碧樹秋』二句，在他的詩集中兩見。」這是說許渾也重複用了自己的好句（見《宋詞精選會注評箋》第三十一頁）。

南宋陸放翁晚年也犯此病。趙翼《甌北詩話》說：「放翁詩作萬首，難免有重複者：㈠《老境》曰『智士固知窮有命，達人元謂死爲歸』」，《寓嘆》重複云『達士共知生是贅，古人嘗謂死爲歸』。㈡《晨起》曰『大事豈堪重破壞，窮人難與共功名』，《客思》重複云『壯士有心悲老大，窮人無路共功名』。㈢《夜坐》曰『風生雲盡散，天闊月徐行』，《夜坐又一首》重複云『湖平波不起，天闊月徐行』。㈣《冬夜》曰『殘燈無燄穴鼠出，槁葉有聲村犬行』，《枕上作》重複云『孤燈無燄穴鼠出，枯葉有聲村犬行』。㈤

《郊行》曰『民有袴襦知歲樂，亭無桴鼓喜時平』，《寒夜》重複云『市有歌呼知歲樂，亭無桴鼓喜時平』……」想是陸游作詩太多，他的全集有一萬多首，重複自己的詞句恐怕是難免的。

蘇東坡有一首《定風波》詞：「莫聽穿林打葉聲，何妨吟嘯且徐行……回首向來蕭瑟處，歸去，也無風雨也無晴。」另外在他的七言絕句《獨覺》詩裡，也曰：「翛然獨覺午牕明，欲覺猶聞醉鼾聲，回首向來蕭瑟處，也無風雨也無晴。」（詩中有兩個覺字，我兩次查閱四庫全書《東坡詩集註》確然無誤）

其次，向別人抄襲，似乎更不在少數。

漢代劉向《說苑》云：「夫上之化下，猶風之靡草。東風、則草靡而西。西風、則草靡而東。在風所由，而草為之靡。」這段話，其實是模仿《孟子》「君子之德、風也。小人之德、草也。草上之風必偃」來的。而《孟子》這段話，又是抄襲自《論語》「君子之德風，小人之德草，草上之風必偃」來的。至於《論語》這段話，更是學自《書經．君陳第二十三》「爾惟風，下氏惟草」來的。

劉向《新序》《說苑》兩書，多是抄自其他書籍。例如《新序卷二．雜事二》和《說苑卷六．復恩》這兩個篇章中，都記述有「謗書一篋」的故事，是說魏國大將樂羊，出國打仗三年，攻下了中山國，回朝報功，臉有驕色。魏文侯出示謗書一篋，都是朝臣檢舉樂羊的書牘，樂羊才惶恐叩謝不殺之恩。這兩篇都是抄自《戰國策．秦策》而來的。

漢代韓嬰《韓詩外傳・卷五》有「古人糟粕」故事說：「倫扁曰：此先聖之糟粕也」。這話實係剽襲自《莊子・天道》篇中「輪扁曰：此古人之糟粕也」的原事。

後漢趙曄《吳越春秋》有「白龍化魚，被漁人豫沮射傷」的寓言，乃是抄自前漢劉向《說苑・卷九・正諫》中的同一故事。

宋代司馬光《資治通鑑・卷七・秦紀七》記述項羽少時，不屑於學劍。項羽說：學劍是一人敵，不必學，請學萬人敵。這是抄自《史記・項羽本紀》來的。又《資治通鑑・卷五・周紀五》記述趙括只會紙上談兵，後被白起射殺，坑埋趙卒數十萬一事，應是抄自《史記・廉頗列傳》來的。

歐陽修《醉翁亭記》是一篇傑作，文中用了二十一個「也」字。有人贊道：「天下文章，莫大於是。」可見該文之妙。但《太平清話》評說：「該文多用『也』字，王安石《度支郎中葛公墓銘》亦多用『也』字，實則都是從《孫子兵法》一書學來的。歐集竟說是前世未有之文，乃因未讀《孫子兵法》之故」云云。我們看《孫子兵法》中的《行軍篇第九》，共用了四十五個「也」字，用來增加文勢的捭闔跌宕。以故歐陽修應是學自孫子的（也字是虛字，都在一句之末，用起來較易。至若韓愈撰《送孟東野序》中用了三十九個「鳴」字；謝无量撰《實用文章義法》引錄馮用之的《機論》，篇中用了三十五個「機」字，都是實字，且都用在句中，較難。這都是一字多用之例。但如刻意求多，恐有勉強遷就故意矯飾之弊生焉）。

《後漢書．馬后紀》中有「車如流水，馬如游龍」之語，被南唐李後主李煜學來寫入《憶江南》詞中曰：「車如流水馬如龍，花月正春風。」

唐人李群玉《南莊春遊》詩曰：「南溪小路桃花落，細雨斜風獨未歸」。後由張志和填入《漁歌子》詞中云：「斜風細雨不須歸」。情景兩相近似。

唐代朱慶餘《閨情》詩云：「妝罷低聲問夫婿，畫眉深淺入時無？」後爲歐陽修借來填入《南歌子》詞中曰：「去來窗下笑相扶，愛道畫眉深淺入時無？」

明代袁了凡《了凡四訓．積善之方》篇中，記述漢鍾離傳授呂洞賓「點鐵成金」的故事，乃是源自李涵虛《呂祖年譜．海山奇遇．卷之一．入終南記》同一故事抄來的。

蘇東坡《水調歌頭．快哉亭作》詞中有句云：「認得醉翁語，山色有無中」（見《宋十大名家詞》長沙岳麓書社出版）。《詞林紀事》說這是仿歐陽修「平山闌檻倚晴空，山色有無中」抄來的。而歐陽修又是襲自前人王維《漢江臨眺》詩「江流天地外，山色有無中」來的（《唐詩三百首》中有王維此詩）。

明人謝在杭《文海披沙》說：南北朝庾信作「賦」，寫下駢句「落花與芝蓋齊飛，楊柳共舟旃一色」。唐人陳子昂「文」，因撰「殘霞將落日交暉，遠樹與孤煙共色」。唐李商隱「文」，也有「青天與白水環流，紅日共長安俱遠」。王勃《滕王閣序》，乃摹仿爲「落霞與孤鶩齊飛，秋水共長天一色」。句型都相似，只有王勃的落霞秋水流傳特廣，這豈非有幸有不幸？

《范溫元實詩眼》說：「杜甫作詩，有學自沈佺期者：沈曰『雲白山青千萬里』，杜云『雲白山青萬餘里』。沈曰『人如天上坐，魚似鏡中懸』，杜云『春水船如天上坐，老年花似霧中看』（見上海古籍社《杜詩詳註》卷末『諸家論杜』專章）。」

黃庭堅《浣溪沙》「新婦磯頭眉黛愁，女兒浦口眼波秋，驚魚錯認月沉鈎。青箬笠前無限事，綠簑衣底一時休，斜風細雨轉船頭」。這首詞被宋代王楙《野客叢書》評說：「前二句是一面借用顧況《漁父》詞『新婦磯邊月明，女兒浦口潮平』；一面又借用權德輿的詩『新婦磯頭雲半斂，女兒灘畔月初明』移用修改來的。後三句則是仿張志和《漁歌子》詞『青箬笠，綠簑衣，斜風細雨不須歸』之意而學寫的（《詞選》及《御製詞譜》二書中都收有張詞）。」

明禮部侍郎葉盛《水東日記》說：白居易撰《廬山草堂記》中有「仰觀山，俯聽泉」之句。宋歐陽修撰《豐樂亭記》（見《古文觀止》）也照樣說「仰而望山，俯而聽泉」。不知是無意巧合還是有意仿學？

宋代胡仔《苕溪漁隱叢話》載：秦少游《滿庭芳》詞有佳句云：「斜陽外，寒鴉萬點，流水遶孤村」。人皆以爲是秦少游自創此語，殊不知乃襲自隋煬帝詩「寒鴉千萬點，流水遶孤村」而用之也（明人王世貞《弇州山人詞評》也有同樣的指正）。

晉代陶淵明《歸園田居》有「狗吠深巷中，雞鳴桑樹顚」之句，乃是襲自《古辭》「雞鳴高樹顚、狗吠深宮中」而來，每句改一個字。

唐人韋應物《滁州西澗》七絕末句「野渡無人舟自橫」甚佳，被寇準借來改爲「野水無人渡，孤舟盡日橫」，一句化爲兩句。又被明代沈周字石田移用納入他的《薄粥詩》中：「薄粥稀稀碗底沉，鼻風吹動浪千層，有時一粒浮湯面，野渡無人舟自橫」。（見《石田詩鈔》），借喻十分高妙。

宋代蘇東坡《江城子》詞有句「忽聞江上弄哀箏……欲待曲終尋問處，人不見，數峰青」。這是模襲唐人錢起《湘靈鼓瑟》「曲終人不見，江上數峰青」而來的。

北宋詞家柳永《雨霖淋》有佳句曰：「今宵酒醒何處，楊柳岸曉風殘月」。被元人王實甫移入《西廂記．驚夢》張生唱：「是曉風吹殘月，眞箇今宵酒醒何處也！」這很明顯。

宋代蘇軾有一首《洞仙歌》詞，是將殘唐五代的後蜀君主孟昶《玉樓春》詞「夜起避暑摩訶池上」作藍本而模仿寫成的（孟昶與南唐中主李璟及後主李煜同時，都愛塡詞）。《古今詩話》《苕溪漁隱叢話》《西溪叢話》《溫叟詩話》《全宋詞》都有記載。今將兩詞抄錄，以供對看互參：

蘇軾改寫「洞仙歌」詞	孟昶原作「玉樓春」詞
冰肌玉骨，自清涼無汗。	冰肌玉骨清無汗，
水殿風來暗香滿。	水殿風來暗香滿。
繡帘開，一點明月窺人；	繡帘一點月窺人，

人未寢，攲枕釵橫鬢亂。
起來攜素手，庭户無聲；
時見疏星渡河漢。
試問夜如何？夜已三更，
金波淡，玉繩低轉。
但屈指西風幾時來？
又不道流年暗中偷換。

攲枕釵橫雲鬢亂。
起來瓊户悄無聲，
時見疏星渡河漢。
屈指西風幾時來？
只恐流年暗中換。

右列蘇軾仿寫的詞，清代朱彝尊《詞綜》評說：「蘇詞未免反有點金之憾」（這是說點金成鐵，仿壞了）。鄭文焯《手批東坡樂府》則評曰：「東坡改添數個字，便覺意象萬千」（這是說仿得高妙）。褒貶互見，併請讀者鑑賞。

范仲淹《岳陽樓記》首句「慶曆四年春滕子京謫守巴陵郡」提到的滕子京，官任巴陵郡守，他寫了一首《臨江仙・巴陵》詞云：「湖水連天天連水，秋來分外澄清。君山自是小蓬瀛。氣蒸雲夢澤，波撼岳陽城。帝子有靈能鼓瑟，悽然依舊傷情。微聞蘭芷動芳馨。曲終人不見，江上數峰青」。寫得很美（此詞載在《巴陵樂府》中）。但是滕子京這詞上闋末兩句「氣蒸雲夢澤，波撼岳陽城」，乃是抄自孟浩然《贈張丞相九齡》的五言律詩「八月湖水平，涵虛混太清，氣蒸雲夢澤，波撼岳陽城……」來的（孟詩在《唐詩三百首》中題爲「臨洞庭上張丞相」；在《千家詩》中題爲「臨洞庭」，寫來雄健）。滕詞下闋末兩句「曲終人不見，江上數峰青」，則是剽自唐代錢起《湘靈鼓瑟》「……流水傳湘浦，悲風過洞庭；曲終人不見，江上數峰青」而來的（錢起應禮部考試，便是以「曲終、江上」兩佳句而拔取第一，見《全唐詩話續編》。他又是「大歷十才子」之一，見《新唐書·藝文志》）。滕子京在這首詞中，一字不改的直接抄用了兩位前代人的四佳句移爲己用，似也是少見的了。（蘇東坡也襲用「人不見、數峰青」，見前兩頁）

《詩人玉屑》卷八說：唐人陸龜蒙有句云：「殷懃與解丁香結，從放繁枝散誕春。」被王安石學來，寫爲「殷懃與解丁香結，放出枝頭自在春。」楊誠齋評論說：抄來後改得比原詩好。

張德瀛《詞徵》說：「南唐李後主《浪淘沙》詞中有『夢裡不知身是客』之名句，張蛻巖偷來改寫爲『客裡不知身是夢』，納入自己詞中，但氣韻卻差得遠了。」

西安有座慈恩寺，爲唐高宗所建，寺內有寶塔名慈恩塔（現今稱爲大雁塔），七層方形，甚有名氣。唐代詩人荆叔有《題慈恩塔》五絕詩云：「漢國山河在，秦陵草木深，暮雲千里色，無處不傷心」。這詩起首兩句，與杜甫《春望》五律的前兩句「國破山河在，城春草木深」同一機杼，十個字有七個字雷同。杜甫生在荆叔之前，荆叔應熟《春望》之句，可證荆叔是模仿杜甫寫出來的。

胡適提倡白話文，與守舊派的章士釗等人不合。某次、胡與章在一宴會中相遇，胡適興起，吟詩道：「但開風氣不爲師……願常相親不相鄙。」這第一句乃是借自清代龔自珍

「己亥雜詩」的末句。原詩曰：「河汾房杜有人疑，各位千秋處士卑；一事平生無齮齕，但開風氣不爲師。」（事見吳相湘《民國百人傳》，龔詩見《定盦全集》卷九）

其他如記述「杯弓蛇影」故事，東漢應劭《風俗通義》卷九記中有此事，到唐代房玄齡《晉書》列傳第十三也有。至於涉及「不死之藥」的有㈠《呂氏春秋・壹行》、㈡《史記、始皇本紀、及封禪書》、㈢《戰國策・楚四》、㈣《漢書・郊祀志》、㈤《後漢書・天下志注》、㈥《舊唐書・憲宗》、㈦《新唐書・后妃下》、㈧《資治通鑑・始皇下》、㈨《太平廣記・彭祖》、㈩《博物志・物產》、(十一)《山海經・海內西經》、(十二)《稽古錄・始皇》、(十三)《續世說・言語》、(十四)《周髀算經・卷下之一》、(十五)《列子・湯問》、(十六)《韓非子・說林上》、(十七)《抱朴子・論仙》、(十八)《金樓子・志怪》、(十九)《淮南子・墬形訓、及覽冥》、(二十)《涅槃經・二十五》、(廿一)《慧苑音義・上》。此外如記述「楚弓楚得」的，同時有：㈠《孔子家語・好生》、㈡《呂氏春秋・貴公》、㈢《公孫龍子・跡府》、㈣《說苑・至公》等書。料想都是我抄你的，你抄他的。若要追問究是誰抄誰的？恐怕難以查考了。

不但中文後人學前人，外文也是如此。

舉例之一：我國憲法第一條「中華民國基於三民主義，爲民有民治民享之民主共和國」中的「民有民治民享」，是國父孫中山先生借用了美國總統林肯（Abraham Lincoln 1809-1865）的《蓋第茨堡講詞》（Gettysburg Address）中的一句話「The government of the people, by the people, and for the people」（原文大意是：這個屬於人民所有的、由人民監督的、替人民服務的政府），據此而精鍊出來的（國父簡譯爲民有民治民享六字，眞是傳神扼要練達信實文雅而且絕妙）。

可是林肯總統這句話，乃是學自美國麻州學者派克・西道爾（Parker Theodore 1810-1860）的講詞中之語「Democracy is direct self-government, over all the people, by all the people, and for all the people」（原文大意是：民主精神是直接的自治，超乎全體人民，屬於全體人民，也爲了全體人民）變化而來的。

至於派克這一句，則是襲用了美國大政治家韋伯斯特（Daniel Webster 1782-1852當過參議員，做過國務卿）答覆海恩的話：「The people's government, made for the people, made by the people, answerable to the people」（原文大意是：此一人民的政府，是爲人民而存在的，由人民所設置的，對人民負責任的）而加以修改寫成的。

然而韋伯斯特的話，又是沿襲第一位將聖經譯爲英文的英國學者威克里夫（John Wycliffe 1330-1384）所寫《聖經序》中的一句「This Bible is for government of the people, by the, people, and for the people」（原文大意是：這冊聖經，是獻給那屬於人民的、由人民賦與的、和替人民服務的政府的）所轉換出來的。

若再往前追溯，更可發現原來是學自遠在耶穌降生前四百年古希臘雅典政治家克里昂（Cleon ?-422 B. C.）對雅典人民演說時，曾講到：作爲一個統治者，應該「of the people, by the people, for the people」（原文大意是：做一個好的統治者，他應當是：屬於人民的、被人民推舉出來的、替人民作事的）照這個遠古的葫蘆依樣畫出來的。

舉例之二：林肯總統還有一篇《解放黑奴宣言》。他認爲奴隸制度使美國內部南北分離對抗，國家會毀滅的。他說：「自相分裂的房子是沒法維持的」（原文是 a house divided against itself cannot stand，直譯是一棟房子裂開來自己反對自己是站不住的）。這句話乃是學自《聖經・馬太福音》十二章二十五節耶穌對法利賽人說的「如果一棟房子自相分裂，那棟房子是無法支持的」（聖經原文是 If a house be divided itself, that house cannot stand.）。林肯抄錄過來，只比《聖經》少了① if，② be，③ that house 四個單字，更意強氣壯。

舉例之三：美國總統羅斯福（Franklin Roosevelt 1882-1945）在一九三三年《告全國同胞書》中說：「我們唯一必須恐懼的東西，就是恐懼本身」（原文是 The only thing we have to fear is fear itself.）。這句話是仿效一百多年前美國作家亨利・大衛・梭羅（Henry David Thoreau 1817-1862）的話「沒有甚麼東西比恐懼更讓人恐懼了」（原文是 Nothing is so much to be feard as fear.）。梭羅這句話又是學自四百年前法國散文作家邁克・棣・蒙太黎（Michel de Montaigne 1533-1592）撰寫的「我最恐懼的東西就是恐懼」（這句的英文是 The thing of which I have most fear is fear.）

舉例之四：美國總統甘迺迪（John F. Kennedy, 1917-1963）的「告全國同胞宣言」中有名句曰：「不要問你的國家能爲你做甚麼，而當問你能爲國家做甚麼？」（原文是：Ask not what your country can do for you; ask what you can do for your country.）這話原本是仿效康乃迪克州渥令福德（Wallingford, Connecticut）預備學校校長對學生講的話：「不要問你的學校能夠爲你做些甚麼，而要問你能替學校做些甚麼？」（原文是：Ask not what your school can do for you, ask what you can do for your school.）只是把學校改爲國家，其餘完全照抄。以上引自紐約公共圖書館一九九〇年出版的《答案之書》（The Book of Answers）第250頁。書中說這是甘迺迪根據原詞改編改寫的（原文是：Kennedy adapted the phrase）。

這樣看來（那時還沒有人提出「智慧財產權」這個新名詞），今人抄前人，前人抄古人，古人抄更古人，無怪乎諺語說：「天下文章一大抄」了。

一三七　高血壓——你需要知道些甚麼

高血壓是無聲殺手，它損壞心臟和腎臟。有人活了大把年紀，不知有高血壓在身。

前記

這是約翰・派坎璉（JOHN PEKANEN）的一篇報導，刊於《讀者文摘》《大字版》（READER'S DIGEST LARGE-TYPE EDITION）一九九五年三月號，題目是「WHAT YOU NEED TO KNOW ABOUT HIGH BLOOD PRESSURE」。因鑑於國人營養大都太豐，湖南鄉親中血壓偏高的也不少，譯來或有助於了解（註：本文刊登於《湖南文獻》，讀者大都是湖南人）。唯譯者根基太淺，旅寓中既缺參考資料，且又乏人請益，錯謬必多，尚祈讀者匡正。下面即是譯文，小標題是譯者所加（寄自美國費城郊寓）。

舒張壓和收縮壓

華特士牧師，住在北卡羅萊納州的塔波諾市。有一天，他正在醫院裡探慰一位住院的教區信徒時，忽覺自己一陣頭暈，他就便請護理台檢查一下血壓。那低壓—兩次心跳之間的舒張壓，還很好；但收縮壓—心跳時泵出血液的壓力，卻高過了二百，遠遠超過了正常的讀數（譯者註：血壓有兩個數字：一是心臟收緊時的壓力，較高：一是心臟放鬆時的壓力，較低。我們常問別人：你的「高血壓」是多少？這本是問收緊時的壓力，似與「高血壓患者」名稱混同了，倘若改說收縮壓和舒張壓，或者較好）。

華特士當時只四十八歲，不禁感到意外。但如同一般人一樣，包括許多醫生在內，認為自由升起來的「收縮壓」雖然高，應該不會有甚麼嚴重的惡兆。他說：「別人經常告訴我，只有那『舒張壓』才是耽心的。」可是，最新的研究顯示：這種想法，不但錯了，而且危險。

注意收縮壓偏高

卡諾士．費拉瑞奧博士，在北卡羅萊納州的威克弗萊斯特大學的波曼格雷醫學院擔任高血壓中心主任。他指出：「最近有一個重要的發現是：高的收縮壓，對健康乃是嚴重的危機。」

強力的證據，來自一九九三年的一項研究，那是由國家心肺血液學會發起來辦的，對象包括二千七百六十七位男士和婦女。結果是：正常的舒張壓以及接近高壓邊緣的收縮壓（一四〇—一五九）的人，會發生急速的脈跳率、心臟衰竭、和冠狀動脈疾病，比那些有正常的收縮壓（低於一四〇）的人為糟。研究的結論說：「與早期所相信的正相反，日益增多的證據，顯示『收縮壓』偏高的毛病，比『舒張壓』偏高有更多的危險。」

無聲的殺手

高血壓（一四〇／九〇以上）估計影響到五千萬美國人民，它是導致脈跳快、心臟病、腎臟功能失效的主要危險因素。每年有百萬計的患者在匆忙發病時去看醫生，它被稱為「無聲的殺手」，因為通常它都沒有預兆，估計有百分之三十五的高血壓患者，沒有異常的感覺，也忽略了去尋求醫治（補註：二〇〇二年六月十日我國行政院衛生署公佈：高血壓已升為國人十大死因之一）。

高的收縮壓—如同華特士牧師的那一種，是最通常被忽視而疏於治療的一種。費博士指出：「不幸的是，連一些內科醫生也堅守著舊的理念，認為收縮壓本來就是自然地隨著年齡而增高，不需要治療。這種觀念，可能釀成災禍。」

雖然任何年齡都可以發生心臟病，但年齡增大，會使得收縮壓變高的現象更普遍。因為動脈管漸漸硬化，增加了血流的抗阻，如此就得逼得心壓必須加大，以促使血液在硬化了的血管裡流過去。結果是讓「左心室」—心臟的主要泵浦—用力加班工作，才能把血液打到身體各部位去。

藥物．運動．節食

國家心臟血液學會，和國家老年學會聯合贊助的一項研究，立下了一個里程碑：他們對四千七百三十六位六十歲以上的高血壓患者觀察了五年，發現那些接受降壓藥物的人，降低了百分之廿七的心臟病，減低了百分之十三的死亡率。

但是，藥物並不是唯一的答案，運動、節食，和減少精神壓力，都扮演了重要的角色，下面是最新的描述：

〔運動〕——邁克．赫司科，在他近六十歲時，血壓升到一五〇／九五，他不願服藥治療，而到馬利蘭大學註册，想要藉助長期運動和低脂肪飲食，使血壓降低。他每週三天散步，每次至少三十分鐘，血壓降低了。三年之後的現在，體重減輕了二十七磅。每天散步，不服藥，血壓爲一三二／六九，健康多了。他說：「有規率的運動和減肥，可以使一切情況改觀。」

詹姆士．海格伯格——就是邁克在馬利蘭大學用運動降壓的主持人。他說：「運動雖不是對每個人都有效，但四分之三的高血壓患者的經驗，血壓都降緩了。」

運動不是要練成奧林匹克的金牌得主。「事實上，」詹姆士說：「散步、或是低強度的活動，會比慢跑或急跑更有益。如若使你的脈搏數降緩一半，就夠理想了」（人們的最高脈搏數，是二〇〇減去你的年齡數）。

﹝節食﹞—住在賓州的凱西女士，在一九八九年初次懷孕時，血壓升到一九〇／一〇〇，二度懷孕時，也同樣的高。第三度有孕時，為免反胃嘔吐，她去請教紐約州的食物專家瑪格麗特·柯尼慈。柯尼慈讓她吃脂肪含量低，但鉀、鈣、鎂含量高的食物。幾個月後，血壓恢復了正常：一二〇／六〇，孕期中最高也只有一四〇／八〇。

哈佛醫學校的馬修·紀爾蒙博士，研究了三千零七十四位受測驗者，確知鉀元素對血壓有益。研究結果在一九九三年三月發表了，揭示出食物中每一卡路里含有一毫克（千分之一克）的鉀，服食後可以降低血壓一度。

鉀可以在許多食物裡找到，例如香蕉、胡瓜、番茄、橘類、馬鈴薯、和綠葉蔬菜裡都含有它。

從事高血壓探查、評估、治療的國家聯合協會，在最近提出的報告書中，說明了上項發現，獲得國家健學會的支持。報告書中說：「多攝取鉀，可以抗拒高血壓的發展：缺少了鉀，則會增高血壓」。不過專家們警告，攝取過多的鉀，也可能對健康有害，應聽取醫師的指示。

食鹽·纖維·減肥

研究者也調查研究其他的飲食因素：

﹝食鹽﹞—由於長期懷疑食鹽與高血壓有關，「限鹽」被視為抗高血壓的主要武器，特別是對鹹味有敏感的人，減少攝取量尤爲重要。國家聯合協會報告說：黑種人與老年人的身體，對鹽「更爲過敏」（意即多鹽有害）。

〔纖維〕－攝取纖維素食物，可以降低或幫助預防高血壓。一九九二年由哈佛學校作的一項研究，得知從蔬菜、五穀，及水果的纖維中，有相同的降低「舒張壓」的功效。唯其中僅有水果纖維與蔬菜纖維對「收縮壓」有助。

〔減肥〕－肥胖一直是一項主要的危險因素。馬文．莫沙博士，是耶魯醫學院的醫科教授，也是國家聯合協會的一員，他說：「減輕體重，是最有效、也是不必用藥物來降低血壓的良方。」

減少精神壓力

精神放鬆，曾被考慮爲對高血壓作戰的可能武器。但是：「最近的研究指出：當精神壓力放鬆時，對某些人而言，是可使血壓趨低，可是效益通常是暫時的。等到精神壓力再來時，血壓又會增高。」這是行爲醫學專家史泰芬．赫施博士說的，他是馬利蘭州醫學病理諮詢顧問中心的領導人。

這不免令人混淆，因爲其他的研究，都表示精神壓力對高血壓有害。由阿拉巴馬大學醫學院辦的對一千一百二十三人的調查研究得知：對高血壓的增漲，情緒緊張型的中年人，比情緒輕鬆型的人，高出兩倍。

另外一項研究，則是追蹤二百六十五位受雇於紐約市擔任有壓力工作的人，這是由紐約醫院與康乃爾醫學中心共同進行的。獲知由精神壓力導致的高血壓，不但沒有隨工作結束而消除，而且下班回家後還繼續在，甚至到入睡時仍在作怪。年齡大的比年輕的看來更甚，或許這是由於年高者的壓力是長年累積的緣故吧。

只是專家們說：既然單是控制精神壓力對血壓影響低微，那末把減少精神壓力與藥物治療合起來，自會比單用藥物有效多了。

運動和藥療

五年之前，羅伯・查拔可斯塔還是個二十歲的學生，就讀於維琴尼亞州哈利斯堡的詹姆士麥迪遜大學。有一次，他主動去捐血，卻被檢查爲不合格者，因爲他的血壓是一四〇／九〇，偏高。他說「我的血壓竟然偏高，眞是意外」後來，羅伯進入了維琴尼亞醫學院，血壓仍舊居高不下。

他說：「因此我就開始運動，少吃脂肪食物和鹽份。」但血壓仍在高的邊線上。他又說：「我試過各種方法，只是想避免吃藥，我一心寄望於長遠的效果上。」他這種觀念，與上百萬的其他美國人一樣，被稱爲高血壓症的第一期。是不是當羅伯藉助運動和其他非藥物而仍然無效時，要服藥來療治？

答案由明尼蘇達大學提供了有助的訊息。他們花了四年時間，在一九九三年八月發表心得。追蹤了九百零二位男女（年齡從四十五到六十九歲），都是高血壓症的第一期，血壓平均數爲一四〇／九一。其中五組患者給予低量而溫和的抗高壓藥，另外第六組則僅給予一種無害的寬心丸藥，患者並不知道。但全體都要運動、減肥、限鹽、不喝酒（譯者註：湖南人愛鹹，湘菜油多鹽重，每天大魚大肉，加上缺少運動，必成胖子；又經常喝酒吃辣，生活緊張，不病也難。唯望爲國家爲自身，諸多珍惜）。

這項測驗的結果是：服藥者的血壓，明顯降低。那只服寬心丸的人，有百分之三十要找醫生求治－包括非致命的心肌梗塞、充血型的心臟失效、胸痛、甚至死亡。

國家高血壓教育計畫的主角、並負責對國家健康協會去協調的愛德華・羅塞拉博士建議：可暫時觀察三到六個月，看一看高血壓第一期患者，是否會由於生活方式的改善而把血壓降低了？如果沒有，醫生便可選用各種抗壓的藥品來療治。

高血壓國家治療聯合會也發現：在血壓控制一年後，藥量便有可能減少。有時候由於患者的生活方式改變，藥物能夠全停。然而其後續情況，仍須由醫生繼續監視。

前面提到的那位羅伯，經與醫生詳談，考慮了各種因素後，決定接受藥物治療。但他說：「一旦血壓降下來，我要看看能不能停止服藥。」

抗壓尋求勝利

高血壓中心主任費南瑞奧博士最後說：「過去五年來，我們雖然探討了非常多的高血壓的原因和療法，但仍有太多的未知情況等待去深究。我們最大的挫折，是眼看著患者受到一些並非必要的，和不能挽回的傷害。因爲他們固然活了一大把年紀，卻不自知有高血壓在身。只待我們把這個劇本演得稱職而成功，直到幕終之時，我們才在這場抵抗『無聲殺手』的戰爭中，贏得勝利。」

——刊載於民國八十四（一九九五）年七月《湖南文獻》第二十三卷第三期、總號第九十一期。譯自《讀者文摘》（Reader's Digest）大字版（Largetype Edition）一九九五年三月號。題目是《What You Need to Know About High Blood Pressure》，作者是約翰・派坎璉（John Pekanen）。因鑒於友朋中胖子不少，頗有惹上高血壓的顧慮，故特譯介此文，想要大家注意。

一三八　降價買電話機

甚麼叫「雨票」（RAIN CHECK）？

美國商店大減價過了也給「雨票」？

美國商店，每逢節日，經常打折大減價。他們的推銷方法，除了在報紙上大登廣告之外，還有郵寄到家的型錄價目手册，和各種貨品的優待券（COUPON）、抵價券（$2.00 or $1.00 OFF 或 SAVE $5.00，剪下此券，付帳時可以沖抵二元、一元或五元）、以及買一送一、或買二送一等花樣，以刺激購買慾，招徠顧客。減價是誠實的削減，不是把原價改高再打折，讓消費者可以眞正買到價廉物美的貨品。

今年（一九九六）我來美國探親，歸期快近了。台北寓所，別的不缺，只想買一具無線話筒（話筒可以拿起走向遠處，與機座沒有電線相連）的電話機（CORDLESS TELEPHONE），帶回家用。

這幾年來，在台北，我單身獨住。電話裝在客廳裡，每當電話鈴聲響起，待我從書房或寢室裡繞到客廳，常須鈴聲響到五六下才能拿起聽筒，而且假如有點小事佔了手，就還要耽擱久一點，對方以爲家裡沒人，便掛斷了，十分掃興。本想加裝副機，只是牆壁裡沒有預先埋設暗管，須在地磚上牽一條明線，甚覺不好。尤其是在洗澡時或上廁所之際來了電話，更是尷尬，一直認爲是件憾事。

台北有出售電話機的商號，但便宜的品質不可靠，好的又太貴，因而一直沒有買成。

我訂了美國報紙，每天送來一大疊，其中就夾有減價的宣傳單。這一天，收到一家叫克瑪（K-MART）商場的一批宣傳單，圖文並茂，每樣貨品都有彩色實物照片，其中有一種電話機，就是無線話筒，原價34.99元，減價5元，實售29.99元（美國商家，每每在定價上少收一分錢。這29.99元看來就只是二十幾元而不到三十元，讓人產生錯覺而易於接受）。是奇異公司（GE）的名牌產品，正合我意，打算去買一具。

減價期間有五天，我到第四天才有空前去。克瑪百貨公司是家連鎖商店，大大有名，貨品衆多，舉凡衣服鞋襪文具鐘錶磁器燈飾玩具及瓶裝飲料電視相機都有，定價平實，是一般中產階級樂於光顧的名店。我尋到電器部門，一看貨架上，別種高價電話機很多，獨缺這型打折的奇異產品，我問店員，回答說：「已經賣完了。」「怎麼辦呢？」店員指引我：「請你到顧客服務部，去索取一張『RAIN CHECK』，過幾天再來買，好嗎？」我想：死馬當成活馬醫，姑且去探一探吧！

眞是峰迴路轉！你可知道這「RAIN CHECK」是甚麼嗎？直譯出來，就是「雨票」。這是美國辦法，原本是當某次戶外運動比賽遇「雨」停止時，發給觀衆留待以後仍可憑「票」免費再來觀看的票。商界借來使用，也有華人譯爲「折價券」，就是一種特約的預期承諾的以後憑此兌現的優待憑證。保證將來新貨到時，雖然減價期間已過，仍然將按優惠價格賣給我，不亦快哉！這份優待憑證複製了兩份，一份給我，註明了貨品名稱及型別，原價及折扣價款，和我的姓名住址及電話。一份存店，將來貨物到時，還會主動通知我，就安心的等吧。

過了一週，還沒消息。我又發現另一家西爾斯（SEARS）商店的一疊宣傳單裡，也有這款電話機，一樣的削碼只賣 29.99 元。有道是：東家沒有西家有，運氣來了趕不走。西爾斯同是遍佈全美國的百貨連鎖名店，規模比克瑪大好幾倍。但離我住處較遠。等到湊齊要買玻璃軟板、青草種子及亮光油漆等物時，才驅車前往。一看貨架上，果然有這型電話機。

現貨就在眼前，買定了。我挑了一個硬盒裝的，到收銀台去簽帳。我先問店員：「價是多少？」他用掃瞄器在盒外的條碼上「嗶」的一晃，電腦上顯出價格竟然是 34.99 元。我說：「錯了，不是只售 29.99 元嗎？」同時我掏出該店的減價宣傳單給他過目。豈知他指著邊端的一行小字說：「你瞧，這裡有減價截止日期，你已過了一天，不能優待了。」

那行文字太小，原先就不曾留意細看。如今優待期已過，減價既不成，希望變成了失望。我快快地對他說：「克瑪也在賣這種電話機，只要 29.99 元，我還有他們的 RAIN CHECK 哩。你們要價 34.99 元，太高了，對不起，我只好回到克瑪去買算了。」

眼看買賣吹了，他卻要我出示那份 RAIN CHECK，還要驗看克瑪的減價宣傳單上的價目。幸好我這兩樣都一齊帶著，拿出給他。他對照了一會，便改口說：「只要別家賣這個低價，我今天也照樣賣給你好了。」原來美國商界競爭激烈，比服務態度的好壞，比貨物價格的高低，各人都避免自家的貨價高過別家，以免趕走顧客。有的商店，甚至在牆上大字標示說：「如果別家價格比我低，保證退還超逾的貨款。」給消費者以好印象，爭取下回生意。因此他肯自動破例，仍以特價賣給我。

妙事不僅如此而已。我眼睛一轉，看到櫃台角上有個牌子，說的是：「凡欲申請本店發行的信用卡者，首次可以抵沖貨價五元。」我心頭一亮，問他是不是馬上申請就馬上可以少付五元。他滿口答覆說：「不錯。先生，是的。」於是我將姓名年籍住址電話及社會安全號碼讓他輸進電腦，製成新卡給我，這是另一碼事，不須多表、佇候結帳。

美國各行各業的知名商店，都推銷信用卡，甚至加油站與速食店都不例外，形成了塑膠貨幣時代。對顧客而言，有了信用卡，隨身不必多帶現錢，簽個名就好了。對商家而言，可以多做交易，廣開賺錢之道，兩蒙其利。

店員最後從收銀機中打出了售貨收據，我拿出了另一張信用卡，等待簽字付帳，沒有給現金。那長長的收據內容是這樣的：

「店名、地址、郵區、發票號碼、售貨部門代號、經手店員代號、貨品名稱、售價（詳下述）、售出日期、我的信用卡號、條碼。」最末還有一行字：「保證滿意，否則退錢」的說明。

無線電話機

售價是分項逐一列明的：電話機原價 34.99 元。優待降價五元，減爲 29.99 元。初次申請本店信用卡又抵消五元，實價爲 24.99 元。另外代收貨物稅 1.50 元（這是要繳交政府的）。故我應付 26.49 美元（我簽了名，同意照付 26.49 元）。

這豈不是出乎意外的得到了多重優惠的最好結局嗎？一具電話機，假如把價格湊成整數以利於計算的話（只要添上一分美金而已），原價本是35元，經一減再減，只付25元，便宜了10元，等於打了個 7.3 折（那稅金只是商店代收代繳，不能算貨款）。如以台幣 27.5 元折算美金的話，貨款連稅金僅合 728.75 元台幣。我滿心高興，慶幸這一趟柳暗花明，讓我平白（打折期已過，竟然可通融少收5元）享受（申請新信用卡，又贈送我5元）了美金10元的優惠。

通訊裝備這些年發展很快，除了呼叫器、大哥大、二哥大等之外，電話也已連上了答錄機、傳眞機和電腦國際網路。不久的將來，還會有影像電話問世，通話時，從附裝的螢幕上，可以看到對方的人像。由於無線話筒可以與底座分離，故能將話筒帶往別室或二樓，都可接話和發話。它有雜音過濾裝置、儲存記憶十組電話號碼、自動等候通話、響鈴或不響鈴、自動安全裝置，功能儘夠用了。

倒不是買具電話機有甚麼了不得，根本上只是芝蔴綠豆小事一樁，毫不希奇。乃是欲藉此曲折的過程，道出美國商界經營的機動性和靈活性，或者可以供消費者與經商者小作參考吧？（寄自美國費城）。

——本文刊載《湖南文獻》第二十五卷第一期，總號第九十七期。

民國八十六年（一九九七）一月出版

一三九　大家都來學中文

華語已成為加拿大使用人最多的次官方語言。
美國已將中文列為高中考大學的入學考項目。

各位在美國身爲華裔後代的青少年朋友們，讓我們來討論一下學習中文的問題吧！我們要不要學中文呢？當然要，在今天這個知識爆炸的時代，國際間的交往一天比一天頻繁，若不懂得第二種甚至第三種以上的語言，我們的前途，將會受到很多限制的。其次，全世界幾乎每五個人中就有一個人說中國語文，將來會更普及，我們怎能不學？退一步說，我們都是華裔後代，身體裡流的是中國人的血液，如果對中文不會說又不會寫，那就十分慚愧了，不是嗎？

在加拿大，華語已成爲使用人數最多的次官方語言，僅溫哥華就有七、八十所華文學校獲得政府的資助。而澳洲、馬來西亞等國政府都撥出以億計的美元做爲華文教育經費（註：二〇〇二年六月十七日台北聯合報載：法新社電：澳洲人口普查結果，華語已經成爲澳大利亞第二常用語言，僅次於英語了），連柬埔寨這種小國，華校在校的學生都已超過五萬人。至於美國，且已將中文納入高中學生報考大學的考試項目裏了。

中文是世界上最美的語文

以字形而論：中國字多能兼表「音」和「義」。由於中文大部份是象形和形聲字，故其組合都有系統可循，有脈絡可察。幾乎每一個中國字，都有其象徵的寓意，和歸屬的類別，可以望形而生義，見形而知音。一個「哭」字，便顯露出兩個悲愁的眼睛，還垂掛著一顆淚水。一個「齒」字，便清楚的繪出了兩排牙齒，外圍則包以張開的嘴型。其餘如凡是飛禽都納入鳥部，凡是與講話有關的都納入言部，這豈不是非常清楚了嗎？

以字義而論：中文更顯靈活。英文中提到「我」（I）時，都用大寫。唯「我」獨尊，憑什麼要高人一等呢？而且只有這一個我字作自稱，未免太貧乏了。中文的「我」，就有余、吾、予、咱、喒等同義字可供選擇，以便在各種不同的情況中使用合宜的字（《爾雅》裡列有卬、吾、台、予、朕、身、甫、余、躬等字，都是「我」的自稱，只是有的字不常用了）。還可自謙為僕、愚、鄙人、敝人、晚生、下走、不肖生等遜退的字詞，以配合各種環境和禮貌的程度而靈活選用。英文中僅只一個「你」（you）字，還不知道究是單數（你）或多數（你們），中文中除直說「你」「您」之外，尚可依熟識或尊敬程度，使用兄台、仁兄、老哥、台端、台駕、足下、閣下、尊駕這些不同層面的用語，斟酌雙方的身分地位和學養而去選擇，足見十分靈活豐富。

以文法而論：中文文法最簡單。它沒有字頭（prefix）字尾（suffix）的變化，沒有過去未來的時態（tense）、主格受格所有格（case）、陰性陽性中性（gender）、單數複數

（number）、也沒有不規則動詞（irregular verb）等的限制，運用乃十分省便。換句話說，凡事簡單直述就好，不必加補助的東西。

以發音而論：中文是單音字（Monosyllabic Words），一字一音，一字代表一個語音單位，因此整齊劃一，發音清晰。不似西方的複音字，每個字的音節或短或長，有重有輕，配合困難。在快講的時候，中文仍清楚可辨，外文則因有模糊音或省略音以及有氣無聲的音，不重要的字音便聽不到了。在慢讀的時候，如吟咏詩詞，朗誦韻文之際，中文節奏均勻，吐音明白，外文因有輕重音長短音連音之故，發音的間隔欠一致，只可將長音拉長，頗爲缺憾。中文字又因有平上去入音韻的不同，高低抑揚，生動有致，聽來十分悅耳，是世界上最優美的語文。

約自第二次世界大戰時起，美國躍爲自由世界盟主，操英語者日多，但仍低於中文的人數。再有進者：目前歐洲美洲地區，對漢學中文的研究學習，已蔚爲一股「中國熱」的時潮，漢學中心，競相創立，成就斐然。將來有一天，中國國力強大了，漢聲遠播全球，影響所至，中文更將傳布寬廣，大可成爲一種世界語文。由於中文是最美妙、最簡潔、又最豐富的語文，我們繼承了祖先博大精深的遺產，實不容妄自菲薄，不要賤「華」崇「洋」，也不要老是說「我的中文不靈光」。希望大家共同努力去學習去宏揚它。

學中文難不難呢？依據美國魯道夫・弗列希（Rudolf Flesch）博士著的一本通俗化的書，書名爲「如何有效的讀寫與思考」（How to Write Speak & Think more Effectively）。

書中第一章（翻譯成中文）說道：

「中國話的四聲，聽在外國人耳裡，好像是唱歌。中國字看起來一個個像是圖畫似的，每一個字有它固定的樣子，像幅小圖案，只要你學會把那些小圖案依照正確的順序排好就行了。中文和英文有一點相同，那就是排列的基本法則，都是主詞＋述詞＋受詞。

五十年前，語文專家都說，中國語文是人類語文中的『嬰兒語』，是最原始的。如今他們都錯了，其實中國語文是世界上最成熟的。中國文化歷史悠久，經過數千年不斷的簡化，如今我們所見到的中國語文，已像是一套現代化的機器，對每個零件如何安裝，安裝在那裡，都已經設計改進好了。

換句話說，中文是一種『一貫作業』的語文，每個字都精簡到恰好保留住他們的主要意義和目的，然後照一個決定好了的順序排列起來。他們把字端（不管是字頭或字尾）全扔了，把西洋文法裡的種種規則都拋掉了，只留下幾個單字和一些排列的規則。」

書中又說：「中文是不需要文法的語文。它沒有時式（tenses），沒有語態（voices），沒有語氣（moods），沒有不規則動詞（irregular verbs），也沒有人稱（persons），每個字只有一個音節，只有一種型式……」

這不是比學英文（English）、法文（French）、德文（German）容易得多嗎？只不過

「方塊字」不同於西文的字母，我們初學時沒有習慣吧了。

中文字的特色——方塊字的結構很有「趣味性」：有上下兩半同形的雙疊字，有左右兩半同形的孿生字，有由三個同形疊成的三拼字，還有許多可以將部位移換的字。

一、上下兩半同形的字：

圭、多、戔、棗、炎、呂、出、爻、仌、二、串、芻……

二、可以移位的字：

(一)左右移位——音義相同：

够—夠　蘇—蘓　隣—鄰　緜—綿　鴂—鴃　辣—辢　秋—烁　氈—氊……

(二)左右移位——音義改變：

陪—部　隕—鄖　谿—豀　加—叻　郵—陲……

(三)左右變上下——音義改變：

棘—棗　从—仌……

(四)上下移位——音義改變：

呆—杏　杲—杳……

(五)左移上——音義相同：

期—朞　昞—昺　峨—峩　崐—崑　崘—崙　毗—毘　略—畧　群—羣　𦏁—翬

峰—峯　鷲—鷲　鵝—鵞……

㈥左移上——音義改變：

峒—峝　叨—另　仙—仚　吧—邑　叭—只　衿—衾　暉—暈……

㈦左移下——音義相同：

慚—慙　惕—惖　揪—揫　擫—擪　嗷—嗸　棋—棊　桉—案　槁—槀　檞—槲

概—槩　稿—稾　眺—眘　眦—眥　胸—胷　蜓—蝨　鑑—鑒　鍬—鍫　蹴—蹵

蹣—蹩　鞍—鞌……

㈧左移下——音義改變：

唯—售　吟—含　吐—吉　叨—召　叶—古　加—另　怍—怎　忡—忠　忙—忘

怡—怠　悱—悲　愀—愁　愉—愈　柑—某　栖—栗　珀—皇　眇—省　腑—腐

翊—翌　衿—衾　啼—啻　枷—架　垢—垕……

㈨中移右——音義相同：

裏—裡　衺—袟……

㈩中移右——音義改變：

裹—裸　褒—褓……

㈪左包右——音義改變：

吻—囫　哺—圃　叶—田　咕—固　吪—囮　唔—圄　褓—褒……

㈫上包下——音義改變：

呈—国　只—四　呆—困……

㈢右包左——音義改變：

和—困……

㈣中移下——音義相同：

雔—讐……

三、左右雙拼的字：

从——音叢。與從通，見說文。如聽從作聽从。

双——音霜。雙的簡體字，如双双对对。

卄——音念。同廿，二十也，見說文：「廿、二十並也」。顏之推：「有子百廿」。

卌——音夕。四十也，見集韻。

比——音彼。如比較、比擬、比喻。

孖——音自。古孿字。玉篇：「孖、雙生也」，即雙生子、雙胞胎。

北——音背。㈠方位也，如北方。㈡敗走也，如追奔逐北。

吅——音喧。㈠驚嘑也，從二口，衆口並呼也。會意字。見說文。㈡囂也，見玉篇。

林——音臨。叢木曰林，見詩經邶風擊鼓：「于林之下」。

玨——音覺。二玉相合爲一玨，見說文。

𢆶——音幽。微也，從二幺，幺之甚也，見說文。

朋——音彭。同門曰朋，同志曰友。易經兌：「君子以朋友講習」。

玆——音孜。二玄並排，屬玄部，與艸部之茲有別。黑也，春秋傳曰：「何故使吾水玆」。

甡——音辛。衆多也。詩大雅桑柔：「甡甡其鹿」。

皕——音逼。見說文，二百之意。清代陸心源藏書極富，中有宋版善本書二百種，因造「皕宋樓」以儲之。

祘——音喪。是算的古字，同算與筭，見說文通訓。

棘——音亟。灌木，多刺。故險阻曰荆棘，事之不易措手曰棘手。又居父母喪者曰棘人。

竝——音並。並的本字，音義均同。

秝——音歷。稀疏適秝也，見說文秝部。通訓定聲：「適秝，均勻之貌」。

弱——音若。韓愈文：弱肉強食。紅樓夢：弱不勝衣。

竹——音竺。如竹苞松茂。

艸——音草。草的本字。正字通說：像枝葉交錯形。

羽——音禹。鳥之毛也。如羽毛豐滿。

喆——音哲。古文哲字，見漢書班彪傳：「聖喆之治」。

兢——音衿。敬也，見說文兄部，如戰戰兢兢。

競——音竟。逐也，爭也。莊子齊物論：「有競有爭」。

辡——音辯。說文解字曰：即辯之本字。

絲——音思。蠶所吐也。如絲絲入扣。

赫——音賀。火赤之貌。如威名赫赫。

誩——音敬。競言也，爭言也，見說文。饒炯部首訂云：「爭者以手，其意有惡無美；誩者以言，其意有惡有美。」

雔——音仇。雙鳥也，見說文及段注。

豩——音彬。㈠二豕也，見說文。段注：「二豕乃兼頑鈍之物，故古有讀若頑者。」㈡豕亂群也，見同文備考。㈢頑也，劉禹錫詩：「盃前膽不豩。」

雙——音雙。雙的另體，一對曰雙。

囍——音喜。二喜相並，如俗稱雙囍臨門。

四、三拼疊成的字：

众——音衆。三人爲众，見說文。

卉——音諱。㈠百草之總名。㈡又作衆解。㈢又姓。

品——音聘。如品評優劣，品學兼優。

垚——音堯。壯土高之貌，通堯，見說文。

叒——音若。道相似也，見六書精蘊。

劦——音協。協同衆力也，見說文。

孨——音轉。㈠謹也，見說文。㈡軟弱也，見六書本義。㈢孤兒也，見玉篇。

姦——音奸。如言作姦犯科。

惢——音瑣。心疑也。文選魏都賦：「神惢形茹」。

掱——音手。對小竊之俗稱，如言小心扒掱。

晶——音精。如晶瑩。石之似玉而透明者稱水晶。

森——音松。如防衛森嚴。

淼——音眇。大水也。文選郭璞江賦：「狀滔天以淼茫。」

焱——音豔。火華也。文選班固東京賦：「焱焱炎炎。」

毳——音翠。獸細毛也。文選李陵答蘇武書：「韋韝毳幕。」

犇——音奔。古奔字。漢書昭帝紀：「犇命擊益州。」

猋——音標。㈠走貌，九歌：「猋遠舉兮雲中」。㈡又疾風也，爾雅：「扶搖謂之猋」。㈢回風也，禮、月令：「猋風暴兩總至」。

皛——音曉。㈠顯也，見說文。㈡明也，見文選陶潛詩。㈢白也。曾慥撰高齋漫錄：「錢穆父召東坡食，設飯一盂，蘿蔔一碟，白湯一盞，三件均爲白色，蓋以三白爲皛也。」

畾——音雷。謂田間之地也，見集韻。

磊——音壘。衆石貌。从三石，見說文。楚辭九歌山鬼：「石磊磊兮葛蔓蔓。」

蟲——音虫。莊子大宗師：「蟲臂鼠肝。」

聶——音鑷。如聶政刺韓傀。

羴——音珊。羊臭也。爲羶的本字，見說文。

贔——音備。見文選張衡西京賦，作力之貌。

鑫——音歆。多金之意。

矗——音處。如上矗雲霄。

飍——音休。㊀驚風也，見廣韻。㊁驚走貌，見玉篇。又見文選左思吳都賦，以狀衆馬疾走之態。

鱻——音鮮。是鮮的古字，見周禮天官庖人。

麤——音粗。㊀跳躍超遠也，見說文，段注曰：「三鹿齊跳，有超遠之意」。㊁不精也，疏略也，見玉篇，禮王制、廣雅釋詁、史記陸賈傳。通作粗、觕，俗作麄。

五、三拼左右對稱的字：

搿——音格，兩手合抱之意。

掰——音拜，平聲，用兩手分開物件之意。

嬲——音鳥，戲鬧相擾之意。

弼——音閉，匡正過失叫弼。

讎——音仇，如讎敵、校讎。

讟——音獨，誹謗、怨恨之意。

而且，英文遇到新東西，便要另創新字，使字數屢屢增加。一本新字典，若干年後，就因缺收現代字而落伍了。梁實秋先生在民國四十九年十一月主編遠東英漢辭典，收字四萬，到五十二年修訂，增爲八萬字，到六十年七月再修訂，收字逾十六萬（梁序自敍）。而中文便不須另創新字，誠堪慶幸。我們今天翻開兩千年來的中華古籍，都能順利的閱讀，新舊無礙，單是這一項歷久彌新的優點，就足以自傲了。

中文書籍是不是難唸呢？

從前中國小孩啓蒙，開始讀的是《三字經》，全書共四百句，每句三個字（故稱三字經）。接著是《千字文》，共二百五十句，每句四字，合計一千字（故稱千字文）。前人賀思興耐心的計算過四書五經的字數，結果如下：

論語二十篇：一五、九一七字

孟子共七篇：三五、三七七字

中庸卅三章：三、五六八字

大學共十章：一、七五三字

——以上是《四書》：共五六、六一五字

詩經：三九、二二二字

書經：二五、七〇〇字
易經：二四、七〇七字
禮記：九九、〇二〇字
春秋：一八、〇〇〇字

——以上是《五經》：共二〇七、六四九字

前四項屬《四書》，包括《學、庸、論、孟》，一般人誤以爲字數很多，其實四部書一共才有五萬六千餘字。以《孟子》最多，但只有三萬五千多字，《論語》算第二，不足一萬六千字。《大學》和《中庸》，各只薄薄幾頁，字數少得可憐。

後五項是《五經》，其中《詩經》不足四萬字，《書》和《易》各只二萬五六千字，《禮記》稍多，仍不足十萬字，而《春秋》才一萬八千字而已。

現在一本普通的大字書，每一頁大都有五六百字左右，《四書》四本加起來，約只等於一本一百頁上下的薄書，大可不必被它的赫赫威名嚇倒了。（註）

今天我們隨意閱讀一本百來頁的現代書，或許只用幾個小時就讀完了。《四書》也不過一百來頁，又有多少學子肯花上半天一天的時間，來了解一下我國儒學的精髓呢？

前面簡略提過，中文字都用偏旁部首來歸類，使我們更容易了解它的意義。例如所有一切金屬類的東西，都歸入「金」部，就很容易找。英文卻就很亂，分佈到從A到Z都有。我們學到的 aluminium 是鋁，bell 是鐘，copper 是銅，drill 是鑽子，emery 是金鋼砂，file

是銼，gold 是金，hammer 是鐵鎚，iron 是鐵，javelin 是鏢，key 是鑰匙，lead 是鉛，manacles 是鐐銬，nickle 是鎳，ormolu 是金箔，pan 是鐵鍋，quad 是鉛塊，rust 是鐵鏽，steel 是鋼，tin 是錫，uranium 是鈾，vise 是虎頭鉗，wolfram 是鎢，xyster 是刮骨鋼刀，yuan 是中國銀元，zinc 是鋅。

以上所有的中文都屬「金」部，我們即使不認識「鏟」（shovel）這個中文字，只要一看它是屬於「金」部，便知道它是一種金屬物品，而且它的讀音就是這個字的右半邊，讀音是「產」。可是英文字 shovel 就無法從字面上認識它了。其他如所有的樹都屬於「木」部，我們碰到一個「樟」（camphor）字，如果不認得，不要緊，它一定是一種樹木；而且從另一邊還能讀出它的字音來，就是「章」。這是何等奇妙而有趣，英文就辦不到。

還有中文裡有許多象形字「日、月、山、川」，每個字都是一幅圖畫。不過由於書寫方便，把筆劃變得方正。「門」是兩扇雙合的正門，「戶」是一扇單邊的扉門，「囚」是關在方格裡的犯人。一看就能會意，是不是會愈學愈會入迷呢？

同學們，中文是必須學的，也是有趣味的，並且是不難學的，讓我們都來加把勁，一同把中文唸好吧！

——刊登於美國賓州費城明德中文學校編印之「明德季刊」，一九九六年冬季號

註：以本書字數為例，每行 39 字，每頁 17 行，全書 480 頁，如果每頁每行都排滿單字，則全書共有 318,240 字，答案是 31 萬字。

一四〇 學淺鬧笑話

杕杜璋麞未搞通，孔丘後代是孔明，
南華經句你不熟，翁仲為何變仲翁。

【一】

唐朝李林甫，弄權有術，官居中書令（就是宰相），但學識淺薄。有一次，太常少卿姜度添一男嬰，李林甫親寫賀帖說：「聞你有『弄麞』之喜，特申慶賀！」眾賓客見了賀帖，都發覺帖中寫了別字，堂堂宰相竟然如此學淺，都摀著嘴偷笑。

按我們慶賀別人生了男孩，曰弄璋，祝他將來入朝執圭璋做大官，是根據《詩經．小雅》所說「乃生男子，載弄之璋」而來的。至於麞，那是像鹿而小的野獸，形容相貌賤而險的叫「麞頭鼠目」。這璋麞錯得太離譜了。

以上是錄自北宋、孔平仲撰《續世說．紕漏》中的一個條目。同書中另有一條目也是說李林甫有一次看到嚴迥寫的判決書，其中用了「杕杜」二字。李林甫不識「杕」字（按杕音第，杕杜是喻獨居而無兄弟之意。《詩經．唐風．杕杜》說「有杕之杜，人無兄弟」），李大官人就問吏部侍郎韋陟說：「這『杕杜』是何意？」他把「杕」錯讀為「杖」，韋陟當面不好糾錯，免得傷了長官的顏面，只得支吾含糊混過去，不敢點破。

【二】

清代湘潭人易宗夔撰《新世說・紕漏》中記有一事：清人張若霈，博通經史，官任山東濟南府尹，與藩司（就是布政使司，掌管財賦）是同僚。藩司姓柯，長於財稅，短於學識，卻好議論。有一次，官署聯合演戲慶節，各衙官員都在座，台上演的是三國孔明草船借箭故事，劇情生動。藩司柯某興起了感慨，笑道：「孔子之後，竟然有個孔明，可見善人必有善報也。」大家都知道這位柯大人說錯了，但無人敢於點破（孔明是諸葛亮的別號。他姓諸葛，不姓孔）。

此時獨有府尹張若霈接口說道：「是呀！何止善人才有善報？我們看：那秦始皇的後代，竟然出了個秦檜，這豈不正是惡人也有惡報嗎？」（這幾句是順著藩司的話來說的。表面上是附和他，暗裡是烘托他的錯誤。秦始皇姓嬴名政，不是姓秦，秦是朝代名）。

藩司柯某一聽，覺得自己的偉論，獲得了迴響，十分高興，點頭說：「對呀，對呀！孔夫子後代有孔明，秦始皇後代有秦檜，善惡報應，分毫不爽嘛！」

【三】

相傳宋太祖趙匡胤是武夫出身，他經過皇城城門，見城上匾額題曰「朱雀之門」，問宰相趙普「這『之』字何用？」趙普答道：「這是個助詞。」宋太祖大笑道：「之乎也者矣焉哉，助得甚麼來？」云云。

同樣的，好比《孟子‧離婁上》說「庾公之斯，學射於尹公之他」，這兩個人名裡的之字，也都是助詞，乃是增添語氣的。另如《論語》裡說的：汝得人「焉也乎」、知「之者」不如好「之者」、賢「哉」回「也」、難「矣哉」，都是助詞。少了它，文意就不暢了。

【四】

清代褚人穫《堅瓠集》說：有人送枇杷一箱給沈石田，卻將「枇杷」錯寫成「琵琶」，沈石田復信說：「承惠『琵琶』，開箱視之，聽之無聲（琵琶是樂器，彈奏有樂音），食之有味（枇杷是水果，食之爽口味佳）……」。這是枇杷與琵琶因同音而錯寫的趣話。

這枇杷趣事，另有一說：明代莫廷韓往訪袁太沖，見桌上有一禮帖，寫的是琵琶一筐相贈。這時屠赤水也來了，三人笑而湊句曰：

「枇杷不是此琵琶，只爲當年識字差，
倘使琵琶能結果，笙簫他日盡開花。」

【五】

唐朝令狐綯，在唐宣宗時做過宰相，唐僖宗時做節度使，位高權大。他爲了某樁古事不知道記載在哪本古書裡，去問舊友溫庭筠。溫回答說：「這個典故，出自《南華經》（就是《莊子》）。這並不是冷僻書，還望你在日理萬機之餘，仍得抽點時間，讀點有用之書，不要荒疏才好。」

以上是取材自計有功的《唐詩紀事》。依據張思巖的《詞林紀事》及其他書册的敍述，令狐綯乃是不知道「玉條脫」的典故，而溫庭筠知道。還說唐宣宗做詩，上句有「金步搖」，下句久未能對，溫庭筠用「玉條脫」對上了，又藥名中有「白頭翁」，溫庭筠用「蒼耳子」爲對（也是藥名），唐宣宗十分欣賞。

【六】

孔平仲《續世說》「紕漏」云：五代梁朝何敬容作了宰相，但淺於學術。有次接見一位賓客姓吉，何宰相問道：「你與前賢丙吉是同一宗族嗎？」

這位客人很俏皮，乃答道：「正如你與蕭何的關係一樣。」

這個故事鬧笑之處是：丙吉姓丙，吉是名，漢宣帝時爲宰相。至於蕭何的何也是名，不是姓。何敬容竟然不能區分姓與名的不同，差錯得不可原諒。

【七】

《續世說》「紕漏」又記曰：殘唐五代時，石敬唐的後晉朝中，宰相馮玉學識荒疏，曾經因不知「姑息」是何意義而請教朋友，朋友說：這和「辜負」的意義一樣，馮玉認爲對了，這也極可笑。

按「姑息」是苟且包容，以求暫時無事之意。「辜負」是背負虧欠之意，是未接納別人的好意。兩者內容有別，全不相等。

【八】

《鶴林玉露・十三》說：楊誠齋在學館裡與同學談到晉代有個于寶。一屬員在一旁說：「應是干寶，不是于寶。」

楊問「何以知道？」那屬員取出韻書，翻到干字注云「晉有干寶。」楊誠齋喜曰：「你是我一字之師也。」按《晉書》有干寶傳，他撰有《搜神記》。

【九】

據說從前某一位翰林院的大學士，奉聖旨撰寫一篇墓誌銘。他不小心把「翁仲」二字倒寫爲「仲翁」，給皇帝發現了，御筆一揮，批下了四句七言詩，每句都故意用顚倒的名詞作襯。雖是戲筆，卻等於是降罪的判決書。詩曰：

「翁仲如何作仲翁？
　十年窗下欠夫功；
　從今不許回林翰，
　貶爾山西作判通。」

按豎立在墳墓前的石雕或銅鑄的人像叫「翁仲」，這位大學士以往治學的「功夫」應是不足，今而個革除了他在「翰林」院中的職務，降調為「通判」，派往外省，協助州府首長辦案去罷！

【十】

林大師語堂寫過一段話：

「我在幼年時，甚麼都不懂；
　讀大學時，自以為甚麼都懂。
　踏入社會後，才知道甚麼都不懂；
　到了中年，又以為甚麼都懂。
　現在垂暮之年，我才知道其實甚麼都不懂！」

我們若安於淺學，隨時製造笑話，行嗎？

一四一　代友人擬函朱總理鎔基

國營單位退休，工齡達卅年，生活費積欠八十一個月。
朱總親批核辦，湖南省府說：積欠追補，今後也照發。

余台北好友劉先生之大陸妹夫蕭君退休後，生活費迄未發足，積欠達八十一個月。託余代擬信函，以劉先生台胞身分，逕寄北京國務院朱國務總理鎔基先生，請惠予查明追補。

此函經朱總理親批交由湖南省政府核辦。據蕭妹夫於一九九九年底自長沙來函告稱：積欠已經補足，且今後每月退休生活費將按期照發。本函頗具效力，特申謝意云云。

朱總理鎔基鄉長　賜鑒：

祖國經濟繁榮，建設突飛猛進，澳門即將回歸，世貿參加在望，凡此種種，皆係閣下領導有方、指揮若定之碩果。叨附鄉誼，同感榮幸。

茲有一事奉懇者：敝妹夫蕭潔，前于1979年9月，在國營單位湖南省衡東縣肉食公司退休（工作地點楊林），工齡30年，退休後，返回原籍「長沙市雨花區桂花二村一棟202室」終老。但歷年來退休生活費迄未如數發給，自1993年至今1999年9月止，共計81個月，該單位積欠了12,041元。其中且有27個月未發一文，度日十分窘迫。

今年正逢祖國建國50週年大慶，欣聞
閣下為紓解退休人員之苦痛，撥下巨款，對欠發者作一次性之全額補發，體卹下情，曷勝欽敬。但此項德政，基層似未落實，我妹夫僅補發到一千餘元（僅10%），所差的一萬一千餘元（仍欠90%），屢次親詢追問，迄無結果。
江主席早先頒布的「老年人權益保障法」，充分顯示出關懷老年人之德澤，卻未蒙貫徹，實為遺憾。又據湖南省《三湘報》所載：省委學習中心，于今年10月舉行之七次法制會中，省領導宣稱：養老金支付率達100%，已經一次性補足過去全部之拖欠。按此項宣示，與實際情況完全不符。究竟是何人挪用了？殊難理解。

妹夫蕭潔，年已八三，體弱多病，老伴亦無工資收入。唯一的一兒一媳，也都雙雙下了崗，只能偶然找點零工，苟延殘喘而已。

總理閣下：我認為無論是社會主義、或是民生主義，其最高目的，都是為人民謀幸福。我今也已垂垂老矣，自湖大畢業後，睽離故鄉長沙已50多年，現住台北國父紀念館對面之「台北市光復南路417巷213號4樓」。今秋特意率同旅美及在台戚屬耑返老家探親，眼見妹夫也是風燭殘年，長期瀕臨斷炊凍餒之困境，兩人只好唏噓相對。我回台北後，夢中無時或釋。迫不得已，因敢奉函瀝陳，敬懇閣下督飭有關部門，速予查明補發積欠，並請函知蕭潔本人，則感佩無旣矣。更望能將無助老人，早日納入社會保險中，俾達老有所養之目的，是所至禱，耑此瀆請，敬頌政躬康泰！

湘籍台胞 劉〇〇 敬啓

一九九九年十一月三十日 于台北市

身分證號：D100172443

住 址：台北市光復南路417巷213號4樓

一四二　代撰「尋親泣述」

尋找先祖三十多年，歷經千萬苦。
幸而查獲殉國事蹟，入祀忠烈祠。

余之鄉友、前台灣省議員現任中國醫藥學院顧問胡大姐克柔女士，以其先祖父胡輪於清光緒乙未年，因保台抗日而於彰化殉國。經胡大姐來台後辛苦查獲其死難烈蹟，呈准入祀忠烈祠。囑余彙編《先祖胡輪公抗日殉國百週年紀念集》，並代寫尋親經過。孝行可欽，允宜留供記念。

我，胡克柔，生長在一個和睦溫馨的家，三代同堂，闔家上下，全無不悅之色，更無吵鬧之聲，長慈幼孝，融融樂樂。吾家曾祖在地方上一言九鼎，排難解紛。凡是要禮的代爲送禮，要錢的代爲賠錢，所以在鄉梓之間，極受尊重。

當我十一、二歲時，在一個夏去秋來的中午，陪著父親筱岑公，一同爬上屋側的菜嶋山。登到山腰，見到一大塊平整開闊的空曠台地。我問父親：爲何有此一片大廣坪，作何用途？父親告我說：「此乃你祖父月樓公特意開闢的練武之地。你祖父是清朝的一位武秀才，歿於台灣，族譜上有記載。」我聽後，謹記在心，崇敬嚮往之念，油然而起。民國三十八年（一九四九），時局動盪，我隨政府播遷來台，因便把祖父的事，告訴先夫覃勤（字醒群，時任立法委員），他聽後很感動，表示應該設法尋找。我們爲此覓訪了三十多年，一無所獲，其所以如此者，乃因我祖父有三個名字，他號月樓、字啓烈、名輪。我在家時僅只知悉祖父的號爲月樓公，而他在外卻用的是本名胡輪，名號不同，自是遍尋不得。

迄民國六十九年（一九七一），先夫臥病於台北市郵政醫院，一日，我在病榻旁陪他閒聊時，先夫告我說：「現在兩岸時局漸趨和緩，不妨轉折試探與家人通信連絡，或可將家譜寄來，也好由家譜上之記載，找出線索，俾有助於尋覓，不然對不起月樓公他老人家」云云。我當時因公私事務忙碌，只是聽之任之，未多在意。

直到民國七十二年（一九八三），先夫逝世三週年，追念親人，不能自已，因特去

愛國英雄胡輪遺像

函美國友人，轉信回鄉探問。但家人接信後，未即處理。嗣經留學日本曾任縣長卜居長沙之堂兄胡行健獲悉，始督促家人抄寄家譜來台。我於收到後，立即將有關資料，轉請時任台北市文獻委員會副主任委員王國璠先生查找。經他一番熱心尋覓，在第四天夜裡，就來電話告我說：「胡輪找到了。」我聽後非常激動，即欲奔赴他家；但他鑑於其時已晚，怕我在急忙中跌跤，堅持我翌日再往。

第二天，我依約於上午八時整即進入王府，王先生將一册《台灣抗日史》攤在桌上，裡面用紅筆勾劃了好多處，一面告我搜尋經過，一面要我詳閱該書內容，其中尤以第三〇七頁到三〇八頁中，都有我祖父殉國的明確記載，大意是說：

甲午之役，日本戰勝，奪取台灣，第二年，清光緒乙未，日軍猛攻八卦山，胡輪死守，殺敵殉國。

我看後激動不已，也十分感佩他的義行德意。良久，我才對他說：「你就是這樣對我交代了嗎？」他說：「你要我尋找你的祖父，現在已經找到了，你還要我怎麼做呢？」我說：「我想請你要公私兩全！」他說：「我不太懂你說這話的意思。」我說：「我請你找我的祖父，你已經替我找到了，我非常感謝，但這乃是私人關係。現在我要以我祖父為題，由我重行寫一封正式書函給文獻會的你，請你也以台北市文獻會副主任委員的身分正式回我一信。」王先生問道：「你要此信何用？」我說：「我要把你文獻會的正式覆函，作為依據，轉請行政院核准，將我祖父入祀忠烈祠，我才算盡了孝道，才無遺憾。」他雙手一拍，說：「你眞有理想，有遠見。你快去寫來，我一定照辦。」

王副主委樂於助人，信函往返，快捷而順利。我收到正式的回信後，即又依據上述事迹，備函親訪時任監察委員並兼任台北市湖南同鄉會理事長陳大榕先生。經他召開同鄉會理監事聯席會，就本案討論，全體決議，一致通過。賡即以他的雙重身份，檢具全部資料，詳列我祖父在台抗日壯烈殉國事蹟，呈請行政院予以褒揚，卒獲奉准，入祀台北縣忠烈祠，永享祭祀。

茲泣述概略經過如上。余之所以廣蒐各種資料，諸凡家譜世系、平江縣志、各方照片、新聞報導、往來函牘、入祀公文、祭典輓詞等，彙編爲《先祖胡輪公抗日殉國忠烈事蹟紀念集》者，其目的一以謝諸友之助，二以彰吾祖之德。臨毫惶悚，語多不文；然孝願得償，孫女之心可鑑；春秋祭拜，儀禮之節不疏。想我先祖輪公，亦當稍慰於九泉矣！

民國八十（西元一九九一）年十月孫女胡克柔恭撰於台北

二 序跋

二　序跋

二 序 跋

二〇一 「人生的金色年代」朱序

金色者，澄純高貴，耀目生輝，比喻老年人的智慧充盈，矍鑠翁，爐火純青，從心所欲，邁入一生中的最美時光。

文兄學禹，以生花之筆，撰寫了「人生的金色年代」一書，將手稿出示於我，得以先睹，快何如之。

人的一生，由幼而學，及壯而立。進入六十七十以後，已經爐火純青，從心所欲，進退不縈懷，得失無牽掛，這是一生中最美好的時期，作者因譽之爲人生的金色年代。「金色」者：澄純高貴，耀目生輝，比喻老年人的智慧充盈，清明洞澈，眞是十分恰切，也十分動聽，洵爲絕妙好詞。

我們每個人都想要活得長久。但要如何「活」下去呢？大體來說，有對己和對人兩種不同的意願。那就是：對己要求得「健康」和「愉快」，對人要做到「服務」和「貢獻」。

以個人立場而論：如果身體羸弱，久病不起，雖能活到一百年，終是長期受苦，有如詩人杜甫所說：「唯將遲暮供多病」。像這樣的人生，長壽有何意義？所以，長壽的前提，須要講求健康之道，才能樂享歡悅的人生。本書多處已詳為探究。

以大衆立場而論：一個健康的人，倘以損人利己為樂，成為團體的害群之馬，那豈不是壽愈長而禍愈烈？正像《論語》裡孔子責罵原壤的話：「老而不死是為賊」。這種壞人，社會何能寬容其長壽？所以、長壽的境界，要能有益於他人，能替大衆多服務，能為社會作貢獻，這才是偉人的修為，這種人生觀也才最正確。

申言之：我們並不是徒然要偷活到百歲而已，而是要在有生之年，立功立言立德，才不虛度此生。古來多少賢哲，流芳後世，至今還為人稱仰，卻並不一定非永壽不可。例如敏而好學的顏回，是孔門最優秀的學生，不幸早死，但後世尊為「復聖」，孔子有「吾不如也」的贊語。又如西楚霸王項羽，身經七十餘戰，未曾敗過，叱咤風雲，最後烏江自刎時，壽祇三十，然而「力拔山兮氣蓋世」，仍為一世之雄。又如作滕王閣序的王勃，死時不過廿六，卻寫了「落霞與孤鶩齊飛，秋水共長天一色」名句，供後人誦贊。又如岳飛大敗金兵，死時年僅三十九歲，遺留「痛飲黃龍」壯語，和「還我河山」墨寶，振我人心。又如鄭成功經營臺灣，反清復明，以三十九歲辭世，封為「國姓爺」，今日祀為民族英雄。凡此諸人，都是不朽的良範。

當然更有克享遐齡而流傳後世的：彭祖壽高八百歲。老子壽如其名。姜尚八十歲遇文王。這都是大家耳熟能詳的例證。

壽年不一定作呆板的算計。周代有位莊子，他的觀念是超世脫俗的。他說：幼童早夭，乃是長壽，而八百歲的彭祖，卻是短命。這是莊子用天地萬物齊一的觀點而發論。莊子的思想，多少也影響到我們。因此有人說：壽命的計算，除了實際年齡之外，還有生理年齡與心理年齡。例如一個白癡，已過成年，但智商低似幼兒，他的生理年齡雖大，心理年齡仍不算成人。反之，一位耆老，年逾古稀，可是精神矍鑠，步履快捷，其生理年齡雖已到達耄耋之期，但心理年齡一如青壯，這位碩人當然不能算是龍鍾衰朽的老人。此點在本書第一章中，已有詳論。

今人的壽命增長了，但不要以爲年歲大了，就不肯再去求知。古人平均壽命不及今人，有多少人卻學而忘倦，實爲我們的好榜樣。例如孔子五十歲想再讀易經；孔子又說他發憤忘食，不知老之將至，以上都載於《論語述而》篇。他的學生曾晳，六十二歲方致力求學。荀子年屆五十，才去齊國游學。漢代公孫弘，四十歲開始讀春秋。漢朝朱雲，四十歲剛讀易經。以上都見於南北朝顏之推所著的《顏氏家訓》。顏之推還說：「學者失於盛年，猶當晚學，不可自棄。」現代新知突飛猛進，我人如不快步跟上，勢將汰入無知的一群，則雖長壽百年，豈不活得一無是處，人生也毫無價值。

學習不限於書本，經驗閱歷更爲重要。行萬里路，知百年事。這是要靠歲月的歷練才可獲致的。你可曾有攀臨泰山之巔，眺望東海日出的絢麗體驗嗎？你可曾知道一八九五年簽訂馬關條約，將臺灣割與日本的羞迫內幕嗎？有人說：我吃的鹽比你吃的飯還多，我過的橋比你走的路還遠，年歲大的人所見所聞，總比年歲輕的人爲多爲廣。世事洞明皆學問，高年是國之大老。證之於《禮記王制》篇所云：「五十杖於家，六十杖於鄉，七十杖於國，八十杖於朝」之語，可見尊老敬長，一直是我國固有的美德。而老人的豐富經驗，也就彌足珍貴。這也是讀本書時不可忽略的。

學禹兄文武兼長，前曾贊襄國防工作多年，暇時蒔花賞石，作畫習書，興趣廣闊。他寫這本《人生的金色年代》，採集了許多資料，作有系統的闡述，其中佳處不少，如大成當在晚年，如社會學的年齡，如人生的起伏週期諸篇，都是値得回味的。推測作者之意，端在引發共識，喚起共鳴，進而共信共行，將老人問題，導向正確的途徑。我知作者的用心是有深意的。

手稿讀竟，啓發很多。信筆塗鴉，意在抛磚引玉；如求妙趣，仍請細嚼原書。總之，延年增壽，已經不是問題，如何善作安排，有待大家努力。是爲序。

中華民國七十六年（一九八七）三月鈍翁朱培庚識於臺北

——《人生的金色年代》，文學禹著，民國七十六年（一九八七）五月渤海堂文化公司台北出版

一〇二 「豐子愷漫畫文選集」朱序

心中之畫與眼中之畫有異。紙上之畫又與心中之畫有異。

繪畫有畫格，抒文有文格，兩者背後還賴有無形的人格。

習畫難，習國畫又難，習畫成家更難。中國畫用軟毛筆，醮墨作畫，信手幾筆描繪，就凸顯出一番意境。這倘若沒有先天優異的資質稟賦，和後天不斷的辛勤習鍊，何能有此造詣？所以說，畫者，難事也。

論國畫之分類，可大別爲花卉、鴿毛、山水、人物等。有人謂花卉與鴿毛，格局狹隘，難成大器；山水雖形勢磅礴，但有巧可偷；唯有人物描繪，全憑實力。例如由哀到樂的深淺情態，各不盡同，全賴嘴角眉梢的些微弧度變化來表現。行家落筆之頃，不事添加，不予塗抹，其分寸拿捏得恰到好處，若無深厚的功力，何克臻此化境？由此亦足以證習作國畫之難。

國畫自唐代起，畫派有南宗北宗。南宗以秀麗勝，北宗以剛勁勝，各有傳承。豐子愷先生不走古畫的路，不畫古人古物，轉而刻畫現代人生諸相、社會百態，主張繪事必須現實化，自是獨樹一幟。他認爲他的畫不是正式的畫派，而是另創的一格。因此，他的畫自成一家，我們且稱之爲「豐派」也無不可。豐派者，子愷先生獨創的特殊風格也。夫自成一家一派，斯豈易易也哉？

我們看豐子愷描畫人像，祇勾出一個臉型的外廓，眼嘴都沒畫出。別人說這是甚麼筆法？似乎未有師承。殊不知畫有省筆，在整幅畫的構圖中，眼嘴並不是畫裡要表現的重點，統統畫出來簡直是多餘的。可是，你如果多欣賞一下，又會覺得那眼和嘴躍然紙上，這就是他的神妙處。如果要纖毫不漏，那豈不和照相師一模一樣？

照相是「技」，繪畫是「藝」。畫家眼中見畫，心中生畫；但心中之畫，與眼中之畫有異。揮腕運筆，落紙成畫；但紙上之畫，又與心中之畫有異。庖丁解牛之神遇，岳飛用兵之存心，其揆一也。豐子愷先生，在童年唸私塾時，就曾經手繪一幅與常人同高的至聖先師孔子像，由老師懸在書堂裡，供學生朝夕參拜，足證幼時就表現不凡。他的漫畫，風行全國，時稱《子愷漫畫》。畫以名傳，名以畫著，已緊連而不可分了。

所謂漫畫，大致是說簡筆勾繪畫意，凸出要表現的主題，且具有諷刺或幽默含意的繪畫。有時通過誇張、比喻、象徵、寓意等趣味雋永的筆觸來構圖，這要有極敏銳的觀察力、連想力，和判斷力，貫注著豐富的情感，才能引人入勝。子愷憑他的敦厚之德、誠篤之品、圓潤之筆，佐以精進之藝，隨心揮灑，都成佳構。他以墨筆融和中國情調作畫，樸而不華，美而非艷，擷取現實題材，寫出胸中逸氣，以故爲多數人所接納，引發大家的共鳴。他的單幅漫畫中，每有神來之筆，如「花生米不滿足」的兒相，把孩童的懊惱不滿，欲哭還怒的稚態，表露無遺，妙極。其餘各幅，或具詩意，或寓諧趣，也都極有可觀。無怪乎大家現在還懷念他。當前日本漫畫充斥市場，實爲我國漫畫界諸君子重振雄風的時候了。

至於子愷先生之文，學禹兄所集諸篇，乃是限與繪事有關的才採收，以免漫而無的。豐先生自述他學畫的經過，十分坦率眞誠，讀來如知己談心，足堪咏味，這也是請讀者不可忽略的。

竊以爲畫是無字之文，文是有字之畫。上品之畫，畫中有文。上品之文，文中有畫。而畫有「畫格」，文也有「文格」；在畫格和文格的背後，還要有一股無形的力量來孕育它，那就是「人格」。人格若不端，畫格難求純，文格難求正。此所謂有諸內然後形諸外者也。畫格的高下，由畫工、畫匠，提升到畫家，而至畫師，必須據於德，乃能游於藝，這是絲毫不能假裝冒充的。

畫家畫師之作，宜乎合於元代夏文彥所說畫有三品：其一是「神品」，其二爲「妙品」，其三曰「能品」。畫工畫匠之作，或許正如宋朝郭若虛所指的畫有三病：一病「板」，二病「刻」，三病「結」。嗟乎，繪學之蘊奧，豈能以文辭罄述哉？

坊間雖已散見子愷文畫多種，唯採摘似欠完整。本書編者文學禹兄，廣蒐漫畫六四八幅、選文二十篇，集爲此書，誠有心人也。學禹兄亦以習畫爲樂，所附「今宵酒醒何處？楊柳岸曉風殘月」之作。這是摘自北宋詞家柳永「雨霖鈴」（又名雨淋鈴）中的詞兒，學禹兄體其意以寫畫。勾勒出那晨風曉月，淺岸斜楊，醉叟篷舟，春江曠野。寥寥數筆，余頗喜之。因戲將這十三字嵌而詠之曰：「楊柳春風岸，殘觴曉月天，今宵何處酒，醒看一舟牽。」巴人俚語，聊博一笑。

本集初成時，余有幸先睹，因不辭譾陋，敢綴數言，未足以增珠玉之光輝，聊抒景慕之情於萬一焉耳。

中華民國七十六年（一九八七）二月湘潭拙叟朱培庚謹識於台北

——《豐子愷漫畫文選集》，文學禹編，民國七十六（一九八七）年十一月由台北渤海堂文化公司出版

二〇三「戰場心理之研究」朱序

敵我爭鋒，要勝算大而犧牲小，就須記取「攻心為上」。兩軍對壘，要士氣高而鬥志旺，便要研究「戰場心理」。

兵凶戰危，我們必須以嚴肅的態度來認識它，來面對它。《孫子兵法》開端就說：「兵者，國之大事，不可不察也」（始計篇第一）。大凡政治協調、外交折衝都不克弭平之餘，最後不得已，只好訴諸戰爭，從事一場力的競賽。職是以觀，戰爭的最高目的，在於求勝。美國麥克阿瑟將軍（Douglas MacArthur 1880-1969）說：「作戰以求勝爲第一，沒有他事可以取代。」這是不易之論。求勝之道，有賴旺盛鬥志的養成，也就是心理建設的確立，由此可見「戰場心理」的重要了。

對己而言，身爲指揮官者，應如何激勵士氣，使萬衆一心，做到《吳子兵法》所說的「發號施令，而人樂聞。興師動衆，而人樂戰。交兵接刃，而人樂死」（勵士篇第六）。這是身爲帶兵官所應當遵奉的。俗諺說：「強將手下無弱兵」。士卒萬千，不可能全部換掉，而將強則兵強，將弱則兵弱。何以致之？乃在士氣提振有方，使能以一當百。試看戰國時代，齊將田單憑即墨與莒城二小邑，激勵壯士五百人，視死如歸，誓復齊土，以火牛陣助勢，破燕帥騎劫重重包圍的大軍，一舉光復齊國七十餘城。這是激發必勝的信心，善用戰場心理的佳例。

《孫子兵法》中論戰場心理，換言之，就是要建立《孫子兵法》中所謂的「勢」。勢盛則威壯：「若決積水於千仞之谿」（軍形篇第四），「如轉圓石於千仞之山」（兵勢篇第五），誰也抵擋不了。《吳起兵法》也說：「一人投命，足懼千夫」（厲士篇第六），正與我們所說的「一人當關，萬夫莫敵」之意相合。漢光武劉秀，以寡兵破王莽百萬雄師於昆陽，這是歷史上有名的作戰教範。

對敵而言，戰場心理的運用策略，乃在摧潰敵方的鬥志，挫喪敵方的士氣；使對方主將動搖求勝的信心，士卒喪失作戰的勇氣，勝負就分明了。《史記・卷七、項羽本紀》說：項羽勇武，力能扛鼎，他自己也有「力拔山兮氣蓋世」的豪語，自稱西楚霸王，認為天下無敵。可是垓下一戰，聽到四面楚歌，軍心便渙散了，終於自刎烏江。這也是劉邦對戰場心理運用成功的佳例。

進一步的克敵之道，便是「攻心為上，攻城次之」。這是運用戰場心理對付敵方的最高指導原則，用力小，犧牲少，而收效宏遠。三國蜀相諸葛亮，志在復興漢室，在北伐中原之前，須先平定南蠻。他對南蠻酋長孟獲七擒七縱，最後一次釋放時，孟獲不再求戰了，誠心拜服說：「丞相天威，南人不復反矣。」這是運用戰場心理，以德服人，永遠感化頑敵的又一教範。

非僅此也，一九九一年一月十七日，美國為貫徹聯合國決議，使科威特（Kuwait）復國，而與擁有全國第四大兵力的伊拉克（Iraq）交戰。空戰六週，陸戰僅一百小時，美國大獲全勝，伊國投降。時間之短，損失之微，歎為觀止。其最大的傷亡，只是一枚伊拉克發射的飛毛腿飛彈（已被美國愛國者飛彈攔截擊中，先後已攔擊了四十九枚），不幸那脫軌的彈頭，仍依慣性繼續朝向駐紮在沙烏地阿拉伯（Saudi Arabia）境內美國軍營墜落，造成二十八名美國大兵死亡，這只是一場意外罷了。一般人衒於美方精密武器之新奇，殊不知武器雖精，但運作武器的仍舊是人。尤其不可忽略的是：美方善用戰場心理作戰之法，不斷以伊語在陣前廣播，誘發伊軍的不安心理，並大批空投伊文傳單，指示投誠方法，列出優待戰俘條件，圖文並茂。以致伊軍兵無鬥志，毫未抵抗，迅速投降。一出戰壕，便高揚傳單，俯首就俘。投降人數之多，令美軍來不及收管。若無這一招攻心措施，恐血戰硬拼，勢難避免。所謂「殺人一萬，自損三千。」雖然勉強打了勝仗，卻是一場慘勝，非上計也。最佳之策，乃是打破敵人的「心防」，例如上述的美伊之戰，就是運用戰場心理得宜，獲致短期大勝不容忽視的實例。

學禹兄者，湘籍才人，文武兼資，好學不倦。先曾編著《軍事教育掛圖》、《益智日記》、《兒童心理分析》、《人生的金色年代》、《豐子愷漫畫文選集》諸書。在國防部服務期間，蒐羅古今資料，參考中外戰史，撰成《戰場心理》一書。從吾人心理上之基本因素發論，引到戰場心理因素，暢述戰場心理之培育、訓練及激勵諸方。條分縷析，章節明快；並有戰鬥前、戰鬥間、戰鬥後的分階段敘論。篇中警語，如「鼓勵榮譽感，應由內部去引動」、「戰場上瞬息萬變，指揮官必須忍受戰場心理的種種刺激，予以疏導運用，發揮統合力量，以求戰勝」，都是精闢之言。以是上自將帥，下至士兵，允宜人手一册，細讀詳研，則對作戰之遂行，必有大益。

余本不文，雖也濫竽幾十載小兵，但學驗兩相欠缺，豈敢夸談戰場心理？妄添蛇足，適足以貽笑方家，尚祈高明有以諒察焉耳。

中華民國八十年（一九九一）歲次辛未台北朱培庚識

——《戰場心理之研究》文學禹著，由國防部總政治部獎勵印行，普發至國軍各連級單位研讀

二〇四 「文學禹畫集」朱序

錢財是身外之物，儻來非吉，不必去聚斂。
名位是過眼雲煙，難享百年，也不必貪戀。

文兄學禹，樂觀曠達，灑脫不羈。暇時浸淫於國畫，藉繪筆以宣吐情懷；又沉潛於盆栽，在盂鉢中創出天地；他還醉心陶藝，用妙手揑造美感；又喜歡刻竹，運刀鋒來雕鏤性靈。他的興趣是多方面的，每一門都有紮實的造詣，宜乎獲致豐碩的成果，今「學禹畫册」即將問世，藝精書雅，値得同好共賞。

藝術之路，五彩繽紛，但不是人人能走通的。以繪事言：筆、墨、水，乃是三位一體；如何將三者落紙成妍，使濃淡相宜，疏密有致，這全憑心悟神會，不可言傳。至於盆栽：乃是納須彌於芥子。虬松怪石，高下參差，要栽出宇宙的縮影。這不僅關乎技巧，還須夙具慧根。雅俗美媸，祇隔一線。至若揑陶：此藝已蔚成風氣，這領域中全無限制，海闊天空；但怎樣來翻古創新，就必須把靈思投進去。運用陶泥粗獷樸厚的素性，匠心獨運，妙手揑成，巧品顯其巧思，拙品存其拙趣。各具性格，足以互傲千秋。論及竹雕，余以爲較木刻爲尤難。鑑於竹紋堅直，環節隔斷；奏斜刀時會打滑，刻横節時會裂崩，施力之際，尤宜刻刻留心。又因竹材形狀雷同，唯有在刀法上表現功夫，於大同中求其變化。故余以爲投身刻竹，實具有自我挑戰的意味。以上四者，我畏其難，而學禹兄卻四美兼備。

我認識幾位好友，在工作之暇，都秉乎一己之喜愛，從事一些賠錢的癖好，而且樂之不疲。他們認爲錢財是身外之物，儻來非吉，不必去聚斂。又認爲名位是過眼雲煙，難享百年，也不必貪戀。抱這種超脫觀念的人，已跨越物欲層面之上了。旁人譏笑他們是傻瓜，我卻讚他們是雅士高士逸士。學禹兄者，此中人也。其精神及性靈生活，充實而富足，勝過那些汲汲營營的凡夫多矣。茲當畫册刊行之際，勉綴數言，聊申景慕之意云耳。

中華民國八十一年（一九九一）歲次辛未湘潭朱培庚識于台北

——《文學禹畫集》於民國八十年六月由台北淑馨出版社出版。本文又刊入《湖南文獻》第二十五卷第二期，總號第九十八期，民國八十六年（一九九七）四月台北出版。

二〇五 「康蘆竹彫」朱序

毛筆字原是中華國粹，日人以青勝藍，創為「書道」。反觀國人能夠提筆者，年年逐漸寥落，或將斷失薪傳。

竹是歲寒三友之一，它不畏霜欺，不怕雪壓，虛懷顯謙沖之量，勁節具堅挺之操。將竹比人，儼然雅士。以故「六逸」因賞竹而結社，「七賢」以愛竹而集盟。可友可親，良有以也。

竹簡所以記史：《竹書紀年》載夏周以來政事。竹可作贊：慶周宣王宮室初成，《詩經》小雅有「竹苞松茂」之頌：美武公之德，國風有「菉竹猗猗、菉竹青青」之歌。若論竹之大用：漢代有竹宮，純爲竹構，見三輔黃圖。四川岷江有竹索橋，高谷空懸，爲世界工程奇跡之一。宋代王禹偁謫降黃岡郡宰，建有竹樓二間，自撰「竹樓記」，見《古文觀止》。足證竹之爲功，既宏且偉。

歷朝文士，以竹入詩的很多。杜甫曰：「竹深留客處，荷盡納涼時」。李白云：「綠竹入幽徑，青蘿拂行衣」。李頎有：「秋聲萬戶竹，寒色五陵松」。王維作：「竹喧歸浣女，蓮動下漁舟」。李嘉祐說：「傲吏身閒笑五侯，西江取竹起高樓」。朱淑貞吟：「竹搖清影照幽窗，兩兩時禽噪夕陽」。劉克莊咏：「晴窗早起愛朝曦，竹外秋聲漸作威」。其他佳句甚多，不能盡舉。

李兄佑增，余鄉兄也，刻竹成癖，成品有竹聯、竹筒、竹塊、竹根、短匾諸類，悉皆精妙。作品中以拓彫往哲先賢之手書對聯爲最多，蒐集極爲豐富。字體含正草隸篆鐘鼎甲骨均齊，朝代自漢魏晉唐以迄今人俱備。若無恆心毅力，何能臻此？

竹之性狀，也最適於製聯。選取一段勁直好竹，截平頭尾，縱剖爲二：由於竹節兩兩對稱，竹面雙雙弧凸，已有天然立體之美，正是一付上好聯材。配合李君彫鏤巧技，刻以俊逸之文，染成素樸之色。懸之堂廈，乃使陋壁生輝，雅俗共賞。比那紙裱的對聯，凝重溫莊多矣。

竹刻技藝之興起，源自唐宋。宋高宗時，安徽吳晞安，工於竹上鏤刻宮殿山水人物，世號皖派。明代金陵李文甫，善刻花鳥蟲獸，有金陵派之稱。其後嘉興張希黃，改創陽文留青，爲浙派之所自起。蕭山蔡容莊，創刻人物山水，乃稱蕭山派。嘉定朱松隣改用深刀，遂成嘉定派。清代道光，湯碩年更兼皖金嘉三派而合成一家。可見竹刻之藝，代有高人，因愛竹而操刀立名者，踵接相繼也。

余知李君選聯，訂有三項原則：其一、字體當求佳妙，劣者不取。其二、聯句寓有意義，可助勵品修身。其三、寫字者爲書界所熟知，而非碌碌之輩。依此三念，愼揀精挑，數竟逾百。觀其窮蒐廣索，深夜挑燈，樂此而不疲，若非堅守湖南人之執著性情，何能數年如一日？去秋於台北舉行個展，普獲佳譽，洵屬實至名歸。

毛筆字原是中華國粹，日人仰慕而力學，以青勝藍，創爲「書道」。反觀國人，能挈提毛筆振臂作書者，已漸寥落，豈禮失而求諸野乎？余恐數代之後，或將斷失薪傳，何由爲繼？李君擇聯刻爲主題，宜爲正道。至盼更上層樓，游「技」於「藝」，則對中華文化之宏揚，應有多助，想亦李君之私願也。

茲因李君選其竹刻精華，刊行《康盧竹彫》（Bamboo Engraving）專册，付印之頃，不揣譾陋，草綴數言，未敢稱序，蓋略抒鄙意云耳。

中華民國七十八年歲次己巳孟春月（一九八九）湘潭朱培庚謹識

——《康盧竹彫》，李佑增發行。民國七十八年（一九八九）元月台北榮民印刷廠出版

二〇六　「康廬竹誼」朱序

「職業」（job）者，付出心智，獲取報酬，僅是謀生而已。

「癖好」（hobby）者，心嚮往之，業餘喜愛，悅享人生樂境。

吾友佑增先生，志趣與衆俗不同。他喜愛竹雕，從未拜師學藝，竟刻出了千餘作品，參加聯展個展許多次，普獲佳評，此其一也。只送不賣，不靠刻竹謀利，中期且自費將整批竹刻逕運長沙，無償捐贈湖南省博物館，回饋鄉梓，此其二也。家中買了部電腦，本是爲女兒而購，他卻憑一股憨勁，抽閒暗中摸索，無師自通，居然用電腦寫文章，打出這本厚重的《康廬竹誼》，圖文並茂，此其三也。

細想吾人降生在這紛紛擾擾的塵寰裡，際遇各不相同，有的畢生坎坷，有的一帆風順，該當如何自處自勵？

這就涉及到各人的「人生觀」了。要深究人生活著的目的爲何？非此短文可以詳論。簡言之：做人的首要在求生存，然後再依性向發展。放眼當今社會，有的經商，有的務農，有的人仰測太空，有的人俯探地質，百技爭榮，乃造成這一繽紛的花花世界。但我認爲這些都只能算作「職業」（job）。職業者，付出心智體能，以獲取報酬，僅是謀生而已。君不聞俗語有「做一行，怨一行」之嘆乎？良以職業未必是吾人心中之最愛者也。

唯有心之所嚮往的「喜好」（hobby），才是吾人夢寐以求的樂境。初期或許是業餘遣興，但沉湎日久，愛意轉濃，漸漸全心投入，畢生趨之而不疲，終乃悟其眞趣，在心靈上獲得無限的快慰。

因此之故，有的科學家醉心於古典音樂，有的工程師埋頭寫科幻小說。自愉兼又愉人。吾人應知：這些喜好，不僅不能賺錢，有時還須大貼老本，引來譏笑；但他們從未後悔，一意去追求這種美好而歡悅的境界。傖夫俗子，諷刺他們是傻蛋呆瓜，我卻認爲他們是逸士高士。

我的友朋之中，就不乏這類典型，有的耽作詩詞，有的栽培盆景，有的喜愛攝影，也有的勤練書法。他們不去逐利爭名，也均非財閥巨賈，只由於自認人生要活得有情調，就選擇了這條少有觀衆捧場喝采的道路上前進。

佑增兄者，此中之一也。他有一首五絕，最能代表他的心志，詩曰：「偷閒勤刻竹，漸老懶求名，但適心中趣，渾忘世外情。」對逸趣的追求，不須多作解釋了。

說到竹雕，坊間多的是「福」「壽」「吉祥」等小件掛飾，似都難免俗氣小氣。今看佑增兄拓刻于右老「德無量壽無量；日長明月長明」的蒼勁草書對竹，其高下豈非霄壤立判？此僅一例而已，不必多贅。

佑增兄的書法，本來不差，但他藏拙，專刻古今名人的手跡，期使中華書道，各型各體俱全，以廣傳揚，用心之深，不勝欣佩。

我國數千年來的書法，本極光榮璀璨，惟至現代，日益式微，行見執握毛筆的人漸稀，余不禁爲這一國粹之乏人傳承，而憂心不已。佑增兄能一刀一琢，一鑿一痕，留此文字楷模，其功偉矣。

本書係同一系列中的第三部：首爲《康廬竹雕》，含全部竹雕精品。次爲《康廬竹緣》，集海峽兩岸書畫交流之佳作。本册《康廬竹誼》，述一生的心路歷程，三書均彩色精印，宜予合觀。

今茲《康廬竹誼》初稿既成，余有幸得以先睹，瀏覽一過，有感於胸，草此蕪文，非敢言序，權以就教於高明賢哲，敬希有以教之。

中華民國八十七（一九九八）年春月湘潭朱培庚謹識

——《康廬竹誼》，李佑增發行。於民國八十七年由台北榮民印刷廠印刷

二〇七 「周易訓義」識小

朱子謂「經書」難通，尤以「易經」為甚。循「周易訓義」之助，可為「易經」解疑。

「周易訓義」識小

清康熙帝曾有御纂《周易折中》，乾隆帝復有御纂《周易述義》，雖謂普收衆粹，備絜精微，仍感義富文繁，初學難曉。迨嘉慶中，有湖南寧鄉碩彥蓮峰喻遜時敏氏，於授讀之餘，合上述折中、述義二者之旨，輯纂《周易訓義》壹書，辭簡意明，入深出淺，生徒肄習，頗獲嘉助。

唯是書限取材於《周易折中》及《周易述義》，二書之外，概不採焉。觀其編排次序，則含「正文」、「訓義」、「集說」、「御案」、「總論」諸段。「正文」者、分章錄經文也。「訓義」

者、釋經文旨意也。「集說」者、合上述二書衆家各說，併存備論也。「御案」者、諸家皆無此解，由帝獨發其義；或他書雖有此說，由帝指陳其謬者也。「總論」者，於每「卦」之末，或採錄先儒正論，或由喻氏玩其義而述己意者也。都爲四卷，由受業門人刊印，於嘉慶十八年九月成書。

朱子謂經書難通，而《易經》尤甚。讀喻氏《周易訓義》，倘鴻儒宿學，或嫌其譾薄，若啓蒙後進，似可由約而博，尚不失爲《易》解之一助也夫。

湘潭朱培庚謹識

——本篇簡序刊於《大易類聚初集》第十七冊，是該「集」的第七十一種。乃是《周易訓義》的首頁。民國七十二年（一九八三）十月台北新文豐出版公司印行

二〇八　「簡報理論與實務」自序

既有聆聽別人「簡報」之時機，
更有自身親任「簡報」之場合。

簡報為「表達」之利器。考其功用，乃由於能以短暫之時間，作精要之解說。此所以自二次世界大戰以還，「簡報」（briefing）一詞，不脛而傳，風行全球，應用日廣者也。

吾人處於現代化潮流之中，不分政府機關、公營企業、或民間機構；亦不論為高階首長、中級幹部、甚或基層屬員，既有經常聆聽他人作「簡報」報告之時機，更有自身親任「簡報」報告人之場合。由是而論，簡報之道，蓋不可不稍事涉獵焉。

筆者不敏，於簡報偶幸得窺，浸染之餘，深覺頗為繁複。當事者倘無基本認識，恆見失常慌亂，效果不彰，自難期於至善。竊以為簡報雖屬小技，然非一語可以盡其意。查考坊間，似乏專著，因不揣譾陋，草成本書，藉以就教於高明，兼致拋磚之微意。

唯筆者識見粗疏，學能淺薄，復以鄉郊暫寄，取用難周，率爾操觚，舛誤多有。尚懇各界博雅君子，先進賢達，不吝指正，是所盼禱。聊貢數言，權以代序。

中華民國六十六年（一九七七）一月五日朱培庚序於台中

——本書由台灣省政府審查通過，乃於民國六十八年（一九七九）八月，由台灣省政府出版，內含「簡報總論」「簡報表達」「進行程序」「資料編寫」「圖表設計」「簡報裝備」「未來展望」及「附錄五種」，共四一四頁，列爲《省政發展叢書》文教類第二種。由省主席林洋港先生撰寫序言（余時服務於省府交通處）。

——本書經中央日報69.5.12作專題介紹，嗣有行政院經濟建設委員會、駐美國華府我國北美事務協調委員會、行政院新聞局美洲科、中韓文化基金會等機構函索（民間協會等也有函索，因係私立機構，名稱從略），均已分寄。交通部電信總局邀請於民六十九（一九八〇）年二月九日由余以幻燈機作「簡報」之專題演講。中央圖書館則函覆已將該書編目珍藏。

必採警闢之短文，俾求精簡。必為故事之體裁，乃傳神韻。必含賓主之對談，如親謦欬。必記所本之來源，可資覆按。

二〇九　「史苑采微」自序

中華史籍，浩如煙海，嘉言懿範，代不絕書，斯乃國脈之所存，亦爲人品之所立也。余本末學，唯性耽書，私淑往哲之遺芬，竊慕先賢之令德，高山仰止，蓋低回而不能自已。猥以蝟務紛乘，每恨韶光之易謝；典藏充棟，恆嗟記省之難周。爰於涉獵之餘，試作迻謄之輯。凡諸一德足馨、一行足述、一言足法、一事足欽者，輒兼收而並取焉。雖然、一瓢之水，勺之於史海固極微，飲之於腹腸仍可潤；況一瓢而挹之不已，又安能謂爲淺尠也哉？

或問曰：「劉向有新序說苑、李昉有文苑英華、魏徵有群書治要、李桓有耆獻類徵，而虞世南刊有北堂書鈔、曾國藩更有百家雜鈔；其餘如余琳之處世奇謀、馮夢龍之增廣智囊，類此者不知凡幾，率皆賅備之體，雋永之文也。汝之所輯，亦不過尋章摘句，餘唾餕羹，雖謂小成，不能多勝，豈非邯鄲學步，東施效顰者乎？」余敬謝曰：「子言誠是，確乎無敢僭媲前賢。唯搜擷既不盡同，故旨趣容當互異。聊供茶餘飯後之披覽，權存破架敝帚以自珍可乎？」

此册所收，僅及諸史；至於經子，容俟另篇。若論入編入錄之原則，當符四必四不之規條：一曰必採警闢之短文，俾求精簡，而長篇贅論不選焉；二曰必爲故事之體裁，乃傳神韻，而陳腔說教不選焉；三曰必含賓主之對談，如親謦欬，而旁描代敍不選焉；四曰必記所本之來源，可資覆按，而齊東譌史不選焉。雖是蠡測管窺，一鱗半爪；猶存吉光片羽，碎錦零縑。笥積多年，漸成薄卷。聚其類爲十六，條其目過半千。覆瓿正其宜，嗜痂求偏好。麤疏組摭，未免魚目混珠；精細注讎，尚望高明教正。

古語有云：溫故可知新，觀今宜鑑古。所幸者：篇篇獨立，礪志即以礪操；段段成章，寓箴又兼寓戒。所慚者：「史」才兮譾譾，「苑」林蹇遇拙樵；「采」集兮庸庸，「微」言未彰大義。所盼者：上智先知，宏彼多聞多識；下愚後覺，匡其寡悔寡尤。倘竟師其景行亮節而移風，庶幾助其浴德潤身而有所啓發也歟。

中華民國七十五年（一九八六）年季春月湘潭朱培庚謹識

——《史苑采微》，朱培庚編著。五六〇頁。於民國七十五年（一九八六）四月由新文豐出版公司台北出版。本書仿《世說》之例，內容分㈠敦品、㈡勵學、㈢誠信、㈣嚴正、㈤高智、㈥睿識、㈦勸政、㈧擇賢、㈨明辨、㈩諷諫、(十一)廉儉、(十二)謙讓、(十三)孝友、(十四)報德、(十五)隱逸、(十六)其他，共十六章卷，附以史書索引及人名索引。

二一〇「諸子集粹」卷頭語

廣蒐子書百餘種，都是精英短故事。

宛與前賢相對晤，音容笑貌似親聞。

一　子部百氏爭鳴，卷帙繁富。四庫子部總敍曰：「自六經以外，立說者皆子書也。雖不免門戶之私，而明道立言，炳然具在，要可與經史旁參。狂夫之言，聖人擇焉。」本書採收諸子零縑，難免醇疵互見，唯在高明讀者之愼取也。

二　今茲人際活動頻繁，暇日苦少。故本書所輯，祇限菁英短文，三兩分鐘，一篇可畢。既有嚐臠之快，卻無廢事之虞。

三　本書儘量選取對話及故事體裁，以求生動。宛似與前賢同堂相晤，親炙其音容笑貌，應可倍增情趣。

四　遇有僻字難句，試作注疏，希能稍助瞭解。

五　本書凡以子作書名者，集爲上卷。非以子名之子書爲中卷。子部缺目者爲下卷。按名歸類，翻檢簡易。排列雖不倫，或以助便也。

六　每篇之末，註記該文出處。如需查考，利於覆按。

七　本書廣蒐子書百餘種，罕見者居半；因作「諸子簡介」於卷首。藉茲淺釋，冀供閱覽之參對。

八　篇末增附「人名索引」，可由姓名快速查獲有關篇章，檢尋便益。

九　本書摘自諸「子」，與「史苑采微」之摘自諸「史」者，體例相侔。竊擬聯爲姊妹篇，俾成並蒂。兩書合觀，庶幾多識先賢風範，或有助於德業之勵進也歟。

十　子書浩瀚，蒐輯欠周，舛誤良多，敬請方家指正。

中華民國七十五年歲次丙寅孟秋月湘潭朱培庚謹識

——《諸子集粹》，朱培庚編著。四〇八頁。於民國七十六年（一九八七）一月由新文豐出版公司台北出版

二一一　「古事今鑑」跋

「古」人多美「事」，

「今」世宜為「鑑」。

多年以前，我濫竽台灣省政府，任一小官。省府所在地中興新村的晚上，夜靜人稀，唯聞鐘聲嘀嗒。我家在台北，獨身住在官舍裡，飲食有廚司小灶精燒，內務有女工洗衣疊被，每當白天忙過，公務已畢，不要加班之暇，便以看書來排遣長夜（閱讀是啓開另一個世界之窗，尚友古人，竊以爲有益）。我每週從台北和省府圖書館，分批借到二十五史及諸子百家等古籍來翻閱，頗也自得其樂。

閱讀雖然適意，怎奈記憶力不佳，過目輒忘。而中華典籍，寶藏特多，棄之可惜。因而每遇書中有足資取法及允宜借鏡的古事短文，便竊然心喜，隨手將原文摘錄下來，私意以爲或可供今天立身處世、待人接物的參鑑和惕勵。

我不中意大塊文章，嫌它太長。也不喜歡說教文章，嫌它枯燥。反而欣賞那些小故事，輕鬆眞切，饒有逸趣。因而專選一些人物對談的情節，恍若同親謦欬，好似我也參與在他們的身邊，共炙其音容笑貌，有一種溫馨生動的臨場感。

這原是無所爲而爲的消遣動作，經過兩年多的積存，卻也漸成卷帙。而且每一篇都獨立，每一篇都簡短，讀來輕易，省時而不費力氣。

可是，愛看文言文的朋友似乎不多，難供大衆共賞。因循多年，惜其雞肋。乃再賈勇譯爲白話，俾便與原文互參，如此或可增加它的通俗性和普及性。

坊間不乏這類書籍，我也看過一些古事今譯的名作，大都文情並茂，十分敬佩。但在捧讀之餘，有時也不能無惑焉。蓋疑其所敘所述，究竟是否眞實？若是信筆揑造，加枝添葉，以取悅讀者，那豈不有損誠信，而價値低卑了？有鑑於此，本書每篇都引注原文，以便和語譯對照。然而、在抄引原文時，仍可以私加竄改，以迎合己意，故又詳註卷章，俾利翻查覆按，以證有源有本，並非謊語胡言。

這些故實原文，我既看過了，又抄錄了，再翻譯了，經過這三度溫習，對其言行品藻，不免湧發一些感觸，忍不住在文末湊上一段淺薄的妄語。明知是狗尾續貂，但覺不吐不快。

「文章千古事，得失寸心知」。有人認爲此書所收，純是雞毛蒜皮，無關生民大計。有人認爲取材雖細，尚能見微知著，倒也不無可觀。友朋之所勉於我者、諒是存心誘掖；所責於我者、允宜虛懷省思；兩者都是好的。佛曰：「一沙一世界，一花一天國」。不論是災梨禍棗也好，不論是覆瓿封罈也好，知我罪我，自忖已經奉獻出虔敬的心力了。

民國八十二年（一九九三）桃月湘潭朱培庚記於台北

——《古事今鑑》分爲上中下三冊，共一一八三頁，於民八十二（一九九三）年由文史哲出版社台北出版

二二二 「風雨見龍蛇」簡介

八方「風雨」會中州，史證斑斑「見」果由；
傑士「龍」騰伸大志，佞人「蛇」縮一時休。

一、本書摘選我國各代人物的音容笑貌，可自一斑而窺全豹。
二、本書取材廣泛，從春秋戰國到清末民初各代都有，縱面橫面，都很深闊。
三、本書全是精短故事，合乎輕薄短小之旨，閱讀不費力氣。
四、本書選材，多以趣味化、生動化、人性化之問答對談為主，力求活潑，不要枯燥之說教。
五、本書每篇都是獨立的，隨便翻到哪一篇都可開始。
六、如果你獨喜某位人物，可自書後索引中找到他的篇章。
七、本書將文言文都翻譯成語體文，讀來輕易。
八、文言原文隨附於每篇之後，以利查對。也是說每事都有依據，並非揑造。
九、原文除正文之外，還加引相關的附文，以助了解。
十、本書可作修身寶鑑，可當消閒小品，也可視同警世微言，請勿錯過。

十一、我認爲：讀完一本書，如果未能獲益，那就是浪費生命。

十二、中國歷史悠久，不論是和「風」細「雨」的太平盛世，或是狂風驟雨的亂離時代，都可察「見」好人似「龍」之騰飛，也能看到壞人像「蛇」之陰狡。百態紛陳，賢佞互見。

十三、本書集合了一百七十篇故事，正面的和反面的都有。以史爲鏡，應可得到一些啓發和警惕；而察古觀今，也可提升我們的鑑別力和決斷力。對處事待人，當有若干幫助。

十四、這類故事很多，遺珠定然不少。國人在雅賞之餘，單單自己說它好還是不夠的。深盼各方高士，擇優翻譯成英、法、德、意及阿拉伯語文，俾中華瑰寶，宏揚於世界，豈不美哉？

朱培庚謹識

——〈風雨見龍蛇〉，四八四頁。於民國八十八（一九九九）年十月由文史哲出版社在台北發行

二一三　朱沛國堂族譜簡本序言

吾女台灣降生，雖屬湘人，未履湘土，

因寫簡譜一冊，俾可溯源，不忘祖德。

溯自抗戰勝利，舉國正慶昇平，不意中共乘國力疲憊之秋，伺機爭奪政權，神州故土，徧布戰氛。培庚於民國三十七年（一九四八）十一月二十日來台，余妻李福秀偕行，父母弟妹，則留湖南省湘潭縣原籍。

抵台之初，私念一二載後，兩岸必將合一，家族可獲重聚。豈知二十四載以還，依然局守海隅，困居台島，何日返鄉，竟無由預卜。

今夏（一九七二），吾女南玉自國立清華大學即將畢業，先於今春三月，已接獲美國愛阿華州州立大學（Iowa State University of Science and Technology, Ames, Iowa）助教研究獎學金，今年七月初將赴美深造，殊為可喜。

然南玉係民國三十九年（一九五〇）九月三日，於台灣台南降生，雖籍湘人，未履湘土。除對伊祖父綱正公行事，略有所聞外，其餘尊長，印象淡薄。赴美之前，諸端忙迫，實無暇一一具告吾族之祖德宗風。無已，乃匆就記憶所及，由余草就「朱沛國堂族譜簡本」

一册，內含「族譜序言」「姓氏源起」「歷代名人」「派歌釋義」「宗祠形勢」「世系簡表」「族譜正文」「遠房世系」「母系附錄」「妻系附錄」「湘潭地圖」「老家地圖」「湘潭簡介」等篇章。頗臻完備。

茲將余所撰《簡本》一册，畀之於吾女南玉行囊，俾隨時展讀，亦略表數典不忘祖之微意焉耳。是爲序。

朱培庚謹序於台灣省台南市寓所

中華民國六十一年五月二十日親書

——錄自民國六十一（一九七二）年五月朱培庚撰書之《朱沛國堂族譜簡本》（Genealogy of Chu's Clan），一冊愛女攜帶赴美，一冊自存，並影印分發朱族親人。

二一四　朱沛國堂族譜跋

因懼本源之湮沒也，乃草此族譜，

為述緜演之概略也，乃成此簡本。

譜即譜牒，籍錄也。唐書經籍志云：譜系以統世族者也。包括宗譜、族譜、家譜、家乘，爲本姓、本族、本支、本房、本家之子孫所敬閱者。

修建譜牒，中外皆然。馬太福音第一章，即詳載耶穌之家譜。

考古代周天子之世系曰「帝繫」，諸侯卿大夫之世系曰「世本」。漢代有帝王年譜，東漢末年，已有官譜、宗譜、家譜可考。蘇東坡編眉山蘇氏族譜序曰：「譜牒者，乃使萬幹一本，萬派一元。」吳稚暉先生爲老蔣總統重修武嶺蔣氏宗譜序曰：「家族之有譜，比於國族之有史。」其重要性可知。

余幼時居家，未能深知吾族之淵源掌故，及壯離鄉，不旋踵又轉徙台灣，與家族疏遠久矣。下輩在台出生者，當更隔膜，往昔宗風，豈可令其隨時空而滅絕？

培庚因懼吾族本源之湮沒也，乃草此朱氏族譜簡本，俾明其源流緜演之概略。唯所述僅及一斑，尚有待他日之增補焉也。

——錄自民國六十一（一九七二）年《朱沛國堂族譜簡本》

二一五　吳著「近代人物與史事」後記

吳兄滿腹珠璣，腹笥豐盈，
遺著將予整理，以慰英靈。

吳兄伯卿，天賦慧根，才思敏悟。初中時期，新硎甫試，即榮獲全省作文比賽冠軍。其後轉任黨職，公餘之暇操觚，復獲全國徵文競賽第一名，可見吳兄筆粲蓮花，其來有自。神州動盪，伯卿兄渡海來臺。初爲朱玖瑩先生所賞識，擢任財政部鹽務總局秘書及主任二十年；嗣蒙秦孝儀先生之推拔，轉任總統府參議六年、黨史會纂修十五年。於此纂修期間，伯卿兄負責先總統蔣公畢生勳績資料之蒐求整理，出版多種黨史文獻。吳兄字斟句酌，排比增刪，投注心神，功留青史。

由於伯卿兄敬恭桑梓，掌故熟諳，因受邀堅請兼任湖南文獻社長十八年。該文獻按季出刊，採十六開大本，每期一百頁，內容翔實，出版從未脫期。湖湘文風夙盛，鄉友紛紛自臺灣本島、美加海外、及大陸港澳源源惠稿，伯卿兄集編排審校於一身，高手斵輪，駕輕就熟，使湖南文獻，譽爲大陸各省籍人士旅臺出版鄉情刊物中之佼佼者，口碑交贊，功未唐捐。

伯卿兄性情純篤，居仁守禮，樂於助人，淡泊名利，本該吉人天相，長享康寧。不意兩年前漸覺身體欠適，經名醫詳加檢測，竟診斷爲骨髓有癌。因遍尋中西特效藥醫療，原已告稱穩定。不幸於民國九十一（西元二〇〇二）年元月七日因骨疾復發辭世，遐齡八十有二，可謂福壽齊歸。賡即由各界組成治喪會，假臺北市第二殯儀館景仰廳舉行盛大公祭，儀典備極哀榮。

伯卿兄滿腹珠璣，腹笥所藏近代史之豐，猶如鮮活的百科全書。諸多掌故，如數家珍。日常勤於筆耕，撰寫瑤章甚夥，大多隨機發表。三年以來，原欲集結選刊單行本，俾酌留鴻爪。且已蒙秦先生孝儀賜題書名爲「近代人物與史事」。又承楚先生崧秋及李先生雲漢惠寫序言。初稿已具雛形，採收計約三十萬字。但爲求精愼，遲未定當。友朋們均引頸以望，咸願快睹。

今茲哲人已渺，遺稿仍存錦囊。睹物思人，不勝惆悵。因念此一心血筆花，豈容任由湮沒？頃承吳夫人之命，囑由不才朱某，代爲整理。忝居學弟，何敢固辭？之所以勉效馳驅者，蓋冀有以略舒伯卿兄之遺憾而稍慰其心願焉耳。唯以菲才末學，魯魚亥豕之漏誤必多。甚盼各界高賢，賜予匡正。臨書惶恐，謹簡述以爲後記。

中華民國九十一（二〇〇二）年吉月湘潭朱培庚敬識

二一六　常故中將撫生先生事略

治軍蒞事，邁展日新。
贊翼戎首，屢濟丕勳。

常將軍撫生先生，曾任空軍總部副參謀長，聯勤副總司令。軍職外調任公路局長，升任交通處長，轉任台汽公司董事長。遽於民七十六年辭世。喪禮由政軍黨大員覆蓋國旗黨旗，備極哀榮。筆者爲撰生平事略，永誌哀思。

一　家世

將軍諱撫生，籍隸湖北省黃陂縣，國曆民國四年元月廿三日生於江西省臨川縣。祖父月樵先生，從政，饒有清譽。祖母黃太夫人，相夫教子，勤謹持家。父光志先生，字煒漢。時當清代，服務江西省郵政界，因卜居於九江府。盡忠職守，崇法奉公，四十年如一日。母羅太夫人，寬厚慈祥，誠篤節儉，生育將軍兄弟姊妹共六人，將軍居次，均畢業於國立大學，洵爲宦讀世家。

民國三十六年，將軍留美實習結束，派赴來台，從事飛機修製工作。除幼妹錦芝女士隨將軍來台外，其餘家人，均陷大陸。

將軍之夫人胡澐女士，乃前輩國學大師江蘇省民政廳長胡樸安先生之愛女。系出名門，溫良賢淑，鴻案佐德，鶼鰈情深。育子一、女二。長公子國俊，曾留學日本，現在美深造。長女敏嫻、次女敏好，俱已婚，夫婿均稱俊彥。

二　學歷

民國十三年，將軍髫齡，隨侍尊翁光志先生於贛北，因轉讀江西高安育才小學四年級。三年修滿，升學南昌豫章初中，以品學兼優，名冠全班畢業，並獲獎學金一年，升入豫章高中。在校三年，成績極爲優異，旋參加江西全省第一屆高中畢業會考，獲取甲等第一名。同年（民國廿二年）七月，考取上海滬江大學，專攻理化一年。民國廿三年，轉學上海國立交通大學，畢業於航空工程系。

交大畢業之夏，適爲對日抗戰之次年，航空委員會（空軍之前身）建軍伊始，需才孔亟，將軍乃約集交大、清華、中大之應屆畢業同學四十餘人，投效空軍，因獲保送空軍機校高級班受訓深造，於民國二十八年三月畢業。由於成績優秀，留校擔任教官，教授正科班力學與飛機結構。

民國三十三年，政府為建立國家航空工業，將軍奉派赴美，學習飛機製造之實務，首入加州聖地牙哥康索立德飛機製造廠，研習設計與製造等工作。民國三十五年，復奉派赴美國密西根大學進修，膺碩士學位。

三　經歷

將軍於民國二十八年四月，空軍機校高級班學業告一段落，開始派職。初任空軍機校少尉教官三年，航委會第四飛機製造廠檢驗官一年。留美歸國後，續任職第三飛機製造廠主任、課長三年，航空工業局科長、組長五年，空軍技術局主任、處長二年，空軍總部連絡室主任六年，空軍總部計劃署副署長一年，空軍總部後勤署副署長、署長七年，空軍總部少將副參謀長一年，空軍供應司令部中將司令二年，聯勤總部中將參謀長一年半，聯勤總部中將副總司令一年。

民國六十三年五月，層峰為促進台省交通建設，消除公路交通瓶頸，實施交通事業企業化管理，乃借重將軍長才，軍職外調台灣省公路局局長。

民國六十六年十二月，以將軍業績均優，調升台灣省政府交通處處長。迄民國六十九年十月，省府奉中央命令，新成立台灣汽車客運公司，為省府所屬一級單位，授命由交通處負責籌創，將軍旋乃轉任董事長，至民國七十三年退休。

四 事功

將軍服務軍公機關四十五年，功績輝煌，舉其犖犖大者於次：

將軍任職飛機製造廠期間，曾參與 PT-17 型教練機之製造工作，該機性能優異，節省成本甚多，此為將軍投效空軍初期成就較大，出力最多，而引以為最滿意之工作。

將軍擔任空總連絡室主任六年，其時中美關係融洽，雙方高級將領互訪頻繁，因而建立密切之友誼，對爾後軍援物資之爭取，獲益非淺。亦為將軍早期經歷中最愉快之時期。

將軍於出任空軍總部後勤署長期間，對空軍後勤政策之策劃，與後勤制度之建立，斐然有成。尤其獲得美軍對中國空軍之信賴，因而對美援裝備之爭取，厥功至偉。其時越戰正殷，將軍又爭取代修美軍飛機，與美方訂立「合約修護制度」，持續執行五年餘。對我空軍維修技術之提升、裝備之充實、財務之改善、及軍譽之增進，功莫大焉。

將軍在空軍供應司令任內，創新建立「後勤管制中心」，將全軍補給品（航材、地面裝備、工具、油料、彈藥）及修護計畫（場修、廠修），納入電腦管理，乃能有效實施統一調配及集中採購，爭取時效，以支援作戰。至於節約人、財、物力，尤其餘事也。職是之故，後管中心聲名遠播，除國內機關企業，相繼觀摩仿效外，甚至韓、菲、日等各鄰邦之空軍單位，亦慕名組團專來參觀借鏡。

將軍任職聯勤總部期間，恪遵總司令之政策指示，對兵工能量之擴建、兵工廠之疏遷、生產機具之更新、軍用物資之採購等，致力良多。並運用兵工生產之餘力，加強對民間工業之服務。其他如策劃倉庫總清點、清結歷年採購懸案、嚴格控制預算、勵行節約、修訂折舊標準、興建三軍各重要工程；以及兵工、財務、留守業務之進入電腦系統等，均努力輔弼。同時策訂各種標準作業程序，使之制度化、標準化、進而統一化、簡單化，俾有效支援三軍，增強國軍戰力，襄輔甚多，深獲首長及同仁之嘉贊。

將軍出長公路局三年半，銳意革新。在工路工程方面：規劃完成台灣地區公路網系統，以促進公路建設。完成台北光復大橋及高雄沿海公路通車。興建濁水溪自強大橋、下淡水溪高屏大橋、以及南雲大橋、中彰大橋，此數橋均在將軍交通處長任內，陸續督導完工通車。在公路監理方面：由於將軍之高瞻遠矚，新設大規模之中部、南部汽訓中心，八年後之今日，仍能因應遽增之社會需要；又購地萬餘坪，遷建台北監理所、第一區工程處、及機料廠於一處，實爲壯闊之規劃。至於公路運輸方面，新闢營運路線，增購美國原裝灰狗高級大客車，新建及擴建車站、保養場，諸般規劃，多出自將軍之手。

將軍出任交通處長，指揮四港（高雄、基隆、花蓮、台中）及兩路（鐵路局、公路局）。鐵路方面：督導東線鐵路拓寬及南迴鐵路之興建。港埠方面：督導續建蘇澳、台中等港、高雄港過港隧道定案。公路方面：北部濱海公路第一期完工通車、第二期工程開始、新北橫公路開工、屏鵝公路開工、及興建關渡大橋，均爲事功之重要者。

將軍轉任台灣客運公司董事長四年。公司採總經理制，將軍掌握其發展政策及導向。

指導新建苗栗站、楊梅站、枋寮站、北港站、及民雄保養場、新竹、三重、中和檢修班、完成台北西站復建。並不斷辦理駕駛員之複訓，親臨講授；加強行車紀錄器之考核，以確保行車安全。親手策定公司長期購車計畫，新購大客車六百餘輛，增加營運實力；指示高速公路廿四小時行車，使公司營業額逐年躍升，直逼百億。其他各項改革，尤爲餘事也。

五　功勳獎勵

將軍服務軍職三十六載，勛猷卓著，績效斐然，榮獲　總統頒發「忠勤」「雲麾」「干城」「楷模」「懋績」等勛獎章共二十餘枚。

將軍外語造詣甚深，曾十餘次隨長官或應邀訪問國外，地區遍及歐美，對各型飛機及國防物資之獲得，難以勝計。此期間先後數度獲得友邦國家之贈勳，亦爲國家榮譽也。

任職公路局長期間，因績效優良，蒙記大功、記功、嘉獎等十三次。

任職交通處長期間，因係襄佐省府主席推行交通政令，亦蒙記功、嘉獎多次。

任職台灣汽車客運公司期間，因屬企業機構，雖以盈利爲準則，仍須兼負服務社會之責，亦蒙記功二次。

六　論讚

一、將軍學貫中西，治事秉公，竭智盡忠，四十五年如一日。

二、將軍立身，公忠平正，篤實謙沖，樸質廉謹，和平寬厚，任事接物，勇毅敏慎，一介不取，令人敬服。

三、將軍天資敏慧，秉賦非凡。讀書有成，庭訓有則，乃能勇毅耿介，允執厥中，思鋒所觸，魄力隨之；智慮周延，功無不濟：故不論治軍蒞事，莫不邁展日新，力求創建。而榮辱不動心，橫逆不移志，誠如晉朝袁羊答車武子所云：「何嘗見明鏡疲於屢照，清流憚於惠風」，將軍庶幾近之。

四、綜觀將軍事功，以深厚之積蘊，非常之識見，輔以堅毅之精神，故能不憚艱鉅，成此豐功，宜其普獲讚譽也。

五、將軍體質素健，行步如飛，血壓正常，精力沛旺，一生少見疾恙。年前赴美，不慎跌裂腿骨，旋亦醫癒。回台含飴弄孫，生活愉怡而自得焉。胡天不憫，竟突因腦血管栓塞，入院救治，立即施行手術，過程亦佳，淤塊順利取除，腦血已暢。原冀於加護療養之後，指日可痊。卻因併發肺炎，竟至不起，於民國七十六年元月十一日下午七時辭世，享壽七十三歲。嗚呼！噩耗驚傳，親朋慟悼，碩人遽萎，遐邇同悲。因爲誄曰：

常故中將，忠藎同欽，贊翼戎首，屢濟丕勳。
交通建緒，擘劃殷勤，穆焉息矣，靈兮永寧。

常故中將撫生先生治喪委員會　謹誌

二一七 故鍾鳴先生行狀

鍾鳴先生，穩重沉潛，謙沖週慮，雖無赫赫之績，卻恒有幕後之功。

鍾主祕鳴，由空軍副指揮官軍職外調爲公路局處長，其後轉任台汽公司主任秘書。溫文謙謹以立身，政通人和以處事。遽爾逝世，遐邇欷歔。筆者撰述行狀，僅彰斯人品格之十一焉耳。

故鍾主任秘書先生諱鳴，四川富順人也。富順乃蜀西大邑，民豐物阜，水媚山青，靈氣所鍾，人文蔚起。祖父昌琪公，父元興公，均爲邑中望族。先生最獲寵愛，誠篤溫厚，以孝友聞於族里之間。

先生自幼聰慧，年未弱冠，高中畢業，時值抗日戰事方酣，全民敵愾同仇，青年咸思報國，先生毅然投效空軍，潛修機械。卒業後，歷任上尉教官、少校主任、中校科長、中隊長、上校大隊長、處長、副指揮官等職。對國軍戰鬥機之維護搶修，厥功至偉。又承擔美軍飛機之合約修護，出力甚勤。榮獲勛章獎章多座，用彰懋績。民國六十三年，台灣省公路局為借重先生長才，徵請軍職外調為正工程司兼機料處長，六十九年台灣汽車客運公司創立，升任主任秘書迄今。

先生體格，應稱健碩，雖心肌略衰，稍有糖尿，然此微疵小恙，諒亦不虞有變也。七十三年九月十三日，先生公務繁忙，案牘已屬勞形，仍頻與同僚商晤，迨臨下班之後，突然胸部鬱塞，異於往昔，乃急送台北空軍總醫院求治。奈是日適值冷鋒過境，大雨滂沱，中途塞車，屢行屢阻。抵院急診，遽以心臟血管梗塞，多方施救無效，慟於當晚六時五十分辭世。當斯時也，窗外風雨淒其，室內哀傷飲泣，人天共憫，蓋悲先生之猝逝也，嗚呼痛哉！

先生自軍職外調以還，任公路局機料處長六年，台汽公司主任秘書四年，可謂鞠躬盡瘁，當之而無愧也。機料乃客運之後勤：先生著眼於物料管理之加強，及維修保養之落實；雖難見赫赫之績，卻多有幕後之功。主秘為首長之襄佐：先生戮力於鼎鼐之均調，與夫障阻之紓解。從穩健中求發展，自變革中致祥和，公司業績，在違規遊覽車之猖獗，及偏遠路線之虧損下，仍能創新成長，年營業收入，逼近百億台幣，誠一不易得之輔相也。先生本性，穩重沉潛，謙沖週慮；繁劇不厭，功成不居。豈乃古代大樹將軍之遺風，或竟得見於今日也歟？

先生鶼鰈情深，闔家敦睦。德配張氏，閨號蓮芳。系出名門，溫端賢淑。方期白首同偕，豈料噩魑乍降。良人永訣，情何以堪？搶地椎天，昏蹶者再。幾經急救，差幸轉危爲安；慟不欲生，遠近同聲一哭。嗟呼！死者往矣，生者誰矜？尚望順變節哀，安英靈於天國；含辛忍苦，慰白髮於高堂。所幸蘭桂騰芳，紹箕裘而有後；紫荊並茂，恢先緒以光前。先生哲嗣三君：長君治之，中正理工卒業，家成名立，前景輝煌。次子冶明，負笈美洲，潛修碩士。三男治元，交大畢業，正創新猷。光大門楣兮，克期非遙，足慰伊靈兮，魂其安息！臨書悲悼，謹誌哀思。

——民國七十三年（一九八四）九月吉日附入訃聞寄送

二一八　吳故伯卿先生平事略

歷任總統府參議官六年，國民黨黨史會纂修十五年，兼湖南文獻社長十八年，兼湖南同鄉會理事十二年。

吳先生伯卿，全省作文比賽第一，全國徵文比賽第一。歷任總統府參議、黨史會纂修，湖南文獻社長。爲文友朋儕近代史有疑之解惑者。不幸因骨髓癌辭世。筆者忝爲同窗摯友，爰含悲撰述事略，藉慰英靈。

吳故伯卿先生平事略

一　家世及求學

伯卿先生，湖南省湘潭縣三門鎮人（現改隸株洲縣），生於民國十年農曆八月初三日，歿於民國九十一年一月七日，享壽八十有二。

先生世居三門鎭，父祖輩在鎭之上節街開設吳瑞和祥商號，經營穀米油鹽煤油等民生必需品，累世傳承，名聞遐邇。

先生幼承庭訓，束髮受書，先後入三門鎭初級小學，及縣立第三高級小學，年方十二，考取湘潭縣立初級中學，曾獲全省作文比賽第一名，繼入長沙大麓高中，畢業後攻讀於湖南克強學院，文史俱優，乃厚植其國學基礎，提筆爲文，倚馬可待，敘事立論，切中時弊，蓋因稟賦優異有以致之也。

三門鎭文化傳統，民風純樸，多保持舊有習俗。每年元宵佳節，恒舉行耍獅舞龍及提燈盛會，端午節則有龍舟競賽，上節街及下節街由住民集結多組划船隊伍，競舟湘江中流，奪旗爭勝。每晚則挑選俊秀兒童，身著古裝，扮演前代忠義人物，前呼後擁，威風八面，立於敞轎上，環遊大街；先生幼時，即曾扮飾三國東吳兵馬大都督周瑜，雄姿英發，博得沿途觀衆之掌聲，鑼鼓鞭炮相應，風頭之健，至今猶傳爲美談。

二　服官及績效

抗日戰爭興起，先生蒿目時艱，乃毅然結束學程，投身黨國服務，先後參予中國國民黨湖南省黨部、三民主義青年團湖南支團部、及湖南省政府民政廳等工作，克盡報國之責。迨抗戰勝利，於民卅五年，曾榮獲中央黨部全國徵文比賽冠軍及獎金。爾後中原鼎沸，國共內爭益烈，先生於兵荒馬亂之際，乃追隨政府團隊，西遷芷江，由貴陽，經重慶，抵成都，乘飛機到達海南島，轉搭海輪來台；此役長途奔波，間關萬里，勞苦備嚐，足證其對國家之忠貞不二。

先生在台，先服務於台灣省公路局二年，繼轉任財政部鹽務總局暨台灣製鹽總廠擔任秘書及公關室主任二十年，深受總局長朱玖瑩先生之倚重，視爲腹心股肱；嗣蒙故宮博物院長兼黨史委員會主任委員秦孝儀先生之厚愛，推介借調總統府參議六年，復任黨職，受聘爲中國國民黨黨史資料委員會任纂修十五年，負責先總統蔣公畢生勳蹟之蒐求整理工作，出版多種黨史文獻，先生字斟句酌，排比增刪，煞費心神，深得秦先生之讚勉。嗣於民八十年限齡退休。在此期間，且兼任湖南同鄉會理事十餘年，敬恭桑梓，不遺餘力，對湖湘在學子弟獎學金之籌措審發，尤著勳勞。

先生滿腹珠璣，對近代史料尤其諳熟，諸多掌故，如數家珍。因而受湖南文獻社之堅邀，屈就社長歷十八年。該季刊每期一百頁，出版從未逾期，湖南文風夙盛，湘人自本島、大陸及海外惠稿，源源不斷，先生不受報酬，樂於服務。親自選稿、編排、校對，所刊文章，內容精闢，大有可觀，成爲大陸各省籍人士旅台出版鄉情刊物中之佼佼者，普獲社會人士佳評。

兩年前，先生因身體不適，堅辭社長一職。但卸任後，仍協助編務，連繫稿件，每期撰寫鄉親動態，抱病效力。文獻社乃再聘爲副主任委員，以報勳勞，舉凡大陸及海外各方讀者，仍多以先生爲連繫諮詢之對象，可謂盡瘁於斯矣。

三　健康與治療

先生體能素健，但伏案時多，運動日少。兩年前，感覺身體不適，經三軍總醫院檢查，竟判為羅患骨髓癌。後經吳夫人在美訪得中國大陸赴美之某醫師有密方膏藥，乃高價購買，專程飛台試用，頗具藥效。但該醫師匆匆遽返大陸，以致失去連絡，又再改為自費注射昂貴之特效進口針藥，病情已告穩定。

不料去年十二月，病況突變。初係背骨劇痛，再住三總治療，繼則轉為肺炎，胸腔積水，排尿困難。賡即移往加護病房，延至今（九十一）年一月七日晚間八時三十分，竟諸般施救罔效，與世長辭，遐齡碩德，全福以歸。夫人及長男君莊隨侍在側，親視含殮，嗚呼痛哉。

先生在吳府排行居長。德配胡玉潔女士，菁莪樂育，杏壇退休，內助稱賢，婦隨夫唱。二子三女，皆卓然有成：長子君莊，係自株州白關區供銷主任退休，次子君健，株洲鋼廠分廠副廠長退休。女婿三人，一為高級工程師，一為獨力工作者，一為電腦設計師。胞弟曾任黑龍江省電視台副台長，胞妹夫曾任公司總經理，可謂克昌厥後，滿門福佑，堪以告慰矣。

先生所引以為憾者，仍有未竟之遺願二事：其一為編纂回憶錄，原盼去年付梓，印行千册，分贈親友及各圖書館。惟因諸多涉及中國大陸文字之敏感性有待商酌，正在進行修飾，以致尚未完成，此有賴後人之繼其志。其二則為曾與小學同窗在台知友劉賢甫先生互約，將連袂赴北京，親睹公元二〇〇八年之奧運盛況，此事已不克實現，惟有寄望其哲嗣於祭禱時毋忘敬稟敍告焉耳。

先生溫文儒雅，一生清廉，篤愛國家，忠藎職守。雖抱病而寫作不輟，尤對朋友慷慨大方，因而少有積蓄。所幸妻賢子孝，後嗣克紹箕裘，鳳毛濟美，先生在天之靈，當可瞑目安息也。治喪會同人，忝屬舊友故交，痛良朋之猝逝，謹縷述先生生平事略，藉彰幽光，並誌哀思云耳。

——民九十一（二〇〇一）年一月列入吳府訃聞寄發及刊登《湖南文獻》第三十卷第一期，同月出版發行。

三 詩詞

三 詩詞

三 詩詞

三〇一 茅塞

臏稿搜來慢慢斟　枯腸頻索韻難尋
慚無報國匡時策　空有操危慮患心
僻字久疏勞記省　靈思漸鈍費哦吟
毛錐當劍須勤礪　莫待華絲鬢上侵

——刊登民七十四（一九八五）年四月《湖南文獻》第十二卷第一期

三〇二 初遊澎湖即興吟（一九八三年）

崢嶸砥峙逆流洪
天塹澎湖氣勢雄
跨海橋長蛟湧浪（跨海大橋長五公里半，爲遠東第一長橋云）
通樑榕茂鵲招風（通樑大廟前有大榕樹，樹榦卅餘根，枝葉覆蓋數百平方尺）
嶼臺礮懾番夷膽（西嶼礮臺現仍保有洋造精鋼巨礮二尊，餘威猶在）

櫃洞濤驚鬼斧工（風櫃洞因受海濤之漲落吞吐，悶吼如雷，狂濤自洞頂朝天激射，洵爲奇景）

嗟望神州氛未靖

征帆常憶鄭成功

——刊登民七十三（一九八四）年一月《湖南文獻》第十二卷第一期

三〇三　登八達嶺長城訪古（一九八九年）

蟠龍蜿踞勢崚崢　忍令先民血砌成

雲冪風凝三徑阻　壘巍堞聳五丁擎

蒙恬督役千人殉　孟女尋夫七世情

蒿目蒼茫何所見　邐延萬里是長城

三〇四　遊賞世界奇觀尼加拉大瀑布

排空匹練自天傾　百丈懸崖斧削成

萬噸狂濤雷撼地　尼加巨瀑鬼神驚

三〇五　一九九〇年自美加兩岸重遊尼加拉大瀑布

河深水急吼轟隆　怒濺銀花百丈濛
賞瀑最佳何處是　隔江回望更渾雄

三〇六　李總因故盛年提早自請退休感贈之㈠

一朝天子一朝臣　進止何勞問果因
隻手開基遺懋績　榮華敝屣念斯人

三〇七　李總自退感贈之㈡

朝裡無人莫做官　且甘滄泊海天寬
雀鳩那識鵬鶱志　待看南翔萬里摶

——右二首完稿於一九八四年九月，官場中爾虞我詐，拼命做事者多受排擠。

三〇八　憶我湘潭（一九八八年）

睽離卌載憶鄉關（闊別湘潭故土，倏忽四十餘年）
往事頻迴旅夢間（但願放寬探親條件，以解思念之苦）
瞻岳門前瞻岳嶺（湘潭城牆有六大城門，正西曰瞻岳門）
望衡亭上望衡山（石嘴腦岩上有望衡亭，可遙望南嶽衡山）

朝辭衕口帆初滿（衕子口在縣境極南，迎湘江北流入境）
暮憩昭潭月正彎（昭山在縣之最北，送湘江出境，山下江流形成深潭有「昭潭映月」爲瀟湘八景之一）
勝跡風光猶在否（壺山街岩壁上，曾鑿有「江山勝跡」摩崖四巨篆字）
塵氛待靖凱歌還（泱泱我國，終將一統，團聚應不在遠也）

——刊登民七十七年七月《湖南文獻》第十六卷第三期。之後民八十三年二月復經《湘潭會訊》轉載

三〇九　文學禹兄國畫「今宵酒醒何處？楊柳岸、曉風殘月」寫景佳妙，余詠意以贈。之(一)

柳岸風吹絮　春江月弄波
漁舟人半醒　昨夜飲何多

三一〇　之(二)

冷月春江曉　斜風柳絮輕
良宵頻把盞　醉寫一舟橫

三一一　之㈢（嵌入原畫題詞「今宵酒醒何處楊柳岸曉風殘月」十三字）

楊柳春風岸　殘觴曉月天

今宵何處酒　醒看一舟牽

——此畫展出多次，每獲佳評。此詩又納入《豐子愷漫畫文選集》序言中，民七十六（一九八七）年渤海堂出版

三一二　暢遊桂林蘆笛岩七星岩諸洞及乘遊輪飽覽漓江風景

桂郡群峰奇且詭　碧澄更贊漓江水

鬼神鑿出笛星岩　都是人間第一美（蘆笛洞奇，七星洞詭）

三一三　夢中遂我大願

大仙賜我法無疆　誓滅人間醜跳梁

臺獨瘤揮刀割盡　□□幟用火燒光（原用字今有忌諱）

天庭請出曾胡左　地府邀來魏杜房

救亂亟思忠謇士　重開郅治夢留香

三一四　華君乾健返鄉探親，晤大學同窗王君，邀華共遊滬杭無錫，及贈以彩印百花圖巨冊，並貽七律。華君請余步韻和答。

家鄉故迹依稀認（耑返江蘇故里，訪尋舊迹）
勝水靈山賞醴泉（暢遊無錫惠山天下第一泉）
潮湧錢塘消復漲（同赴浙江杭州錢塘江觀怒潮）
月窺申浦缺還圓（申是上海，浦乃黃浦江，通航遠洋，有黃浦夜月美景）
羨君養卉春常在（王君被譽爲國內外花卉專家，主持上海植物園）
愧我裁箋韻未全（華君在台北，服務交通界，爲資深課長）
紙貴洛陽花冊粲（上海植物園中萬卉競秀，彩印成美厚圖冊）
相期明歲再言旋（但願來年重聚）

——刊登於民七十八年四月《湖南文獻》第十七卷第二期

三一五　賤辰自況（民七十三年秋）

碌碌碌碌六二秋　狂狂狷狷半生牛
塲塲坎坎坷坷遇　莫莫蒽蒽苟苟求

諤諤諍諍言讜讜　慇慇懇懇意悠悠
稜稜傲骨崚崚聳　漫漫頑心慢慢收

——刊載於民七十四年十月《湖南文獻》第十三卷第四期

三一六　癸亥（民七十二年）冬，台灣各立委選舉，賄賂頻傳，有感諷咏

民權學步路途漫　競選歪風冷眼觀
自決若施萌亂釁　國防如廢失磐安
財多鬻爵頻頻賄　德薄求榮汲汲鑽
社鼠豈堪參廟計　誰尋諤士抗狂瀾

三一七　受獎（民國五十一年（一九六二）除夕，余自台南飛台北，翌晨出席中樞元旦開國紀念大典。余在頒獎儀節中登台，操軍人正步，昂首踢近主席台，由老蔣總統躬親授佩獎章誌念）

歲除奉召飛台北　元旦迎春會九卿
中正廳巍恭受佩　親聆謦欬愧殊榮

三一八　「鈍廬詩草」代序之㈠

「鈍」劍老無功　「廬」卑勉蔽風
「詩」囊難再索　「草」芥一衰翁

三一九　代序之㈡

「鈍」筆未生花　「廬」蝸暫寓家
「詩」腸廻九轉　「草」率亂塗鴉

三二〇　一九九四年三度遊尼加拉巨瀑（瀑布雄跨美加邊界，湍流由伊利湖瀉來，被山羊島切爲兩匹：右爲平板直瀑，寬千呎，屬美。左爲馬蹄凹瀑，寬二千六百呎，屬加，以每秒十萬立方呎洪流直沖兩百呎之深谷，霧濺雷鳴，震天撼地。入夜有彩燈照射，洵爲世界奇觀。）

是誰劈斷陡崖巔　瀑吼如雷谷欲穿
伊利湖傾千匹練　尼加河削百尋川
洶濤潑辣爭鑽地　激霧顛狂競蔽天
且把浮名投逝水　長空萬里一鷗翩

——刊登民八十四年十月《湖南文獻》第二十三卷第四期暨一九九五年十月美國費城《明德季刊》中文版

三二一　學吟難矣哉

魯鈍何能強學詩　靈根慧骨陋如斯
無由敏悟慚天賦　昨夜耽吟又睡遲

三二二　李兄佑增竹雕楹聯個展之㈠

偷閒勤刻竹　漸老懶求名
但適心中趣　渾忘世外情

——李兄於民七十八年元月彩印《康廬竹雕》專集，將此詩譯爲中英對照，佔一整頁

三二三　之㈡

嘉言好字廣蒐求　細刻精鏤倦未休
借問主人何所尙　竹中玩味藝中游

三二三　李兄竹雕個展

三二四　之(三)

不可居無竹　何曾目有牛（莊子：庖丁操刀，目無全牛）
刀鋒鏤健筆　巧技上層樓（借用王之渙詩：更上一層樓）

三二五　詩贈新文豐及渤海堂兩出版公司董事長高先生。（二首錄一）

新規**文**肆兩家**豐**　**渤海**揚帆趁好風
大藏群經銷域外　瑯環福地鄴侯宮（瑯環福地富於書，唐李泌封鄴侯，藏書三萬軸）

三二六　口占答同鄉好友

我的專長不是詩　黃牛當馬強驅馳
無端磊塊難消酒　信筆塗鴉任所之

——湖南有句土話說：捉了黃牛當馬騎。對騎者而言，乃是拿次等貨抵充上品。對黃牛而言，牠不善奔跑，乃是不自量力，都寓貶意，正是余之寫照。

三一七　衡山彭鴻鄉長，號賡虞。武參戎慕，文則詩聯書法兼美。日昨貺我自選之莊敬樓詩集，因湊陌（一三五七句）、先（二四六八句）雙韻以賀。

矍鑠「彭」籛年八百　沖霄「鴻」鵠路三千
「詩聯」廣結騷壇客　「書道」頻牽國際緣
「武略」多因「文藝」隔　齊眉更羨桂蘭妍
樓題「莊敬」「賡虞」宅　衡嶽鍾靈第一仙

三一八　詠衡山彭鴻老（首尾同字之體）

峰迴南嶽秀靈鍾　鍾育彭門一巨龍（彭老籍隸南嶽衡山，縣以山名）
龍躍雲翻驚四眾　眾山環仰祝融峰（南嶽衡山有七十二峰，以祝融最尊）

三一九　代吳兄奉答湖南省株洲市政協主席且係農業專家之胡同鄉雨香先生七律

夢繞鄉關五十年　歸來惠我錦雲箋
湘江毓秀開新運　淥水鍾靈覓舊緣（株洲在湘江之畔，淥水貫穿株洲入湘江）

澤溥疲農欽邃學　協施善政見眞詮
西東海隔非長久　待看明朝破曉天

三三〇　返鄉探親歸來有感，遙寄弟妹（一九八九年）

年少逃家老賦歸（弱冠離家，年過六十還鄉）
堂傾人散雁分飛（老屋拆了，家人分徙三縣）
災餘弟妹情猶篤（骨肉情深，雖久離仍情厚）
劫後河山貌已非（帶領親人，出遊京川湘桂）
四十年中酸苦過（父母弟妹，受黑五類之災）
三千里外海天違（隔海遙念，奈何天各一方）
何當大地風雷動（時代在變，來日將會轉好）
掃盡烏雲樂昫輝（陽光普照，共享安康生活）

——刊登民七十九（一九九〇）年一月《湖南文獻》十八卷第一期

三三一　湘潭中學校友周學長湘濚谷學兄兆麟帥學姊上桐來台歡聚賦贈（一九九二．九）

蛟龍吐納蟄潭中　待趁風雷上碧空（校歌寓意潭中藏龍升天沛雨）

騰躍羡君雲化雨　幽棲愧我技雕蟲
三旬短晤添憂樂　卌載長違競異同
何日共塡精衛海　康莊重見漢唐功

附周學長湘濚贈余七律

兒時芝範久心儀　人事差池路始岐
騂驥難羈千里志　風霜允厲萬年枝
金陵王氣終成幻　鄭氏雄圖未可期
閒散江湖享天籟　唱隨比翼沫晨曦

三三一　澎湖贊（兩韻詩）。第四〇四首有《初遊澎湖即興》，茲戲改爲兩韻：押七遇（第一三五七句）及一東（第二四六八句）雙韻

峥嶸砥峙屏藩固　天塹澎湖賦氣雄
跨海橋長晨引霧　通樑榕茂晚迎風
嶼臺礮吼番夷懼　櫃洞濤驚鬼斧工
嗟望神州思國步　征帆遙念鄭成功

三三三　長沙譚立剛教授，耽研紅學，寓揮夕軒，頃以金婚徵和，謹步原韻答頌

夢斷鄉關四四秋　漫天風雨阻歸舟
嗟余島寓頻飄泊　羡爾鵬摶脫困憂
七秩滄桑桃李茂　三生鶼鰈誓盟酬
偷閒屢探紅樓趣　揮夕軒中筆未休（出版有關紅樓夢研究書籍多種）

附譚兄立剛七律：

雨雨風風五十秋　驚濤駭浪總同舟
髫齡盟訂三生石　浩劫身淪半世憂
曲貶山城情更固　重操木鐸志方酬
新開北閣圖揮夕　紅學同參著未休

三三四　拙著《風雨見龍蛇》以冠名詩寄意

「風」颶禹甸開新運
「雨」灑臺瀛滌舊塵

「見」識古今多少事
「龍蛇」群裡認原身（正邪高下都可作吾人之鑑戒）
——《風雨見龍蛇》於民八十八年（一九九九）十月由文史哲出版社在台北發行

三三五　余撰《寓言新話》於扉頁自題冠名四句

「寓」意求深遠
「言」行鑑古今
「新」聲尋美善
「話」匣愧空蒙（書中每篇之末，輒附短評，借「空蒙子」之名，以紓魂磊）
——《寓言新話》於民九十年（二〇〇一）四月由文史哲出版社在台北發行

附賀鄉長席珍贈余七律

溯與相交數十秋　深欽才學冠群儔
從戎歷任留勳績　契誼憑增似錦圖
著作研精堪景仰　刻雕藝巧羨優遊
風華文采同稱佩　贊許推崇共頌謳

三三六　遊美洲楓林山（尾首同字體）

「秋」霜紅樹鳥聲「幽」　「幽」徑啾迎遠客「遊」
「遊」子莫貪楓色「好」　「好」風吹憶故園「秋」

三三七　悼亡妻。先室李福秀於民八一（一九九二）年十月七日辭世。之(一)——青梅竹馬情深，晚年喪偶心痛

結髮相依四八年　欲盟來世續前緣
無端魑魅勾魂急　剩我衰年哭昊天

——湖南詩詞協會於一九九四年三月選入長沙《湖南詩詞》《天涯芳草》二詩集中

三三八　悼亡妻之(二)——童年定親，余因抗戰離家八年，伊留湘潭，每當兵亂，大姑娘夜半急匿山區農家避禍

你家祖母擇鸞凰　竟選培伢不肖郎
戰亂久睽乖八載　守身候我太情長

三三九　悼亡妻之㈢——妻與獨女互愛特深。小學初中，母親送飯。女出國後，歸省頻頻。母病半年中，女兒越洋自美返台三次，床前侍疾，捧靈送終

最珍獨女是心肝　每日黌宮送午餐
三度返臺悲母病　臨終仆抱慟呼娘

三四〇　悼亡妻之㈣——嗟余四體不勤，五穀不分，可謂虛度此生，百無一用

疏狂書劍負平生　茶飯端來享現成
愧我庖廚全未近　七旬難奈學調羹

三四一　悼亡妻之㈤——吾妻謙讓無爭，純潔無瑕，天其賜福。

親朋咸贊汝賢良　避與同儕競短長
久病折磨從不怨　好人最應入天堂

三四二　悼亡妻之㈥——生者煎熬，甚過病者十倍。

半載呻吟病久磨　余心痛比汝身多
願分吾壽延卿命　爭奈閻羅不赦何

三四三　悼亡妻之㈦——我倆生活愜意，怎料病起突然。余在醫院相陪，輕柔照料優於長期特聘侍疾之護士。

方欣自在似神仙　一病因何奪汝年
洗拭暗悲卿漸瘦　回生無望恨綿綿

三四四　悼亡妻之㈧——妻本樂觀，嘗謂花甲既過，活已多賺。但願先我而逝，死生無所牽掛。

也曾笑論死生觀　你願先行氣量寬
今日殮卿余泣血　來年誰爲我封棺

——以上數首，曾選刊於白石詩社《白石詩刊》總第三十四期，一九九三年四月湘潭出版。暨湖南詩詞協會《天涯芳草》詩集一九九四年三月長沙出版附台北趙韞如兄「慰培庚學長悼亡」之㈠。

茫茫生死卌年過　鴛夢難溫恨若何
鳳泊鸞飄音訊杳　秋深花落淚痕多

之㈡

匆匆歲月等閒過　碧海青天夜若何
鸚鵡樓頭縈夢久　鴛鴦湖上別愁多

附大陸周學長湘燦「悼朱培庚夫人」

文采風流夙所宗　綺年伉儷兩情鍾
膝前有女人稱鳳　海外何由劍化龍
三疊陽關成絕唱　一泓秋水憶芳容
稀齡最感傷心處　怕向蓬山覓舊踪

三四五　毛鍵鈞老將軍息影台北，今逢九秩嵩壽，將輯印祝壽專冊。余自美電傳拙作遙頌（一九九五年）

風雲叱咤畢生奇　姓籍雙乖命有疵
解甲轉揚天德教　隔洋遙頌壽期頤

——毛將軍鍵鈞，乃總統蔣公學生，抗日戡亂，屢建功勳。曾於陝西捉放周恩來，於遼寧擒服林彪，自有戰史紀之，毋庸贅敍。某日，蔣公蒞臨巡視，問將軍曰：近來可好？答：不好。為何不好？曰：余姓毛，湖南籍，兩都不好（蓋暗喻命運久佳，奈何與毛澤東同鄉同姓也）。蔣公瞪視良久，未續交談，須臾離去。同儕俱為駭汗，謂必因狂肇禍，然迄無事。

三四六　贈益陽殷教授選青冠名詩

「殷」憂能啓聖　「選」粹在掄賢
「青」史懷高士　「師」模著祖鞭

三四七　賀李兄竹雕對聯第二次個展，拓刻古今各體書法。之(一)

體從甲骨到行眞　時溯商周迄滿民
雕遍剛柔肥瘦格　康廬竹刻藝林珍

三四八　賀個展之(二)

「佑增」雕竹幾成癡　鐘鼎眞行各擅姿
借問「李」君何所愛　硒聯鏤盡古今詞

三四九　題幕阜山人胡克柔大姐畫蘭（才女胡姐十八歲時，吟有「金閨記否吟風絮，玉佩鏗然盼故程；鴻案齊眉年及甲，白頭孤枕夢呑聲」之句。五十二歲才從鄭曼青學畫。曾蒙蔣宋美齡夫人接見，有照片爲證。伊有一閒章七字，余借用爲首句。）

五二年華始畫蘭　靈心巧手硯田寬
不跟桃李爭春色　淡繪疏描盡可觀

——民八十九年五月，余代編《胡克柔畫集》，請國畫大師歐教授豪華題封面，全用銅版紙彩印。

三五〇　澧縣文兄學禹台北個展，展出書畫盆栽捏陶刻竹四美。余時旅居美國，自芝加哥電傳遙賀（一九九四、六、十一）

洞庭來紫氣　澧水育奇雄
書畫欽瀟灑　盆栽贊化功
捏陶傳雅意　雕竹見神工
賀語迢遙寄　敬此不老翁

三五一　曝書偶吟之㈠——諸葛亮自比管樂，劉備三顧，亮答以隆中對《三國志》

鼎建三分策　功昭六出兵（杜甫詩云：功蓋三分國，名成八陣圖，余變化咏之）
一生唯謹慎　兩表見忠誠

三五二　曝書偶吟之㈡——李勣，性友愛，爲尚書左僕射。老姊臥病，親爲煮粥而燎其鬚，姊戒止。勣曰：姊多疾，而勣且老，雖欲進粥，尚幾何哉？《新唐書》

粥豈無人煮　鬚燒有姊呵
唯憐來日少　侍疾哪嫌多

三五三　曝書偶吟之㈢——用古詩體，不拘平仄，歌畫蛇添足《戰國策．齊策》

蛇已先畫好　爲何添腳爪
續筆未曾完　酒杯搶去了
天下本沒事　庸人徒自擾
無中莫生有　反拙因弄巧

三五四　曝書偶吟之㈣——客謁曾國藩，大言曾侯盛德，人不忍欺。曾喜，委以官。未幾客挾重金逃。曾撫鬚曰：人不忍欺，人不忍欺乎？《秋暉雲影錄》

惡客存心騙　諛詞入耳怡
才華堪助我　錢帛可交伊
捲款鴻飛杳　瞞天兔脫奇
捋鬚空自歎　爲甚獨余欺

三五五　曝書偶吟之㈤——宋玉對楚王問《楚辭》

籬鷃豈知鵬鵠志　井蛙難料海天舒
曲高和寡誰能賞　避世狂歌問接輿（論語微子：楚狂接輿，歌鳳兮鳳兮）

三五六　曝書偶吟之㈥——令狐綯問溫庭筠以某典出於何書？溫答曰：事出南華（就是《莊子》），非僻書也。望相公在政務之暇，仍宜稍稍接觸書本（官大不一定學問大）《詞林紀事》

大鵬何事化鯤魚　蝴蝶莊生孰是虛
兩個雁兒誰可殺　南華經裡覓乘除

三五七　曝書偶吟之㈦——有人獻不死藥與楚王《國策》。徐福尋不死藥與秦始皇《史記》。后羿請不死藥於西王母《後漢書》。漢武帝嫁公主與方士求不死藥《舊唐書》

不死本來無妙藥　長生哪會有仙丹
秦皇漢武今何在　應笑癡人續命難

三五八　曝書偶吟之(八)——子思薦李音於魏王，魏王以其世代務農而不用。子思曰：何可因出身微賤而棄干城之士？《孔叢子》

樊噲曾爲屠狗輩　衛青原是牧豬奴

英雄莫怕微時賤　白屋常能出相侯

三五九　愛女朱南玉在美新居題曰「夢閣」，撰中英詩句刻竹寄美以寓意，此爲中譯句

年輕喜作夢　夢作枝頭鳳

夢裡假還眞　重覓人生夢

三六〇　調寄憶江南。曝書偶吟之(九)——周幽王無寇而舉烽火，以博褒姒一笑，幽王卒爲犬戎所殺。《素履子》《呂氏春秋》

烽火急，趕速去勤王！

卻是周幽嬉四岳，唯求褒姒笑洋洋，

兒戲國隨亡。

三六一　調寄西江月。曝書偶吟之(十)——大將軍常遇春軍過臨淄，士卒與民爭，毆民且死。縣令歐陽銘拘卒於鬧市痛撻之，常將軍不能撓也。《明史》

世亂法不能亂，國安民要先安；
當街撻卒滿城觀，悍將刁兵喪膽。
縣長敢挑軍長，文官壓服槍官；
頂多丟掉爛紗冠，永博吾人激賞。

三六二　調寄楊柳枝。阿里山之旅

姊妹潭，三代木，
日出觀奇雲海簇。
爽氣撩人桂子香，但願長留松下宿。

三六三　調寄浣溪沙。觀科技神怪影片

海怪山魈啓釁爭，天崩地裂火雷轟，刀光劍影鬼神驚。
怕看血腥還想看，蜩螗兩岸見貍鼪，且圖麻醉暫偷生。

三六四　調寄楊柳枝。人約黃昏後

漏漸深，風漸靜，
月漸朦朧思漸永；
心上人兒來不來？
害儂望盡花間影。

三六五　調寄夢江南。笨叟學塡詞

筆耕路，辛苦有誰知？
獨伴寒燈謄剩稿，
廣蒐殘卷覓靈思；
堪笑老來癡。

三六六　調寄搗練子。遊直布羅陀

藍海闊，
碧雲高；
千丈危岩鎮怒濤，

最是山巔猴狒黠，

攀前躍後索香蕉。

——公元二〇〇一年夏，余旅遊西班牙十二天。憑護照入出英國屬地直布羅陀（Gibraltar），乘車仰登要塞岩山（the Rock of Gibraltar）及繞市區週覽。威震海峽之巨砲深藏陡嵬峭岩洞內，俯瞰地中海咽喉，形險勢峻。但嶺上猴群，不畏遊人，與客互嬉，可共拍照。唯猴性貪食，爭索果物。

四聯銘

四聯銘

四　聯銘

四〇一　培庚自撰自書自雕自賞竹刻廳堂對聯

龍騰雲化雨

虎嘯谷生風

四〇二　民五十一年官職晉階，以戒指刻銘

寸德未進

一技無長

四〇三　女兒朱南玉在美奮鬥有成，余自撰自書冠名聯寄美之(一)

南海雲翻龍破浪（本聯以對竹在台雕刻陽文寄美）

玉山雷動虎迎風（南玉生肖屬虎）

四〇四　之(二)

朱門廣納**南**山瑞

玉宇遙迎北海禧（ㄒㄧ音希，平聲，意爲嘉祥吉利）

四〇五　之(三)

南天迎瑞氣

玉宇沐薰風

四〇六　之(四)

南岳峰前憑虎躍（南玉生肖屬虎）

玉皇殿下任龍潛

四〇七　之(五)

南天觀海闊

玉宇插雲高

四〇八　贈胞弟健民及弟婦曾谷湘雙嵌名聯

健步輕盈遊翠**谷**

民風儉樸裕湖**湘**

四〇九　吳參議伯卿學長古稀之慶（一九九〇年）撰贈竹雕嵌名聯

驊騄嘶**伯**樂
日月燦**卿**雲

四一〇　撰書周兄民希冠名竹雕聯

民富**民**康敦教化
希賢**希**聖究天人

四一一　贈長沙市「湖南文史館」冠名聯之(一)

文藻耀湘資沅澧（湖南有四水：湘江、資江、沅江與澧水，匯入洞庭湖）
史蹟仰曾左彭胡（中興名臣曾國藩、左宗棠、彭玉麟、胡林翼皆屬湘籍）

四一二　之(二)

文正**文**襄輝**史**册（二文指曾文正與左文襄，演繹出一**史**字）

史遷**史**籀仰**文**宗（二史謂司馬遷與太史籀，歸納出一**文**字）

四一三　贈寓美外甥李大林暨甥媳祝海雯雙嵌名聯之㈠（余自撰自書鐵線篆體刻竹寄美國）

大樹蔭千年，**林**深葉茂

海鷗翔萬里，**雯**燦霞輝

四一四　贈大林海雯竹刻嵌名聯之㈡（隸書寄美國）

大江東去**林**泉遠（大林東去美利堅、求職置產皆順遂）

海燕西來**雯**采多（海雯西來新大陸，就業育子都圓成）

四一五　贈古稀老姐洪月娥嵌名聯

近水樓高迎皎**月**

廣寒宮邃駐嫦**娥**

四一六　贈梅影女士閨號雅琴雙嵌聯

寒**梅**添**雅**範

清影伴琴音

四一七　贈知友黃鄉兄燊孝暨夫人施老師春枝伉儷雙嵌名聯

廣廈燊居光大孝
滿庭春意發新枝

四一八　贈龍燕老大姐嵌名聯（有幸借用杜甫《和賈至舍人早朝》七律中之對句）

旌旗日暖龍蛇動
宮殿風微燕雀高

四一九　贈寓美友人何忠信冠名聯

忠貞律己愆尤少
信實爲人美譽多

四二〇　代友撰贈勤精建築公司（台北）冠名聯

勤奮耕耘，斯能裕民裕國

精詳擘劃，俾臻美奐美輪

四二一　代友撰贈加佳蛋糕西點公司（地址台北士林）冠名聯

加料十全，廣銷七海
佳評四播，遍譽三臺

四二二　代友撰贈臻業顧問公司（台北）冠名聯

臻美須憑規劃巧
業隆尤賴運籌精

四二三　胡君之友，拯企業於垂危；代擬一聯，賀宏規之復振。之(一)

革故鼎新（雜卦），自強不息（乾卦）
開物成務（繫辭），積善有餘（坤卦）

四二四　之(二)

易曰有餘（坤卦）　開物成務（易經）

孔云至善（大學），其命維新（詩經）

四二五　文學禹兄台北個展，余自美國芝加哥傳眞賀電（冠「學禹畫展遙賀成功」八字，民83・6）

學兼文武　**禹**甸之榮
畫多逸趣　**展**示高風
遙聆喜訊　**賀**自芝城
成果璀璨　**功**紀藝林

四二六　代舍妹（寓居益陽）撰賀文兄學禹（原籍澧縣）台北個展，展出書畫盆栽陶藝竹雕四類精品（賀電由益陽發往台北）

書畫兼精　盆栽出衆
陶藝超群　竹雕蒼勁
展覽頻仍　湘人之慶
資澧同欽　遙祝轟動（舍妹及文兄，各居湘省資水與澧水之濱）

四二七　民七十年撰「自勉」四箴。之㈠：敦品

志趣超拔　氣度恢弘　靈臺在抱　清明在躬
立身唯敬　種德唯馨　豁達恬澹　坦蕩以寧
淺釋：志向應該遠大　理想切勿卑下
莫作俗子凡夫　取法務求高上

四二八「自勉」四箴之㈡：勵學

學貴有恒　涓滴成海　惜寸惜分　時不我待
溫故求新　人十己百　日就月將　毋荒毋怠
淺釋：爲學務須踏實　力求變化氣質
新知浩瀚無涯　切莫荒疏遲滯

四二九「自勉」四箴之㈢：待人

寬以待人　嚴以律己　必信必溫　守分守禮
滿盈招損　和氣致祥　見賢思齊　受益無疆
淺釋：愚者也具一得　孔聖不如農圃
三人必有我師　虛驕無可相與

四三〇 「自勉」四箴之㈣：處事

敏以任事 奮以圖成 無勞不穫 創業唯勤

殫思竭慮 精益求精 福毋私享 澤被大群

淺釋：品學祇是內涵 外發才算濟世

多爲社會造福 人生本該如是

——右列四箴已選入《當代家訓詩詞精選》二〇〇二年北京墨斯圖書中心出版

四三一 應徵湖南省益陽市「國際竹文化節」楹聯（評爲三等獎，刊入專集印行）

勁節傲千秋，侶松梅同稱三友

虛心容萬象，邀劉阮共譜七賢

四三二 之㈡

千竿染遍湘妃淚

百曲吹殘子胥簫

四三三　之㈢

國步猶艱，豈可嬉娛酩六逸（唐李白與酒友在溪頭詩酒結社，號竹溪六逸）
壯心未已，何能晏起日三竿（陸游詩：坐使乃翁無一事，高眠常到日三竿）

四三四　之㈣

六逸溪頭欣早酌
三竿日上愧遲眠

四三五　自撰自書自刻竹根筆筒銘聯之㈠篆字聯

筆正由於心正（柳公權諫唐穆宗語）
書端未若品端

四三六　之㈡隸字聯

鯤鵬九萬里（莊子逍遙遊）
道德五千言（老子道德經）

四三七　之㈢楷字聯

偷閒臨漢簡

遣興咏唐詩

四三八　賤辰自勉聯（六十花甲自撰自書鐵線篆對聯宣紙裝框）

未改癡頑慙拙魯

何妨坦蕩致恢弘

四三九　集《宋詞》佳句奉贈陳詞長南山聯

風月短長吟（張炎・水調歌頭）客裡情懷誰可表（趙長卿・漁家傲）

古今多少事（黄公度・臨江仙）箇中風味更難忘（張季祥・浣溪沙）

四四〇　祝母校湘潭一中（原湘潭中學）創校百年期頤大慶

學而**時**習之（論語・學而篇・首章）願**學**生**時**勤課業

教亦**多**術矣（孟子・告子下・末章）盼**教**師**多**育英才

潭中百歲嵩壽旅台校友回湘致敬團同獻

公元二〇〇二年五月吉日

——右聯已送母校，又刊登二〇〇二年四月《湖南文獻》三十卷二期

四四一　潭中創校百年嵩壽之慶嵌名聯

潭水深千尺（借用李白「桃花潭水深千尺」之句。注明出處，不謂偷竊）

中華壽萬年（位居四方之央曰「中」，具有深厚文化曰「華」，國祚萬歲）

湘潭中學百齡校慶旅台校友

回湘致敬團團員朱培庚敬賀

公元二〇〇二年五月吉日

時年八十歲

四四二　代撰台中空軍水湳機場退休軍官「大鵬聯誼會」會銘

大鵬展翅　萬里逍遙　空軍袍澤　志在雲霄

水湳勝地　躍虎騰蛟　榮身榮國　各顯風標

功成退隱　名利雙拋　同仁念舊　聚會情豪

歡愉共享　道義締交　藉盟聯誼　固此清操

四四三　財團法人逢甲綜合醫院創辦人李院長興亞先生（1916-1986）追思紀念亭勒石碑「銘」（75・12・10）

李公興亞　德術同欽（醫德應先於醫術）
謨開逢甲　澤被群生
古稀彌奮　痌瘝恫矜（後漢書和帝紀：詔曰、朕痌瘝恫矜）
杏林垂範　靈兮永寧

四四四　贈送一級退休主管銀盾題詞，之(一)

長懷猷獻（爾雅：猷者、謀也、獻者、進也）
恒念勛勞（禮記：王功曰勛，事功曰勞）

四四五　之(二)

忠勤啓範（周書：危身事上，險不辭難曰忠。說文：勤者有事則勞之）
懋績留輝（書經大禹謨：懋者：茂、盛、美也）

四四六　常故中將撫生先生「誄」

常故中將　忠藎同欽
贊襄戎帥　屢濟丕勳
交通建緒　擘劃殷勤
穆焉息矣　靈兮永寧

四四七　輓常中將撫生長官

贊襄空總、轉輔聯勤、繼領交通；豈徒亮節高風，忠藎一生開懋績；
創建事功、修持品德、長留典範；何遽騎箕駕鶴，追隨冊載念遺徽。

四四八　代常夫人胡澐女士輓撫生夫君

忠勤獨勵念遺音，竹勁松堅，清耿一生唯我識；
生死兩離傷永訣，肝摧腸斷，悲愁萬斛訴誰知。

四四九　輓陳監委大榕，昔爲湘潭中學校長，校址在涓水之濱

饗府昔沐春風，抗戰方殷，弦誦每隨涓水詠；

柏臺今欽亮節，中興在望，丰標永悵泰山頹。

四五〇 代擬四位外甥輓陳監委大榕舅父聯，之㈠

清節礪氷操，舅父永留崇範；
承歡思厚澤，甥兒頓失憑依。

四五一 代輓之㈡

是親舅、是恩師，煦愛頓悲梁木壞；
有雅言、有憲範，儀容遽杳泰山頹。

四五二 代輓之㈢

讜言遺訓，儀範遺徽，杖國杖朝尊柏署；
舅澤彌深，師恩彌厚，悽風悽雨哭松衙。

四五三 代輓之㈣

啓蒙、助學、促完婚，愛護有多，孺慕正情殷，何遽一朝悲永慟；
薦職、拯危、紓搆怨，提攜無算，慈懷思德厚，難將寸緒報深恩。

四五四　代友輓梁君（梁君獨身、朗爽、不拘於物）

世亂寄閑身，海甸飄萍，笑傲莊諧欽雅範；
時危懷摯友，床邊探疾，悲傷涕淚湧哀思。

四五五　輓親家母聯（吳夫人毛淑清女史，武漢大學畢，曾執教台北一女高多年，廣栽桃李。退休後寓居美國，子女媳婿一門八博士。余自台北以聯嵌淑清二字輓之。）

黌宮桃李種千株，淑範常存，桂馥蘭馨稱福壽；
瀛島蔦蘿悲二豎，清徽猶在，氷瑩雪皎憶音容。

四五六　輓湘潭中學在台學弟趙故工程司韞如先生

潭州共硯，台島同寅，砥礪篤交遊，幸結知音欽益友；
大易類編，鴻文蘊藻，才思欣洽博，驚傳噩耗念徽容。

（趙兄輯有《大易類聚》收錄有關周易著作百餘種台北出版）

四五七　輓湘潭中學在台學長吳故參議伯卿先生（註一）

「伯」樂識高才，讜論瑤章雙奪冠；（註二）
「卿」雲添異采，史書文獻兩傳芳。（註三）

註一：本聯刊登二〇〇二年一月《湖南文獻》三十卷一期暨《湘潭會訊》第九期

註二：吳兄獲初中作文比賽全省第一，從政復獲黨員徵文比賽全國冠軍並獎金十五萬元

註三：吳兄任黨史會纂修十五年，編纂總統蔣公勳蹟「史書」多種，又兼「湖南文獻」社長十八年，口碑極美

四五八　代湘潭中學旅台校友會輓吳學長伯卿

潭州黌校慶百齡，已預諾結伴回鄉，兩岸聯歡，同申忭賀；
臟腑膏肓侵二豎，竟遽爾離朋辭世，三湘抱恨，共悼遺徽。

（湘潭中學今年五月創校百週歲，吳兄預諾將率同在台校友，組團回湘祝賀，不幸先於一月七日辭世。本聯另刊《湘潭會訊》第九期）

四五九　代友輓馮公中將鄉耄

文章倚馬，武略屠龍，立己立人，欣見猷勳稱國士；
鄉梓揚名，臺瀛篤誼，亦師亦友，驚聞噩耗哭高朋。

四六〇 悼胡月樓烈士嵌名聯

尋祖啓哀思，百年史跡昭蟾「月」；
抗倭彰武烈，八卦山頭念堞「樓」。

——胡輪、字月樓，湖南平江人。前清武秀才，任營官，駐兵台灣彰化。甲午之役，日本佔台灣，月樓固守八卦山砲台抗日殉難。孫女胡克柔來台後，尋得百年前先祖之壯勇事蹟，呈准入祀忠烈祠。余編撰《胡輪殉國百週年紀念集》，以「月樓」嵌名聯悼念印入該書。事蹟請參見本書第一四二篇「尋親泣述」。

四六一　後記

從來沒有人真正付足書價

他所付的僅是印刷費而已

「文章是自己的好！」

文人多傲骨，總認爲自己寫的都是金聲玉振之章，瑰瑋珠璣之作，天下第一，擲地有聲。如果你瞧不來，那並非他的文章不佳，只怪你有眼無珠不識貨。

問題是：怎麼才算好文章？換言之，文章要達到甚麼程度才算好？似乎沒有公認的標準，更無法量化爲數字來作標尺，這就難了。例如王勃的《滕王閣序》，收入《古文觀止》，應是一篇極好的駢文範例。文中名句「落霞與孤鶩齊飛，秋水共長天一色」，王勃也自認是千古絕唱。相傳王勃溺死後，鄱陽湖（滕王閣面對此湖）每夜都有鬼魂隱隱出現，反復唱誦這兩佳句，時日一久，大家心煩，便有高明的文人對鬼魂喝道：「這兩句並非絕好。『與』字和『共』字都是贅字，不需要。應該改爲『落霞孤鶩齊飛，秋水長天一色』就夠了，這才叫精練。」一番指責之後，湖面就寂然無聲了。

順便再引一說，年輕的王勃寫這篇《滕王閣序》，臨場握筆，當衆揮毫，錦詞繡句，層見疊出。文尾還綴了一首七言律詩，末四句說：「閒雲潭影日悠悠，物換星移幾度秋；閣中帝子今何在，檻外長江空自流」。評論家說：「詩意淡遠，非這首詩不能配這篇序」。王勃故意賣了個關子，他把那「空」字空了沒寫，就擱筆了。大家在猜度究該是哪個仄聲字？有說是獨，有說是水，有說是兀，最後仍要請王勃定奪。王勃說：「既然是個空格，自當是個『空』字最適合了。」行文選字的好壞，由此也可分見高下。

還有如歐陽修《醉翁亭記》中的一句「泉香而酒洌」。香是氣醇，洌是清澈。因此有人批評：好酒當贊其香醇，而清泉應說它澄澈，此句形容詞顛倒錯用了，應該換成「酒香而泉洌」才對。此話不爲無見。但歐派信徒則謂是歐陽大師刻意要這樣倒裝，平仄才順，朗讀才暢。如此一來，文字詞組，究應怎樣安排才好呢？

這是值得注意的，如何把一樁事情用文字妥當適切的表達，這可大有學問。《唐宋八家叢話》說：歐陽修在翰林院，與同寅出遊，看到一匹奔跑的馬，在大街上踩死了一條躺著的狗。這事要怎樣寫記下來呢？同件答道：「有犬臥通衢，逸馬蹄而死之。」歐陽修說：「你用了十一個字，太費了！如果請你寫國史，一萬卷還不夠呢（筆者按：歐陽修編了《新唐書》二百二十五卷）。若是我，只須說『逸馬殺犬於道』六字即可。」而另外沈括《夢溪筆談》也提到這個故事（不多抄書了）。綜合這兩部書的記載，共出現六種敘述方法，分別是「有奔馬斃犬於道」「有犬臥通衢，逸馬蹄而死之」「逸馬殺犬於道」以及夢溪的「有奔馬踐死一犬」「馬逸，有犬遇蹄而斃」「有犬死奔馬之下」，似乎各有優劣，你贊成哪一句呢？你有沒有第七種表達法呢？

又例如怎樣描述把一幅畫框釘掛在牆上？我們寫道：「張先生要掛畫，他先在畫框背面左右兩豎邊的三分之二處，每邊釘上一枚螺釘，兩釘之間，結一段細繩。然後將細繩掛在牆壁的鈎釘上。讓畫框的底邊貼著牆壁，再讓畫框上緣離牆三寸就成了」（上面用了八十四字，不夠好）。這件事，口述時準會重覆囉唆，筆述時也不免紆迴而難達意。你該怎樣將它寫得清明曉暢呢？

提到囉唆，今再引一事：唐代韓愈文起八代之衰，他撰有一篇《畫記》，文中說：「牛大小十一頭，橐駝三頭，驢如橐駝之數而加其一焉」。問題是：爲何他不說「驢四頭」豈不就對了也夠了？而偏要拖長說「驢的頭數和橐駝的頭數相同但還要多算一頭」？豈不是犯了囉唆之病？到宋代歐陽修還自稱他「不能寫出像韓愈《畫記》這樣的文章來。」（謝无量《實用文章義法》下卷六十三頁有《畫記》全文及歐陽修的話）下筆可眞無所適從了。

這該怎麼辦呢？姑且提出痴人的陋見吧：如果你是文豪，或者拿過諾貝爾獎的話，任你怎樣下筆都沒人敢說你是錯的。你如果要寫「驢的數目和駱駝數一樣，但還要加一」也好，你如果寫「山泉是芳香撲鼻的，酒是淡明如水的」也行，你如寫「在我的後園，可以看見牆外有兩株樹，一株是棗樹，還有一株也是棗樹」也對（這是魯迅《秋夜》散文的首段）。你要寫「天空很希臘」也通（這是某大詩人所作新詩的名句）。因爲這都是大師們獨創的新風格，沒人敢來挑毛病。他們說甚麼都可以，但你我卻不可以。你如要標新立異的話，文評家會說你畫虎類犬，不通不通。

文字語言是傳達思想的。面對面溝通用語言，異地異時便須依賴文字。平凡的我們捉筆爲文，便只能循序漸進，沒有特效藥，沒有速成法，沒有萬靈丹。寫作之道無他，多讀多思多練而已。首先當求平實（借個譬喻，猶如「看山就是山」）。其次漸求變化（這時節有了深一層的體認：「看山不是山」）。終則追求暢達（進化到「看山仍是山」，此時對山觀察精微，已不是單純以前的山了）。《論語・衛靈公》孔子說：「辭、達而已矣」。朱熹注釋說：文辭做到通達明順就很不錯了，不必以富麗爲工。聖賢之言，豈能不信？

劉勰撰《文心雕龍・章句篇》說：「人之立言，因字而生句，積句而成章，連章而成篇……」。是說如果用字沒有錯妄，句子就清楚；句子沒有毛病，章節就明晰；章節沒有疵瑕，這整篇論文或整本書册就彪炳了。

好的文章，或好的書籍，讀來能變化氣質，陶冶性情。古人著書立說，對社會是「給予」，既不欲「取」，也無所「求」。今人出書，是爲了稿費，爲了版稅。因要暢銷，多須迎合時尚之所好，格調就低卑了（暢銷書過不多久，就無人記得了）。但冷眼以觀，暢銷書並不一定是好書，而冷門書則不一定是劣書，此理明甚，不待多釋。

究竟好書劣書怎樣區分呢？不妨這樣說：五十年以後，這本暢銷書仍然暢銷，那必是好書。五十年以後，這本冷門書仍然有人買來讀，那也必定是好書。禁得起時間的考驗，接受了時間的洗禮，而不致被淘汰的，這才是好書。

現代人外鶩酬醮太多，讀書求知時間太少。闊人的府第裡，雕花酒櫃不能少，簡素書櫥不一定有（古羅馬政治家兼作家西塞羅 [Marcus Jullirs Cicero 106-43 B.C.] 說：「屋子裡沒有書，就像肉體裡沒有靈魂」[A room without books is a body without soul.]）。精烹鮑魚一人份兩萬元，兩三口下了肚，付賬時面有得色；平裝書本一冊二百元，受用一輩子，嫌貴，捨不得買，哀哉！（2002 年 6 月 20 日台北聯合報載、香港電：「香港富臨飯店珍存的日本三頭青森網鮑一批被偷，每隻約值三萬港元。所謂三頭鮑，是指只要三頭鮑魚，就有一斤重。吃一客三頭鮑要十多萬台幣。即使是五頭鮑也算上品，一客仍要一萬五千港元。其他活鮑、冷凍鮑、罐頭鮑則等而下之了。」）

如今想買書的人不多，愛讀書人漸少，這是個文化荒蕪的社會，即使號稱富足，前途也欠光輝。想起那英國哲學家約翰密爾（John S. Mill 1806-1873）有一句關於買書的發人深省的銘言，值得向大衆介紹。他說：「從來沒有人眞正付足書價——他所付的僅僅是印刷費而已。」（No one ever really paid the price of a book — only the price of printing it.）

當我們參加酒宴時，通常有四冷盤、八熱炒，都是山珍海味精緻稀貴的美食，撐滿了肚皮，也膩得吃不去了。實則桌邊還擺著幾樣不起眼的小碟，乏人眷顧。如果在滿嘴油垢之餘，去品嚐一箸，或也會感到爽口。本書就好似是四盤素碟小菜，如同泡白菜、辣蘿蔔絲、醋黃瓜、和煮毛豆，都是自醃自製的家常土產，不知可有高明的雅客肯予鑑賞否？敬請批評指教。

民國九十一年公元二〇〇二年六月筆者記於台北

四六二 書名索引（數字是篇章編號）

廿一畫及以上

十七畫

十八畫

十九畫

二十畫

十五畫

十六畫

十三畫

十四畫

十二畫

十　畫

十一畫

九 畫

八　畫

七畫

六畫

五　畫

四六三　人名索引（數字是篇章號次）

二、三畫

四　畫

國家圖書館出版品預行編目資料

且讓痴人話短長 / 朱培庚著. -- 初版. -- 臺北
市：文史哲,民 91
面： 公分
含索引
ISBN 957-549-469-5 (平裝)

1.

848.6 91017270

且讓痴人話短長

著 者：朱 培 庚
出版者：文 史 哲 出 版 社
http://www.lapen.com.tw
登記證字號：行政院新聞局版臺業字五三三七號
發行人：彭 正 雄
發行所：文 史 哲 出 版 社
印刷者：文 史 哲 出 版 社
臺北市羅斯福路一段七十二巷四號
郵政劃撥帳號：一六一八〇一七五
電話 886-2-23511028・傳真 886-2-23965656

實價新臺幣五八〇元

中 華 民 國 九 十 一 年 (2002) 十 月 初 版

ISBN 957-549-469-5

國家圖書館出版品預行編目資料

且讓痴人話短長 / 朱培庚著. -- 初版. -- 臺北
市：文史哲，民 91
面： 公分
含索引
ISBN 957-549-469-5 (平裝)

1.

848.6 91017270

且讓痴人話短長

著 者：朱 培 庚
出版者：文 史 哲 出 版 社
http://www.lapen.com.tw
登記證字號：行政院新聞局版臺業字五三三七號
發行人：彭 正 雄
發行所：文 史 哲 出 版 社
印刷者：文 史 哲 出 版 社
臺北市羅斯福路一段七十二巷四號
郵政劃撥帳號：一六一八〇一七五
電話 886-2-23511028・傳真 886-2-23965656

實價新臺幣四五〇元

中華民國九十一年 (2002) 十月初版

ISBN 957-549-469-5